The Hundred-Page Machine Learning Book
머신러닝, 핵심만 빠르게!

The Hundred-Page Machine Learning Book

Copyright ⓒ 2019 Andriy Burkov

Korean Translation Copyright ⓒ 2025 Insight Press Co., Ltd.
This Korean edition was published by arrangement with Andriy Burkov through Agency-One, Seoul.

이 책의 한국어판 저작권은 에이전시 원을 통해 저작권자와의 독점 계약으로 (주)도서출판인사이트에 있습니다. 저작권법에 의해 한국 내에서 보호를 받는 저작물이므로 무단전재와 무단복제를 금합니다.
또한 저작권자의 명시적 허락 없이는 이 책의 어떤 부분도 AI 시스템을 교육/훈련시킬 목적으로 사용할 수 없습니다.

머신러닝, 핵심만 빠르게!

초판 1쇄 발행 2025년 10월 30일

지은이 안드리 부르코프 옮긴이 박해선 펴낸이 한기성 편집 백주옥 표지 디자인 오필민
제작·관리 이유현 영업·마케팅 김진불 경영지원 박미경 용지 월드페이퍼 출력·인쇄 예림인쇄
제본 예림원색

펴낸곳 (주)도서출판인사이트 등록번호 제2002-000049호 등록일자 2002년 2월 19일
주소 서울특별시 마포구 연남로5길 19-5 전화 02-322-5143 팩스 02-3143-5579
이메일 insight@insightbook.co.kr
Copyright ⓒ (주)도서출판인사이트 ISBN 978-89-6626-493-3 93000

책값은 뒤표지에 있습니다. 잘못 만들어진 책은 구입처에서 교환하실 수 있습니다.
이 책의 정오표는 https://blog.insightbook.co.kr에서 확인할 수 있습니다.

프로그래밍 인사이트

머신러닝, 핵심만 빠르게!

안드리 부르코프 지음 | 박해선 옮김

인사이트

차례

옮긴이의 글   viii
추천의 글   x
지은이의 글   xii

1장   소개   1

1.1 머신러닝이란?   1
1.2 학습의 종류   1
     1.2.1 지도 학습   1 | 1.2.2 비지도 학습   2 | 1.2.3 준지도 학습   3
     1.2.4 강화 학습   3
1.3 지도 학습의 작동 원리   4
1.4 모델이 새로운 데이터에 작동하는 이유   9

2장   표기법과 정의   11

2.1 표기법   11
     2.1.1 데이터 구조   11 | 2.1.2 대문자 시그마(sigma) 기호   13
     2.1.3 대문자 파이 기호   13 | 2.1.4 집합 연산   14 | 2.1.5 벡터 연산   14
     2.1.6 함수   15 | 2.1.7 max와 arg max   16 | 2.1.8 할당 연산자   17
     2.1.9 도함수와 그레이디언트   17
2.2 확률 변수   18
2.3 불편 추정량   20
2.4 베이즈 정리   21
2.5 파라미터 추정   21
2.6 파라미터 vs. 하이퍼파라미터   22
2.7 분류 vs. 회귀   23
2.8 모델 기반 학습 vs. 사례 기반 학습   24
2.9 얕은 학습 vs. 딥러닝   24

3장   **기본 알고리즘**   25

3.1 선형 회귀   25
3.1.1 문제 25 | 3.1.2 해결책 27

3.2 로지스틱 회귀   30
3.2.1 문제 30 | 3.2.2 해결책 32

3.3 결정 트리 학습   33
3.3.1 문제 34 | 3.3.2 해결책 34

3.4 서포트 벡터 머신   37
3.4.1 잡음 다루기 38 | 3.4.2 비선형성 다루기 39

3.5 k-최근접 이웃   42

4장   **학습 알고리즘**   45

4.1 학습 알고리즘의 구성요소   45
4.2 경사 하강법   46
4.3 머신러닝 엔지니어가 일하는 방법   52
4.4 학습 알고리즘의 특징   52

5장   **기본 실무 기술**   55

5.1 특성 공학   55
5.1.1 원핫 인코딩 56 | 5.1.2 구간 분할 57 | 5.1.3 정규화 57
5.1.4 표준화 58 | 5.1.5 누락된 특성 다루기 59
5.1.6 데이터 대체 기법 60

5.2 학습 알고리즘 선택   61
5.3 훈련 세트, 검증 세트, 테스트 세트   63
5.4 과소적합과 과대적합   65
5.5 규제   68
5.6 모델 성능 평가   69
5.6.1 혼동 행렬 71 | 5.6.2 정밀도/재현율 72 | 5.6.3 정확도 73
5.6.4 비용 민감도 기반 정확도 73 | 5.6.5 ROC 곡선 아래 면적(AUC) 73

5.7 하이퍼파라미터 튜닝   75
5.7.1 교차 검증 77

6장   **신경망과 딥러닝**   79

6.1 신경망   79
6.1.1 다층 퍼셉트론   80 | 6.1.2 피드포워드 신경망   82

6.2 딥러닝   84
6.2.1 합성곱 신경망   85 | 6.2.2 순환 신경망   93

7장   **문제 해결**   99

7.1 커널 회귀   99
7.2 다중 분류   100
7.3 단일 클래스 분류   102
7.4 다중 레이블 분류   104
7.5 앙상블 학습   107
7.5.1 부스팅과 배깅   108 | 7.5.2 랜덤 포레스트   108
7.5.3 그레이디언트 부스팅   109

7.6 시퀀스 레이블링   112
7.7 시퀀스-투-시퀀스 학습   114
7.8 능동 학습   116
7.9 준지도 학습   118
7.10 원샷 학습   121
7.11 제로샷 학습   123

8장   **특수 기법**   127

8.1 불균형한 데이터셋 다루기   127
8.2 결합 모델   129
8.3 신경망 훈련   130
8.4 고급 규제 기법   131
8.5 다중 입력 다루기   133
8.6 다중 출력 다루기   134
8.7 전이 학습   135
8.8 알고리즘 효율성   136

9장   **비지도 학습**   141

9.1 밀도 추정   141
9.2 군집   144
9.2.1 k-평균   144 | 9.2.2 DBSCAN과 HDBSCAN   146
9.2.3 클러스터 개수 결정하기   147 | 9.2.4 다른 군집 알고리즘   150

9.3 차원 축소   154
9.3.1 주성분 분석   154 | 9.3.2 UMAP   155

10장   **다른 학습 방법**   159

10.1 메트릭 학습   159
10.2 순위 학습   161
10.3 추천 학습   165
10.3.1 행렬 분해 방법   166 | 10.3.2 잡음 제거 오토인코더   168

10.4 자기 지도 학습: 단어 임베딩   169
10.5 이상치 탐지   172

11장   **결론**   173

11.1 이 책에서 다루지 않은 것들   174
11.1.1 토픽 모델링   174 | 11.1.2 가우시안 과정   174
11.1.3 일반화 선형 모델   174 | 11.1.4 확률 그래프 모델   174
11.1.5 마르코프 연쇄 몬테카를로   175 | 11.1.6 생성적 적대 신경망   175
11.1.7 유전 알고리즘   176 | 11.1.8 강화 학습   177

11.2 감사의 글   177
11.3 다음에 읽을 책   178

찾아보기   179

옮긴이의 글

'지은이의 글'에 있는 "기계는 학습하지 못합니다"라는 저자의 말에 조금 당황했을 수도 있을 것 같습니다. 이 분야에는 학습과 지능을 엄격하게 정의하는 사람과 좀 더 포괄적이고 추상적으로 생각하는 사람들이 혼재합니다. 물론 안드리는 전자에 속합니다. 어떤 것이 합리적이고 옳은지를 따지는 데 허비할 시간이 없습니다. 모든 것이 너무 빨리 변하고 있으니 얼른 현실과 이상의 차이를 이해하고 앞으로 계속 전진해야 합니다.

현실을 이해하는 데는 많은 페이지가 필요하지 않습니다. 이 책에 담긴 간결하고 명확한 진실은 마케팅 용어로 절여진 우리 뇌를 정화해 주는 놀라운 효과를 냅니다. 200여 쪽밖에 안 되니 언제든지 함께 들고 길을 나서기 좋습니다. 심신이 지쳐 있다면 잠시 일터를 벗어나 카페나 벤치에 앉아 천천히 책을 음미해 보세요. 단단한 땅 위에 발을 고정시키고 클라우드 너머를 바라 볼 용기를 얻을 수 있을 것입니다.

처음 머신러닝을 배우는 사람이라면 저인망 어선처럼 꼼꼼히 책을 읽어야 합니다. 그물에 걸린 용어 하나 하나를 잘 골라서 갑판에 늘어 놓고 다음 조업을 위한 미끼로 삼으세요. 이 책에 담긴 주제를 하나씩 확장하여 탐구해 간다면 이 분야에서 필요한 핵심 기술 대부분을 섭렵하고 누구나 만선으로 돌아 올 수 있으리라 확신합니다. 물론 그때 다른 어부에게 이 책을 소개하는 것을 잊지 마세요.

이 책을 읽고 번역하는 동안 즐거웠습니다. 좋은 책을 맡겨 주신 (주)도서출판인사이트와 백주옥 님께 감사드립니다. 언제나 명랑한 우리 가족 주연이와 진우에게도 고맙고 사랑한다는 말을 전합니다.

번역서 깃허브(*https://github.com/rickiepark/the-ml-book/*)는 책에 있는 일부

그래프와 예제가 담긴 주피터 노트북을 제공합니다. 이 책의 정오표는 블로그 (*https://tensorflow.blog/the-ml-book*)에 등록해 놓겠습니다. 책을 읽기 전에 꼭 확인해 주세요. 이 책에 관한 이야기라면 무엇이든 환영합니다. 언제든지 블로그나 이메일로 알려 주세요.

2025년 9월

박해선

추천의 글

지난 20년 동안 엄청난 양의 데이터가 쏟아지면서 통계 학습과 머신러닝 애플리케이션에 대한 관심도 함께 증가했습니다. 그 영향은 엄청났습니다. 10년 전 통계 학습 과목에 MBA 학생들이 꽉 채워져 있는 것을 보고 동료들이 놀라워했습니다. 우리 학과는 대부분 선택 과목에서 학생을 채우기 힘들었기 때문입니다. 요즘에는 학교에서 가장 큰 전문 석사 프로그램인 비즈니스 분석 과정을 운영하고 있습니다. 이 과정의 지원자 수는 MBA 프로그램의 지원자 수와 거의 맞먹습니다. 개설 과목이 크게 늘어났지만 학생들은 모든 클래스가 차 있다고 여전히 불평합니다. 이런 상황은 비단 우리 학교에만 해당하는 얘기가 아닙니다. 이 분야의 인재에 대한 수요가 증가함에 따라 데이터과학과 머신러닝 관련 프로그램도 급격하게 늘어나고 있습니다.

이런 수요는 단순하지만 부정할 수 없는 사실에서 비롯됩니다. 머신러닝은 사회과학, 비즈니스, 생물학, 의학과 같은 많은 분야에서 새로운 통찰력을 제시합니다. 그로 인해 필수 기술을 갖춘 인재에 대한 수요가 엄청나게 증가하고 있습니다. 하지만 이런 기술을 학생들에게 가르치는 일은 어렵습니다. 머신러닝과 관련된 대부분의 초기 논문은 학술적이며, 훈련 알고리즘이나 결과 모델의 통계적 속성과 이론적 속성에 초점이 맞춰져 있기 때문입니다. 이런 자료들은 실전 문제에 특정 방법을 어떻게 구현해야 하는지를 알고 싶어 하는 연구자와 기술자들에게는 별로 도움이 되지 않았습니다. 이들은 각각의 문제에 적용할 수 있는 다양한 방법과 이런 방법들의 전제, 장점, 단점들을 이해해야 했습니다. 그들에게는 이론적 속성이나 훈련 알고리즘에 대한 자세한 정보보다는 실용적인 안내가 더 중요했습니다. 《An Introduction to Statistical Learning with Application in R(ISLR)》[1]이라는 책을 집필할 때 우리의 목표는 이런 사람들에게 자료를 제공하는 것이었습니다. ISLR의 인기는 커뮤니티 내에 얼마나 큰 수요가 있는지를 잘 보여 줍니다.

  이 책《머신러닝, 핵심만 빠르게!》도 비슷한 패러다임을 따릅니다. ISLR처럼 이론 유도 과정은 생략하고 다양한 접근 방법을 구현하기 위한 핵심 정보만을 독자들에게 제공합니다. 이 책은 간결한 '데이터과학' 매뉴얼입니다. 학생과 실무자 모두에게 필요한 필수 자료가 될 거라 예상합니다. 100쪽(보다 조금 많은) 정도라 앉은자리에서 모두 읽을 수 있을 정도로 짧지만, 주요 머신러닝 알고리즘을 모두 다룹니다. 고전적인 선형 회귀와 로지스틱 회귀에서부터 서포트 벡터 머신, 딥러닝, 부스팅, 랜덤 포레스트까지 폭넓게 다룹니다. 다양한 접근 방법에 대한 설명이 부족하지도 않으며, 관심이 있다면 책의 위키 사이트에서 특정 방법에 대한 추가 정보를 얻을 수도 있습니다. 이 책은 독자들이 높은 수준의 수학 지식이나 통계 교육, 프로그래밍 경험이 있다고 가정하지 않습니다. 따라서 머신러닝을 배우고자 하는 사람이라면 누구나 이해할 수 있습니다. 특히 이 분야의 박사 과정을 시작하려는 사람은 반드시 읽어야 하며, 박사 과정 중에도 유용한 참고 도서가 될 것입니다. 마지막으로, 이 책은 몇몇 알고리즘을 머신러닝 분야에서 가장 인기 있는 언어인 파이썬 코드로 설명합니다. 이 책을 머신러닝을 배우고자 하는 입문자와 지식을 확장하고자 하는 실무자에게 강력하게 추천합니다.

서던캘리포니아 대학교 데이터과학 및 운영학 교수,
베스트셀러《An Introduction to Statistical Learning with Applications in R》의 공동 저자
개러스 제임스(Gareth James)

---

[1] (옮긴이) 이 책의 파이썬 버전은《기초부터 다지는 통계학 교과서 with 파이썬(An Introduction to Statistical Learning with Applications in Python)》(인사이트, 2024)입니다.

지은이의 글

먼저 진실을 말하겠습니다. "기계는 학습하지 못합니다." 일반적으로 '머신러닝(machine learning)'이 하는 일은 수학 방정식을 찾는 것입니다. 이 방정식을 입력 집합(훈련 데이터)에 적용하면 기대하는 출력을 생성합니다. 이 수학 방정식은 (훈련 데이터가 아닌) 다른 입력에 대해 대부분 올바른 출력을 생성합니다. 이때 조건은 입력 데이터의 분포가 훈련 데이터가 유래된 통계적 분포와 같거나 비슷해야 한다는 것입니다.

그렇다면 이런 과정은 왜 학습이 아닐까요? 입력을 약간 왜곡시키면 완전히 잘못된 출력이 나올 가능성이 높기 때문입니다. 이는 동물이 학습하는 방식과 다릅니다. 예컨대 여러분이 화면을 정면으로 보면서 게임을 배웠다면 화면이 조금 틀어져도 여러분은 여전히 비디오 게임을 잘 할 수 있을 것입니다. 하지만 머신러닝 알고리즘은 화면을 정면으로만 보고 훈련하고 회전을 인식하도록 훈련하지 않았다면 화면이 틀어진 상태에서는 비디오 게임을 제대로 하지 못할 것입니다.

그럼 왜 '머신러닝'이라고 부를까요? 종종 그렇듯이 이는 마케팅입니다. 컴퓨터 게임과 인공지능 분야의 선구자인 미국인 아서 사무엘(Arthur Samuel)이 1959년 IBM에서 이 용어를 만들었습니다. 2010년대 IBM은 경쟁사보다 돋보이기 위해 '인지 컴퓨팅(cognitive computing)'이란 용어를 마케팅했습니다. 이와 비슷하게 IBM은 1960년대 고객과 유능한 직원을 끌어들이기 위해 '머신러닝'이란 새로운 멋진 용어를 사용했습니다.

인공지능이 지능이 아니듯이 머신러닝은 학습이 아닙니다. 그럼에도 불구하고 머신러닝은 명시적으로 프로그래밍하지 않아도 여러 가지 유용한 작업을 수행할 수 있는 기계를 만드는 과학과 엔지니어링을 의미합니다. 여기서 머신러닝의 '러닝(learning)'은 동물의 학습과 비슷하다는 비유적 표현일 뿐이지 문자 그대로를 의미하는 것은 아닙니다.

누구를 위한 책인가요?

이 책은 1960년대 이후 개발된 방대한 머신러닝 기술 중에 실용적인 가치가 크다고 입증된 것만 담고 있습니다. 머신러닝 입문자라면 이 책을 통해 기술들을 잘 이해하고 적절한 질문을 던질 수 있을 정도의 충분한 정보를 얻을 수 있습니다.

경험 있는 실무자는 자기 계발을 위한 지침으로 이 책을 사용할 수 있습니다. 또한 프로젝트 초기에 브레인스토밍을 할 때 주어진 기술 문제나 비즈니스 문제가 머신러닝으로 가능한지, 가능하다면 어떤 기술을 시도해 보아야 하는지 판단하는 데 유용할 것입니다.

이 책을 읽는 방법

머신러닝을 막 배우기 시작했다면 이 책을 처음부터 끝까지 읽어야 합니다(100여 쪽 정도니까 어렵지 않습니다). 이 책에서 다루는 특정 주제에 관심이 있고 더 알고 싶다면, 대부분의 절에 있는 QR 코드를 활용하세요.

핸드폰으로 QR 코드를 스캔하면 이 책의 위키 *theMLbook.com*으로 이동할 수 있습니다. 위키에서는 추천 도서, 비디오, Q&A, 코드 예시, 튜토리얼 및 다양한 추가 자료를 제공합니다. 이 위키는 저자와 전 세계 기여자들이 지속적으로 업데이트하고 있습니다. 따라서 이 책은 좋은 와인처럼 사고 나서 시간이 갈수록 더 좋아질 것입니다.

오른쪽의 QR 코드를 스캔하여 위키에 접속해 보세요.

일부 절에 QR 코드가 나와 있지 않더라도 위키 페이지는 있을 가능성이 높습니다. 위키 검색창에 절 제목을 입력하여 검색해 보세요.

완벽한 모델은 없지만, 일부 모델은 유용합니다.
― 조지 박스(George Box)

시간이 더 있었다면 더 짧게 편지를 썼을 텐데
― 블레즈 파스칼(Blaise Pascal)

1장

The Hundred-Page Machine Learning Book

소개

1.1 머신러닝이란?

머신러닝(machine learning)은 어떤 현상으로부터 수집한 **샘플**(example)[1]을 바탕으로 알고리즘을 구축하는 컴퓨터 과학의 한 분야입니다. 샘플은 자연에서 얻을 수도 있고, 사람이 만들거나 다른 알고리즘이 생성할 수도 있습니다.

또는 머신러닝을 1) 데이터셋(dataset)을 모으고, 2) 이 데이터셋을 기반으로 (알고리즘을 활용한) 통계적 모델을 구축하여 실용적인 문제를 해결하는 과정으로 정의할 수도 있습니다. 문제를 해결하기 위해 어떤 식으로든 이 통계적 모델을 사용할 수 있다고 가정합니다.

편의상 '학습(learning)'과 '머신러닝'을 같은 의미로 사용하겠습니다.

1.2 학습의 종류

학습은 지도 학습, 비지도 학습, 준지도 학습, 강화 학습으로 나눌 수 있습니다.

1.2.1 지도 학습

지도 학습(supervised learning)에서 데이터셋은 레이블(label)이 있는 샘플의 집합 $\{(\mathbf{x}_i, y_i)\}_{i=1}^{N}$입니다. N개의 원소 중 각 원소 $\mathbf{x}_i$를 **특성 벡터**(feature vector)라 부

---

[1] (옮긴이) 사례 또는 관측이라고도 부릅니다.

릅니다. 특성 벡터는 샘플을 설명하는 값을 각각의 차원 $j = 1, \ldots, D$에 담고 있습니다. 이 값을 **특성**(feature)이라 부르며, $x^{(j)}$로 나타냅니다. 예를 들어, 데이터셋에 있는 샘플 **x**가 한 명의 사람을 나타낸다면 첫 번째 특성 $x^{(1)}$은 센티미터 단위의 키를 담고 있고, 두 번째 특성 $x^{(2)}$는 킬로그램 단위의 몸무게를 담고 있고, $x^{(3)}$는 성별을 담고 있는 식입니다. 특성 벡터에 있는 j번째 특성은 데이터셋의 모든 샘플에 대해서 항상 동일한 종류의 정보를 담고 있습니다. 즉, 어떤 샘플 $\mathbf{x}_i$에 있는 $x_i^{(2)}$가 킬로그램 단위의 몸무게라면 모든 샘플 $\mathbf{x}_k$ ($k = 1, \ldots, N$)에 있는 $x_k^{(2)}$도 킬로그램 단위의 몸무게라는 의미입니다. **레이블**[2] y_i는 유한한 **클래스**(class) 집합 $\{1, 2, \ldots, C\}$에 속한 원소이거나 실수(real number), 또는 벡터(vector), 행렬(matrix), 트리(tree), 그래프(graph) 같은 더 복잡한 구조일 수 있습니다. 별도로 언급하지 않는 한 이 책에서 y_i는 유한한 클래스 집합의 원소이거나 실수[3]를 나타냅니다. 클래스는 샘플이 속한 범주로 볼 수 있습니다. 예를 들어, 이메일 메시지가 하나의 샘플인 스팸 탐지 문제의 경우, 클래스는 $\{spam, not\_spam\}$ 두 개입니다.

지도 학습 알고리즘의 목표는 데이터셋을 사용해 특성 벡터 **x**를 입력으로 받아 레이블을 유추할 수 있는 **모델**을 만드는 것입니다. 예를 들어, 환자 데이터셋을 사용해 만든 모델은 개인의 건강 정보를 나타내는 특성 벡터를 입력으로 받아 그 사람이 암에 걸릴 확률을 출력합니다.

1.2.2 비지도 학습

비지도 학습(unsupervised learning)에서 데이터셋은 레이블이 없는 샘플의 집합 $\{\mathbf{x}_i\}_{i=1}^{N}$입니다. 여기에서도 **x**는 특성 벡터입니다. **비지도 학습** 알고리즘의 목표는 특성 벡터 **x**를 입력으로 받아 이를 또 다른 벡터로 변환하거나 실용적인 문제를 해결하는 데 사용할 수 있는 어떤 값으로 변환하는 모델을 만드는 것입니다. 예를 들어, **군집**(clustering)의 경우 모델은 데이터셋에 있는 각 특성 벡터에 대한 클러스터(cluster) 아이디를 반환합니다. **차원 축소**(dimensionality reduc-

---

[2] (옮긴이) 또는 타깃(target)이라고도 부릅니다.
[3] 실수는 직선 위의 거리를 나타낼 수 있는 양입니다. 예를 들어 0, −256.34, 1000, 1000.2 등입니다.

tion)에서는 모델이 입력 **x**보다 적은 개수의 특성을 가진 특성 벡터를 출력합니다. **이상치 탐지**(outlier detection)에서는 **x**가 데이터셋에 있는 '일반적인' 샘플과 얼마나 다른지를 나타내는 실수를 출력합니다.

1.2.3 준지도 학습

준지도 학습(semi-supervised learning)의 데이터셋에는 레이블이 있는 샘플과 레이블이 없는 샘플이 모두 들어 있습니다. 일반적으로 레이블이 없는 샘플이 레이블이 있는 샘플보다 훨씬 많습니다. **준지도 학습 알고리즘의 목표는** 지도 학습 알고리즘의 목표와 같습니다. 레이블이 없는 대량의 데이터를 활용해 학습 알고리즘이 더 나은 모델을 찾기('찾는다'라는 말 대신 '만든다'거나 '계산한다'라고 할 수 있습니다)를 기대합니다.

레이블이 없는 샘플을 많이 추가하는 게 학습에 도움이 된다는 말이 직관적으로 잘 와닿지 않을 수 있습니다. 주어진 문제에 불확실성을 더 주입하는 것처럼 보입니다. 하지만 레이블이 없는 샘플을 추가하면 문제에 대한 정보가 더 추가됩니다. 즉, 큰 표본(sample)은 레이블이 있는 데이터의 확률 분포를 더 잘 반영합니다. 이론적으로 학습 알고리즘은 이런 추가 정보를 활용할 수 있어야 합니다.

1.2.4 강화 학습

강화 학습(reinforcement learning)은 머신러닝의 하위 분야로 학습 시스템인 **에이전트**(agent)가 환경 안에서 활동하며, 특성 벡터를 사용해 환경의 **상태**(state)를 인식할 수 있습니다. 에이전트는 모든 상태에서 **행동**(action)을 실행할 수 있습니다. 다른 행동은 다른 **보상**(reward)을 가져다 주며, 환경의 또 다른 상태로 에이전트를 이동시킬 수도 있습니다. 강화 학습 알고리즘의 목표는 **정책**(policy)을 학습하는 것입니다.

정책은 한 상태의 특성 벡터를 입력으로 받고 그 상태에서 실행할 최적의 행동을 출력하는 (지도 학습의 모델과 유사한) 함수입니다. 평균 보상의 기댓값을 최대화하는 행동이 최적의 행동입니다.

강화 학습은 의사 결정이 순차적이고 게임, 로봇, 자원 관리, 물류와 같이 장기 목표를 가진 특정 종류의 문제를 해결합니다. 이 책은 입력 샘플이 다른 샘플이나 과거 예측에 대해 독립적인 일회성 의사 결정에 중점을 두므로 강화 학습을 다루지 않습니다.

1.3 지도 학습의 작동 원리

상세한 내용을 다루기 전에 전체 과정에 대한 그림을 그릴 수 있도록 지도 학습이 어떻게 작동하는지 간략히 설명하겠습니다. 지도 학습이 실전에서 가장 자주 사용되는 머신러닝 방식이므로 지도 학습을 예로 들겠습니다.

지도 학습 과정은 데이터를 모으는 것으로 시작됩니다. 지도 학습의 데이터는 (입력, 출력) 쌍의 모음입니다. 입력은 무엇이든 될 수 있습니다. 예를 들면, 이메일 메시지, 그림, 센서 측정값 등입니다. 출력은 일반적으로 실수 또는 레이블(예를 들면, "spam", "not_spam", "cat", "dog", "mouse" 등)입니다. 어떤 경우에는 벡터(예를 들면, 사진 속 사람을 둘러싼 사각형의 좌표), 시퀀스(sequence)(예를 들면, 입력 "big beautiful car"인 경우 ["adjective", "adjective", "noun"]) 또는 다른 구조를 출력합니다.

지도 학습을 사용해 스팸 탐지 문제를 해결한다고 가정해 보죠. 10,000개의 이메일 메시지를 데이터로 수집합니다. 각각의 메시지는 "spam" 또는 "not_spam"으로 레이블이 할당되어 있습니다(레이블을 직접 추가하거나 이를 위해 누군가를 고용할 수도 있습니다). 이제 각각의 이메일 메시지를 특성 벡터로 변환해야 합니다.

데이터 분석가는 경험을 바탕으로 이메일 메시지 같은 실제 데이터를 특성 벡터로 변환하는 방법을 결정합니다. 텍스트를 특성 벡터로 변환하는 데 자주 사용하는 한 가지 방법은 **BoW**(bag of words)로, 영단어의 목록[4](예를 들어, 알파벳 순서대로 정렬된 20,000개의 단어)을 받아 특성 벡터로 기록합니다.

---

[4] (옮긴이) 이 목록을 어휘사전(vocabulary)이라고 하며, 어휘사전이란 훈련 데이터에 등장하는 모든 고유한 단어의 목록입니다.

- 이메일 메시지에 단어 'a'가 들어 있다면 첫 번째 특성이 1이 됩니다. 그렇지 않으면 0이 됩니다.
- 이메일 메시지에 단어 'aaron'이 들어 있다면 두 번째 특성이 1이 됩니다. 그렇지 않으면 0이 됩니다.

⋮

- 이메일 메시지에 단어 'zulu'가 들어 있다면 20,000번째 특성이 1이 됩니다. 그렇지 않으면 0이 됩니다.

위 과정을 데이터셋에 있는 모든 이메일 메시지에 반복하여 10,000개의 특성 벡터(각 벡터는 20,000차원)와 레이블("spam"/"not_spam")을 준비합니다.

입력 데이터는 컴퓨터가 읽을 수 있는 형태이지만 레이블은 아직 사람이 읽기 편한 텍스트 형태입니다. 일부 학습 알고리즘을 사용하려면 레이블을 숫자로 변환해야 합니다. 예를 들어 어떤 알고리즘은 0("not_spam" 레이블을 의미)과 1("spam" 레이블을 의미) 같은 숫자를 기대합니다. 여기에서 지도 학습의 예로 들 알고리즘은 **서포트 벡터 머신**(Support Vector Machine, SVM)입니다. 이 알고리즘에서는 양성 레이블(positive label)("spam")에 숫자 +1, 음성 레이블(negative label)("not_spam")에 숫자 −1을 할당해야 합니다.[5]

이제 데이터셋과 학습 알고리즘을 준비했으니 학습 알고리즘을 데이터셋에 적용해 모델을 만들 차례입니다.

SVM은 특성 벡터를 고차원 공간(이 경우 20,000차원의 공간) 안의 한 포인트로 생각합니다. 이 알고리즘은 모든 특성 벡터를 20,000차원의 가상 공간에 배치하고, 양성 레이블의 샘플과 음성 레이블의 샘플을 분리하는 19,999차원의 곡면(**초평면**(hyperplane))을 그립니다.[6] 머신러닝에서 서로 다른 클래스의 샘플을 분리하는 경계를 **결정 경계**(decision boundary)라고 부릅니다.

---

5 (옮긴이) 양성(positive)이 긍정적이거나 올바르다는 의미는 아닙니다. 지도 학습에서 양성 샘플은 모델이 찾아야 하는 관심 대상이며, 문제를 정의하는 방식에 따라 양성 샘플이 달라질 수 있습니다. 스팸 탐지 문제의 경우 스팸 이메일이 양성 샘플이 됩니다.
6 (옮긴이) n차원의 공간에 있는 초평면은 $n-1$차원을 가집니다. 예를 들어, 2차원 공간 안의 초평면은 1차원 직선입니다.

초평면 방정식은 두 개의 **파라미터**(parameter)로 표현됩니다. **w**는 입력 특성 벡터 **x**와 차원이 같은 실수 벡터이고, b는 하나의 실수입니다.

$$\mathbf{w}\mathbf{x} - b = 0$$

여기서 **wx**는 $w^{(1)}x^{(1)} + w^{(2)}x^{(2)} + \cdots + w^{(D)}x^{(D)}$를 의미합니다. D는 특성 벡터 **x**의 차원수입니다.

(지금 당장 일부 방정식이 이해되지 않아도 괜찮습니다. 2장에서 이해를 돕기 위한 수학과 통계적 개념을 살펴보겠습니다. 이 장에서는 직감으로 작업 과정을 이해해 보세요. 다음 장을 읽고 나면 좀 더 명확해질 것입니다.)

입력 특성 벡터에 대한 예측 레이블은 다음과 같습니다.

$$y = \text{sign}(\mathbf{w}\mathbf{x} - b)$$

sign은 어떤 값을 입력으로 받아 양수이면 +1을, 음수이면 −1을 반환하는 수학 연산자입니다.

학습 알고리즘(여기서는 SVM)의 목표는 데이터셋을 활용해 파라미터 **w**와 b에 대한 최적의 값 **w***와 b*를 찾는 것입니다. 학습 알고리즘이 최적의 값을 찾고 나면 모델 $f(\mathbf{x})$는 다음과 같이 정의됩니다.

$$f(\mathbf{x}) = \text{sign}(\mathbf{w}^*\mathbf{x} - b^*)$$

따라서 SVM 모델을 사용해 이메일 메시지가 스팸인지 아닌지 예측하려면, 텍스트 메시지를 특성 벡터로 변환한 다음, 이 벡터에 **w***를 곱하고 b*를 뺍니다. 그리고 그 결괏값의 부호가 예측 결과가 됩니다(+1은 "spam", −1은 "not_spam"을 의미합니다).

그럼 컴퓨터는 **w***와 b*를 어떻게 찾을까요? 이는 최적화 문제에 해당하며, 컴퓨터는 어떤 조건을 가진 함수를 최적화하는 데 뛰어납니다.

여기에서 만족시켜야 할 조건은 무엇일까요? 먼저 모델이 샘플 10,000개의 레이블을 모두 올바르게 예측해야 합니다. 각각의 샘플 $i = 1, \ldots, 10000$은 $(\mathbf{x}_i, y_i)$ 쌍으로 구성됩니다. 여기서 $\mathbf{x}_i$는 샘플 i의 특성 벡터이고, y_i는 −1 또는 +1 값을 가진 레이블입니다. 따라서 자연스럽게 조건은 다음과 같이 됩니다.

$$y_i = +1\text{이면} \quad \mathbf{w}\mathbf{x}_i - b \geq +1$$
$$y_i = -1\text{이면} \quad \mathbf{w}\mathbf{x}_i - b \leq -1$$

또한 초평면이 가장 큰 **마진**(margin)으로 양성 샘플과 음성 샘플을 분리하길 원합니다. 마진은 결정 경계로 나누어진 두 클래스에서 가장 가까운 샘플 사이의 거리입니다. 큰 마진은 더 나은 **일반화**(generalization)를 달성합니다. 일반화는 모델이 미래의 새로운 샘플을 얼마나 잘 분류하는지를 나타냅니다. 이를 달성하기 위해 $\mathbf{w}$의 **유클리드 노름**(Euclidean norm)[7] $\|\mathbf{w}\|$를 최소화해야 합니다. $\|\mathbf{w}\|$는 $\sqrt{\sum_{j=1}^{D}(w^{(j)})^2}$와 같이 계산합니다.

따라서 컴퓨터가 풀어야 할 최적화 문제는 다음과 같습니다.

$i = 1, \ldots, N$인 $y_i(\mathbf{w}\mathbf{x}_i - b) \geq 1$ 조건하에서 $\|\mathbf{w}\|$를 최소화합니다. $y_i(\mathbf{w}\mathbf{x}_i - b) \geq 1$는 위에 나온 두 개의 조건을 하나로 축약한 것입니다.

이 최적화 문제의 해 $\mathbf{w}^*$와 b^*를 **통계적 모델** 또는 간단히 모델이라고 부릅니다. 모델을 만드는 과정은 **훈련**(training)이라고 부릅니다.

2차원 특성 벡터의 경우 문제와 해결책을 그림 1.1처럼 시각화할 수 있습니다. 파란색과 오렌지색의 원은 각각 양성 샘플과 음성 샘플을 나타냅니다. 직선 $\mathbf{w}\mathbf{x} - b = 0$은 결정 경계입니다.

$\mathbf{w}$의 노름을 최소화하면 왜 두 클래스 사이에서 가장 큰 마진을 찾게 되는 걸까요? 그림 1.1에서 보듯이 기하학적으로 $\mathbf{w}\mathbf{x} - b = 1$과 $\mathbf{w}\mathbf{x} - b = -1$은 두 개의 평행한 초평면을 정의합니다. 이 두 초평면 사이의 거리가 $\frac{2}{\|\mathbf{w}\|}$이므로[8] 노름 $\|\mathbf{w}\|$가 작을수록 두 초평면 사이의 거리가 커집니다.

---

[7] (옮긴이) 노름은 벡터의 크기를 나타내는 함수입니다. 유클리드 거리에 해당하는 노름을 유클리드 노름이라 부르며, L2 노름이라고도 합니다.

[8] (옮긴이) 2차원 평면상에서 평행한 두 직선 $ax + by + c_1 = 0$과 $ax + by + c_2 = 0$ 사이의 거리는 첫 번째 직선 $ax + by + c_1 = 0$과 두 번째 직선 위의 한 점 (x_0, y_0) 사이의 거리와 같습니다. 직선과 점 사이의 거리를 구하는 공식을 사용하면 이 거리는 $\frac{|ax_0 + by_0 + c_1|}{\sqrt{a^2 + b^2}}$가 됩니다. 두 번째 직선의 방정식에 따라 $ax_0 + by_0 = -c_2$이므로 $\frac{|c_1 - c_2|}{\sqrt{a^2 + b^2}}$로 쓸 수 있습니다. SVM의 두 초평면 방정식에 있는 상수 c는 각각 1과 −1이고, $\sqrt{a^2 + b^2}$는 계수의 노름이므로 두 초평면 사이의 거리는 $\frac{2}{\|\mathbf{w}\|}$가 됩니다.

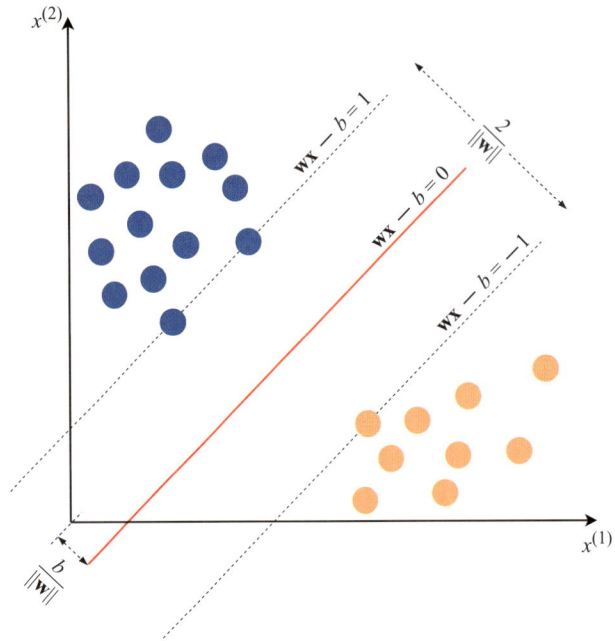

그림 1.1 2차원 특성 벡터에 대한 SVM 모델

이것이 서포트 벡터 머신의 작동 방식입니다. 이 특정 버전의 알고리즘을 소위 **선형 모델**(linear model)이라 합니다. 결정 경계가 직선(또는 평면이나 초평면)이기 때문에 선형이라 부릅니다. SVM은 **커널**(kernel)을 활용하여 비선형 결정 경계를 만들 수도 있습니다.[9] 어떤 경우에는 데이터에 있는 잡음, 레이블 오류 또는 **이상치**(outlier, 데이터셋에 있는 일반적인 샘플과 매우 다른 샘플) 때문에 두 그룹의 포인트를 완벽하게 나눌 수 없습니다. 또 다른 버전의 SVM은 특정 클래스의 훈련 샘플을 오분류(misclassification)하는 것에 대해 페널티(penalty) 하이퍼파라미터(hyperparameter)[10]를 적용할 수 있습니다. 3장에서 SVM에 대해 자세히 알아보겠습니다.

9 (옮긴이) 이를 커널 트릭(kernel trick)이라고 부릅니다. 이에 대한 자세한 사항은 3장을 참고하세요.
10 하이퍼파라미터는 학습 알고리즘의 속성으로 (전부는 아니지만) 일반적으로 어떤 수치형 값을 가지며, 알고리즘의 작동 방식에 영향을 미칩니다. 이 값은 데이터로부터 학습되지 않으므로 알고리즘을 실행하기 전에 데이터 분석가가 지정해야 합니다.

이 시점에서 다음을 기억해야 합니다. 암묵적으로나 명시적으로 모델을 만드는 어떤 분류 학습 알고리즘도 결정 경계를 만듭니다. 결정 경계는 직선이나 곡선일 수 있습니다. 또는 복잡한 형태이거나 여러 기하학적 도형의 중첩일 수도 있습니다. 결정 경계의 형태는 모델의 **정확도**(accuracy)(정확하게 레이블을 예측한 샘플의 비율)를 결정합니다. 훈련 데이터를 기반으로 알고리즘 또는 수학적으로 계산된 결정 경계의 형태는 학습 알고리즘마다 다릅니다.

실무에서는 학습 알고리즘 간에 차이가 나는 두 가지 핵심적인 요소, 즉 모델 구축의 속도와 예측 수행 시간을 고려해야 합니다. 실무에서는 덜 정확하더라도 모델을 빠르게 만드는 학습 알고리즘을 선호하는 경우가 많습니다. 또한 덜 정확하지만 예측을 빠르게 만드는 모델을 선호하는 경우도 있습니다.

1.4 모델이 새로운 데이터에 작동하는 이유

머신러닝 모델이 이전에 본 적 없는 새로운 샘플을 정확하게 예측할 수 있는 이유는 무엇일까요? 이를 이해하기 위해 그림 1.1을 살펴봅시다. 두 클래스가 결정 경계에 의해 서로 분리된다면 각 클래스에 속한 샘플은 결정 경계가 만든 두 개의 다른 부분 공간에 놓입니다.

훈련에 사용한 샘플을 독립적으로 랜덤하게 선택하였고, 새로운 샘플이 동일한 과정을 따른다면, 통계적으로 새로운 음성 샘플이 다른 음성 샘플과 너무 멀리 떨어지지 않은 위치에 놓일 것입니다. 새로운 양성 샘플도 마찬가지로 다른 양성 샘플의 주변에 위치할 가능성이 높습니다. 이런 경우 결정 경계가 새로운 양성 샘플과 음성 샘플을 높은 확률로 분리할 것입니다. 어떤 상황에서는 모델이 오류를 일으키지만 그런 상황은 일어날 가능성이 낮기 때문에 오류의 횟수가 올바른 예측의 횟수보다 적을 것입니다.

직관적으로 훈련 샘플의 집합이 클수록 새로운 샘플이 훈련에 사용한 샘플과 닮지 않을(그래프에서 멀리 떨어져 있을) 가능성이 낮습니다.

새로운 샘플에서 오류를 만들 확률을 최소화하기 위해 SVM 알고리즘은 가장 큰 마진을 찾아서 두 클래스의 샘플이 가능한 멀리 떨어지도록 결정 경계를 만듭니다.

 학습용이성(learnability)과 모델 오류, 훈련 세트 크기, 모델의 수학 방정식 형태, 모델 구축 시간 사이의 관계를 알고 싶은 독자는 PAC 학습[11]에 대해 읽어 보세요. PAC(probably approximately correct) 학습 이론은 어떤 조건하에서 학습 알고리즘이 근사적으로 올바른 분류기를 만드는지 분석하는 데 도움이 됩니다.

---

[11] (옮긴이) PAC 학습에 대해서는 《기계 학습을 다시 묻다(Probably Approximately Correct)》(인사이트, 2021)를 참고하세요.

2장

The Hundred-Page Machine Learning Book

표기법과 정의

2.1 표기법

먼저 학교에서 배운 수학 표기법을 다시 살펴보죠(아마 졸업하자마자 잊어 버린 사람들이 있을 거예요).

2.1.1 데이터 구조

스칼라(scalar)는 15 또는 −3.25와 같은 단순한 숫자 값입니다. 스칼라 값을 가지는 변수(variable)나 제약 조건은 x나 a와 같이 이탤릭체로 표시합니다.

벡터(vector)는 스칼라 값으로 구성된 순서가 있는 리스트입니다. 이 스칼라 값을 속성(attribute)이라 부릅니다. 벡터는 $\mathbf{x}$나 $\mathbf{w}$처럼 굵은 글씨체로 나타냅니다. 벡터를 다차원 공간에서 어떤 방향을 가리키는 화살표 또는 포인터로 표시할 수 있습니다. 그림 2.1은 세 개의 2차원 벡터 $\mathbf{a} = [2, 3]$, $\mathbf{b} = [-2, 5]$, $\mathbf{c} = [1, 0]$을 보여 줍니다. 벡터의 속성은 인덱스와 함께 이탤릭체로 나타냅니다. 예를 들면, $w^{(j)}$나 $x^{(j)}$입니다. 인덱스 j는 벡터의 특정 차원(dimension)을 나타내며, 리스트에서 벡터의 위치에 해당합니다. 예를 들어 그림 2.1에 있는 빨간색 벡터 $\mathbf{a}$의 경우 $a^{(1)} = 2$이고 $a^{(2)} = 3$입니다.

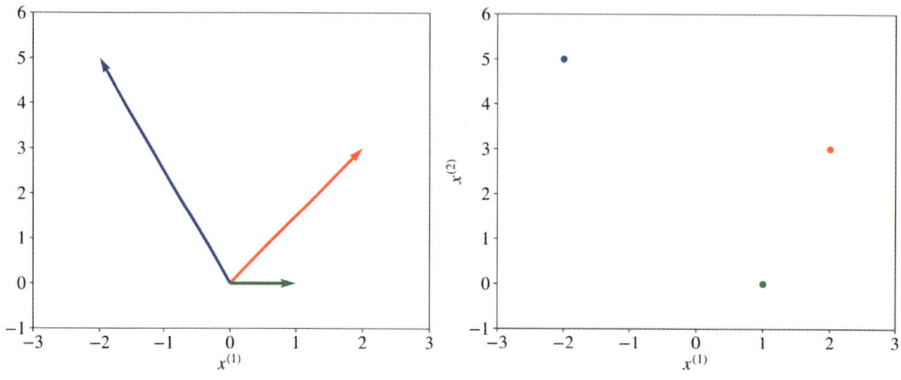

그림 2.1 화살표와 포인트로 나타낸 세 개의 벡터

$x^{(j)}$ 표기를 (제곱인) x^2의 2나 (세제곱인) x^3의 3과 같은 거듭제곱 연산자와 혼동해서는 안 됩니다. 인덱스가 표시된 벡터 속성에 거듭제곱 연산자를 적용하고 싶다면 $(x^{(j)})^2$와 같이 써야 합니다.

변수는 $x_i^{(j)}$나 $x_{i,j}^{(k)}$처럼 두 개 이상의 인덱스를 가질 수 있습니다. 예를 들어, 신경망에서 층 l에 있는 유닛(unit) u의 입력 특성 j는 $x_{l,u}^{(j)}$로 나타냅니다.

행렬(matrix)은 숫자를 행과 열로 정렬한 사각 배열입니다.[1] 다음은 두 개의 행과 세 개의 열을 가진 행렬의 예입니다.

$$\begin{bmatrix} 2 & 4 & -3 \\ 21 & -6 & -1 \end{bmatrix}$$

행렬은 **A**나 **W**와 같이 굵은 대문자로 표시합니다.

집합(set)은 순서가 없는 고유한 원소의 모음입니다. 집합은 $\mathcal{S}$와 같이 필기체 대문자로 나타냅니다. 숫자 집합은 유한할 수 있습니다(즉, 고정된 개수의 숫자를 포함합니다). 이런 경우 $\{1, 3, 18, 23, 235\}$ 또는 $\{x_1, x_2, x_3, x_4, \ldots, x_n\}$와 같이 중괄호를 사용해 나타냅니다. 무한한 집합은 일정 구간 안에 있는 모든 값을 포함할 수 있습니다. 집합이 a와 b를 포함하여 그 사이에 있는 모든 값을 포함한다면, $[a, b]$와 같이 대괄호를 사용해 표시합니다.[2] 이 집합에 a와 b가

---

1 (옮긴이) 행렬의 행과 열을 축(axis)이라 부르기도 하며, 각 축을 차원이라고도 합니다. 따라서 행렬은 두 개의 축(차원)을 가진 다차원 배열입니다. 이렇게 벡터와 배열에서 차원이 다른 의미로 사용되므로 유의하세요.

2 (옮긴이) 이를 열린 구간(open interval)이라 합니다.

포함되지 않는다면, (a, b)와 같이 소괄호를 사용하여 나타냅니다.[3] 예를 들어 집합 $[0, 1]$은 $0, 0.0001, 0.25, 0.784, 0.9995, 1.0$과 같은 값을 포함합니다. $\mathbb{R}$로 표시된 특수 집합은 음의 무한대에서 양의 무한대까지 모든 수를 포함합니다.

원소 x가 집합 $\mathcal{S}$에 속할 때 $x \in \mathcal{S}$라고 씁니다. 두 집합 $\mathcal{S}_1$과 $\mathcal{S}_2$의 **교집합**(intersection)으로 새로운 집합 $\mathcal{S}_3$를 만들 수 있습니다. 이를 $\mathcal{S}_3 \leftarrow \mathcal{S}_1 \cap \mathcal{S}_2$라고 씁니다. 예를 들어, $\{1, 3, 5, 8\} \cap \{1, 8, 4\}$은 새로운 집합 $\{1, 8\}$이 됩니다.

$\mathcal{S}_1$와 $\mathcal{S}_2$의 **합집합**(union)으로 새로운 집합 $\mathcal{S}_3$를 만들 수도 있습니다. 이를 $\mathcal{S}_3 \leftarrow \mathcal{S}_1 \cup \mathcal{S}_2$라고 씁니다. 예를 들어, $\{1, 3, 5, 8\} \cup \{1, 8, 4\}$은 새로운 집합 $\{1, 3, 4, 5, 8\}$이 됩니다.

2.1.2 대문자 시그마(sigma) 기호

집합 $\mathcal{X} = \{x_1, x_2, \ldots, x_{n-1}, x_n\}$ 또는 벡터의 속성 $\mathbf{x} = [x^{(1)}, x^{(2)}, \ldots, x^{(m-1)}, x^{(m)}]$의 합은 다음과 같이 나타냅니다.

$$\sum_{i=1}^{n} x_i \stackrel{\text{def}}{=} x_1 + x_2 + \ldots + x_{n-1} + x_n \text{ 또는 } \sum_{j=1}^{m} x^{(j)} \stackrel{\text{def}}{=} x^{(1)} + x^{(2)} + \ldots + x^{(m-1)} + x^{(m)}$$

기호 $\stackrel{\text{def}}{=}$는 '~로 정의한다'라는 의미입니다.

2.1.3 대문자 파이 기호

대문자 시그마와 비슷한 기호는 대문자 파이(pi) 기호입니다. 집합의 원소나 벡터 속성의 곱은 다음과 같이 나타냅니다.

$$\prod_{i=1}^{n} x_i \stackrel{\text{def}}{=} x_1 \cdot x_2 \cdot \ldots \cdot x_{n-1} \cdot x_n$$

여기서 $a \cdot b$는 a와 b의 곱셈을 의미합니다. 가능하다면 간소하게 표현하기 위해 $\cdot$를 빼겠습니다. 따라서 ab도 a와 b의 곱셈을 의미합니다.

---

[3] (옮긴이) 이를 닫힌 구간(closed interval)이라 합니다.

2.1.4 집합 연산

유도 집합(derived set) 생성 연산자는 $\mathcal{S}' \leftarrow \{x^2 \mid x \in \mathcal{S}, x > 3\}$와 같이 표현합니다. 이는 $\mathcal{S}$에 있고 3보다 큰 x를 제곱하여 새로운 집합 $\mathcal{S}'$을 만든다는 의미입니다.

카디널리티(cardinality)[4] 연산자 $|\mathcal{S}|$는 집합 $\mathcal{S}$에 있는 원소의 개수를 반환합니다.

2.1.5 벡터 연산

두 벡터의 덧셈 $\mathbf{x} + \mathbf{z}$는 벡터 $[x^{(1)} + z^{(1)}, x^{(2)} + z^{(2)}, \ldots, x^{(m)} + z^{(m)}]$로 정의됩니다.

두 벡터의 뺄셈 $\mathbf{x} - \mathbf{z}$는 $[x^{(1)} - z^{(1)}, x^{(2)} - z^{(2)}, \ldots, x^{(m)} - z^{(m)}]$로 정의됩니다.

벡터와 스칼라의 곱셈은 벡터입니다. 예를 들어, $\mathbf{x}c \stackrel{\text{def}}{=} [cx^{(1)}, cx^{(2)}, \ldots, cx^{(m)}]$입니다.

두 벡터의 **점곱**(dot-product)은 스칼라입니다. 예를 들어, $\mathbf{wx} \stackrel{\text{def}}{=} \sum_{i=1}^{m} w^{(i)} x^{(i)}$입니다. 일부 책에서는 점곱을 $\mathbf{w} \cdot \mathbf{x}$로 나타냅니다. 두 벡터의 차원이 같아야 하며, 그렇지 않으면 점곱이 성립되지 않습니다.

행렬 $\mathbf{W}$에 벡터 $\mathbf{x}$를 곱하면 또 다른 벡터가 됩니다. 예를 들어, 다음과 같은 행렬이 있다고 가정해 보죠.

$$\mathbf{W} = \begin{bmatrix} w^{(1,1)} & w^{(1,2)} & w^{(1,3)} \\ w^{(2,1)} & w^{(2,2)} & w^{(2,3)} \end{bmatrix}$$

벡터와 행렬을 연산할 때 벡터는 하나의 열을 가진 행렬로 표현됩니다. 벡터가 행렬의 오른쪽에 있으면 곱셈의 결과도 열 벡터(column vector)가 됩니다. 벡터의 행 개수가 행렬의 열 개수와 같을 때 행렬과 벡터를 곱할 수 있습니다. $\mathbf{x} \stackrel{\text{def}}{=} [x^{(1)}, x^{(2)}, x^{(3)}]$와 같은 벡터가 있다고 가정해 보죠. 그럼 $\mathbf{Wx}$는 다음과 같이 2차원 벡터가 됩니다.

---

[4] (옮긴이) 데이터베이스에서 카디널리티는 테이블의 특정 열에 있는 고유한 값의 개수입니다. 수학에서는 집합의 크기를 나타냅니다.

$$\mathbf{W}\mathbf{x} = \begin{bmatrix} w^{(1,1)} & w^{(1,2)} & w^{(1,3)} \\ w^{(2,1)} & w^{(2,2)} & w^{(2,3)} \end{bmatrix} \begin{bmatrix} x^{(1)} \\ x^{(2)} \\ x^{(3)} \end{bmatrix}$$

$$\stackrel{\text{def}}{=} \begin{bmatrix} w^{(1,1)}x^{(1)} + w^{(1,2)}x^{(2)} + w^{(1,3)}x^{(3)} \\ w^{(2,1)}x^{(1)} + w^{(2,2)}x^{(2)} + w^{(2,3)}x^{(3)} \end{bmatrix}$$

$$= \begin{bmatrix} \mathbf{w}^{(1)}\mathbf{x} \\ \mathbf{w}^{(2)}\mathbf{x} \end{bmatrix}$$

행렬에 5개의 행이 있다면 곱셈의 결과는 5차원 벡터가 됩니다.

곱셈 식에서 벡터가 행렬의 왼쪽에 놓여 있다면, 벡터와 행렬을 곱하기 전에 벡터를 **전치**(transpose)해야 합니다. 벡터 $\mathbf{x}$의 전치는 $\mathbf{x}^\top$로 표현하며, 열 벡터를 행 벡터로 만듭니다. 예를 들면 다음과 같습니다.

$$\mathbf{x} = \begin{bmatrix} x^{(1)} \\ x^{(2)} \end{bmatrix} \text{이면} \quad \mathbf{x}^\top \stackrel{\text{def}}{=} \begin{bmatrix} x^{(1)} & x^{(2)} \end{bmatrix}$$

따라서 벡터 $\mathbf{x}$에 행렬 $\mathbf{W}$를 곱할 때는 $\mathbf{x}^\top\mathbf{W}$와 같이 씁니다.

$$\mathbf{x}^\top\mathbf{W} = \begin{bmatrix} x^{(1)} & x^{(2)} \end{bmatrix} \begin{bmatrix} w^{(1,1)} & w^{(1,2)} & w^{(1,3)} \\ w^{(2,1)} & w^{(2,2)} & w^{(2,3)} \end{bmatrix}$$

$$\stackrel{\text{def}}{=} \begin{bmatrix} w^{(1,1)}x^{(1)} + w^{(2,1)}x^{(2)}, & w^{(1,2)}x^{(1)} + w^{(2,2)}x^{(2)}, & w^{(1,3)}x^{(1)} + w^{(2,3)}x^{(2)} \end{bmatrix}$$

여기서 볼 수 있듯이, 벡터의 차원이 행렬의 행 개수와 같을 때만 벡터에 행렬을 곱할 수 있습니다.

2.1.6 함수

함수(function)는 집합 $\mathcal{X}$(함수의 **정의역**(domain))의 각 원소 x와 또 다른 집합 $\mathcal{Y}$(함수의 **공역**(codomain))의 한 원소 y를 연관짓는 관계입니다. 일반적으로 함수에는 이름이 있습니다. 함수의 이름이 f라면 이 관계를 $y = f(x)$("에프 오프 엑스(f of x)"라고 읽습니다)로 나타냅니다. 원소 x는 함수의 인수 또는 입력이고, y는 함수의 값 또는 출력입니다. 입력을 나타내는 데 사용된 기호가 함수의 변수가 됩니다(흔히 f를 변수 x의 함수라고 말합니다).

$x = c$ 주변의 열린 구간 안에 있는 모든 x에 대해 $f(x) \geq f(c)$이면, $f(x)$는

$x = c$에서 **지역 최솟값**(local minimum)을 가집니다. **구간**(interval)은 집합에 있는 두 숫자 사이의 어떤 숫자도 해당 집합에 포함된다는 성질을 가진 실수 집합입니다. **열린 구간**(open interval)은 끝점을 포함하지 않으므로 소괄호를 사용해 나타냅니다. 예를 들어, (0, 1)은 '0보다 크고 1보다 작은 모든 수'를 의미합니다. 모든 지역 최솟값 중에서 가장 작은 값을 **전역 최솟값**(global minimum)이라 합니다. 그림 2.2를 참고하세요.

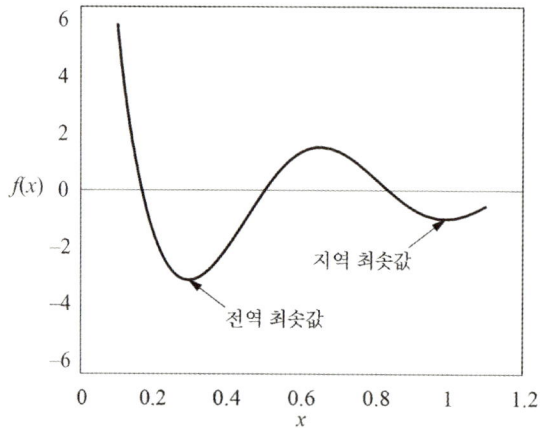

그림 2.2 함수의 지역 최솟값과 전역 최솟값

벡터 함수는 $\mathbf{y} = \mathbf{f}(x)$와 같이 나타내며, 벡터 $\mathbf{y}$를 반환하는 함수입니다. 이 함수는 벡터 또는 스칼라 인수를 가질 수 있습니다.

2.1.7 max와 arg max

집합 $\mathcal{A} = \{a_1, a_2, \ldots, a_n\}$이 주어졌을 때 연산자 $\max_{a \in \mathcal{A}} f(a)$는 집합 $\mathcal{A}$에 있는 모든 원소 중 가장 큰 $f(a)$를 반환합니다. 반면 $\arg\max_{a \in \mathcal{A}} f(a)$는 $f(a)$가 최대가 되는 집합 $\mathcal{A}$의 원소를 반환합니다.

이따금 집합이 암묵적이거나 무한한 경우 $\max_a f(a)$ 또는 $\arg\max_a f(a)$와 같이 쓸 수 있습니다.

연산자 min과 arg min도 비슷한 방식으로 동작합니다.

2.1.8 할당 연산자

표현식 $a \leftarrow f(x)$는 변수 a가 $f(x)$의 결과를 새로운 값으로 가진다는 의미입니다. 일반적으로 변수 a에 새로운 값을 할당한다고 말합니다. 마찬가지로 $\mathbf{a} \leftarrow [a_1, a_2]$는 벡터 변수 $\mathbf{a}$에 2차원 벡터 $[a_1, a_2]$를 할당한다는 의미합니다.

2.1.9 도함수와 그레이디언트

함수 f의 **도함수**(derivative) f'은 f가 얼마나 빠르게 증가(또는 감소)하는지 설명하는 함수 또는 값입니다. 도함수가 5나 −3과 같이 상수값이면 이 함수는 정의역에 있는 임의의 x에 대해서 일정하게 증가(또는 감소)합니다. 도함수 f'이 함수이면 함수 f는 정의역의 특정 영역에서 다른 속도로 증가할 수 있습니다. 도함수 f'이 어떤 포인트 x에서 양수이면 함수 f는 이 포인트에서 증가합니다. 도함수 f'이 어떤 포인트 x에서 음수이면 함수 f는 이 포인트에서 감소합니다. x에서 도함수가 0이면 x에서 함수의 기울기는 수평입니다.

도함수를 찾는 과정을 **미분**(differentiation)이라고 합니다.

기본적인 함수의 도함수는 이미 알려져 있습니다. 예를 들어 $f(x) = x^2$이면 $f'(x) = 2x$입니다. $f(x) = 2x$이면 $f'(x) = 2$입니다. $f(x) = 2$이면 $f'(x) = 0$입니다(c가 상수인 모든 $f(x) = c$의 도함수는 0입니다).

미분하려는 함수가 기본 함수가 아닐 경우 **연쇄 법칙**(chain rule)을 사용해 도함수를 구할 수 있습니다. 가령 $F(x) = f(g(x))$이고 f와 g가 어떤 함수라면 $F'(x) = f'(g(x))g'(x)$입니다. 예를 들어, $F(x) = (5x+1)^2$이면, $g(x) = 5x+1$이고 $f(g(x)) = (g(x))^2$으로 쓸 수 있습니다. 연쇄 법칙을 적용하면 $F'(x) = 2(5x+1)g'(x) = 2(5x+1)5 = 50x + 10$이 됩니다.

그레이디언트(gradient)는 여러 개의 입력을 가진(또는 벡터나 다른 복잡한 구조의 입력을 가진) 함수에 대한 도함수의 일반화입니다. 함수의 그레이디언트는 **편도함수**(partial derivative)의 벡터입니다. 함수 입력 중 하나에 초점을 맞추고 다른 모든 입력을 상수로 취급하여 편도함수를 구할 수 있습니다.

예를 들어, 함수가 $f([x^{(1)}, x^{(2)}]) = ax^{(1)} + bx^{(2)} + c$와 같이 정의되어 있다면 $x^{(1)}$에 대한 함수 f의 편도함수는 $\frac{\partial f}{\partial x^{(1)}}$와 같이 표시하며, 다음과 같이 계산합니다.

$$\frac{\partial f}{\partial x^{(1)}} = a + 0 + 0 = a$$

여기서 a는 함수 $ax^{(1)}$의 도함수입니다. 두 개의 0은 각각 $bx^{(2)}$와 c의 도함수입니다. $x^{(1)}$에 대한 도함수를 계산할 때 $x^{(2)}$는 상수로 취급되고 모든 상수의 도함수는 0이기 때문입니다.

마찬가지로 $x^{(2)}$에 대한 함수 f의 편도함수 $\frac{\partial f}{\partial x^{(2)}}$는 다음과 같이 계산합니다.

$$\frac{\partial f}{\partial x^{(2)}} = 0 + b + 0 = b$$

함수 f의 그레이디언트는 ∇f라고 표시하며, 벡터 $\left[\frac{\partial f}{\partial x^{(1)}}, \frac{\partial f}{\partial x^{(2)}}\right]$가 됩니다.

4장에서 소개하겠지만, 연쇄 법칙은 편도함수에도 적용됩니다.

2.2 확률 변수

확률 변수(random variable)는 X와 같이 일반적으로 이탤릭체 대문자로 표기하며, 이 변수가 가질 수 있는 값은 무작위한 현상의 수치적 결과입니다. 수치적 결과를 갖는 무작위한 현상의 예로는 동전 던지기(윗면이 0, 뒷면이 1), 주사위 굴리기, 거리에서 첫 번째로 만난 사람의 키 등이 있습니다. 확률 변수에는 **이산 확률 변수**(discrete random variable)와 **연속 확률 변수**(continuous random variable) 두 종류가 있습니다.

이산 확률 변수는 빨강, 노랑, 파랑이나 1, 2, 3, ...와 같이 고유한 값의 셀 수 있는 숫자만 가질 수 있습니다.

이산 확률 변수의 **확률 분포**(probability distribution)는 가능한 값에 연관된 확률을 나열한 목록으로 표현됩니다. 이 확률 목록을 **확률 질량 함수**(probability mass function, pmf)라고 부릅니다. 예를 들면, $\Pr(X = red) = 0.3$, $\Pr(X = yellow) = 0.45$, $\Pr(X = blue) = 0.25$와 같습니다. 확률 질량 함수 안의 각 확률은 0보다 크거나 같습니다. 전체 확률의 합은 1입니다(그림 2.3a).

연속 확률 변수(CRV)는 일정 구간 안에서 가능한 값이 무한합니다. 키, 몸무게, 시간 등이 그 예입니다. 연속 확률 변수 X의 값 개수가 무한하므로 모든 c

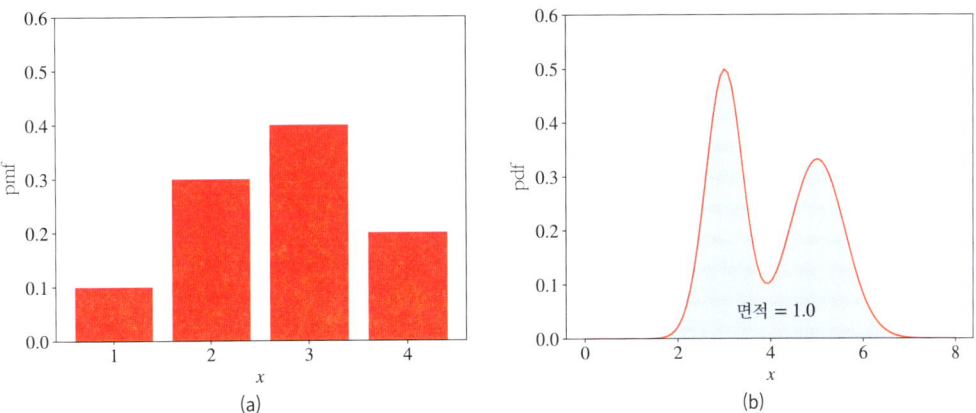

그림 2.3 확률 질량 함수와 확률 밀도 함수

에서 $\Pr(X=c)$는 0입니다. 따라서 확률의 목록이 아니라 CRV의 확률 분포는 **확률 밀도 함수**(probability density function, pdf)로 표현됩니다. pdf는 공역이 음수가 아니고 곡선 아래 면적이 1인 함수입니다(그림 2.3b).

이산 확률 변수 X가 k개의 가능한 값을 가진다고 가정해 보죠. X의 **기댓값**(expectation) $\mathbb{E}[X]$는 다음과 같이 정의됩니다.

$$\mathbb{E}[X] \stackrel{\text{def}}{=} \sum_{i=1}^{k} [x_i \cdot \Pr(X = x_i)] \tag{2.1}$$
$$= x_1 \cdot \Pr(X = x_1) + x_2 \cdot \Pr(X = x_2) + \cdots + x_k \cdot \Pr(X = x_k)$$

여기서 $\Pr(X=x_i)$는 pmf 정의에 따라 X가 값 x_i를 가질 확률입니다. 확률 변수의 기댓값을 **평균**(mean)이라고도 부르며, 보통 μ로 표시합니다. **기댓값**은 확률 변수의 가장 중요한 **통계량**(statistics) 중 하나입니다.

또 다른 중요한 통계량인 **표준 편차**(standard deviation)는 다음과 같이 정의됩니다.

$$\sigma \stackrel{\text{def}}{=} \sqrt{\mathbb{E}[(X-\mu)^2]}$$

분산(variance)은 σ^2 또는 $var(X)$로 표시하며, 다음과 같이 정의됩니다.

$$\sigma^2 = \mathbb{E}[(X-\mu)^2]$$

이산 확률 변수의 경우 표준 편차를 다음과 같이 계산합니다.

$$\sigma = \sqrt{\Pr(X=x_1)(x_1-\mu)^2 + \Pr(X=x_2)(x_2-\mu)^2 + \cdots + \Pr(X=x_k)(x_k-\mu)^2}$$

여기서 $\mu = \mathbb{E}[X]$입니다.

연속 확률 변수 X의 기댓값은 다음과 같이 정의됩니다.

$$\mathbb{E}[X] \stackrel{\text{def}}{=} \int_{\mathbb{R}} x f_X(x)\, dx \qquad (2.2)$$

여기서 f_X는 변수 X의 pdf이고, $\int_{\mathbb{R}}$는 함수 xf_X의 **적분**(integral)입니다.

적분은 함수의 정의역이 연속적일 때 함수의 모든 결괏값을 더한 것과 동일합니다. 이는 함수 곡선의 아래 면적과 같습니다. 곡선 아래 면적이 1이라는 pdf의 성질은 수학적으로 $\int_{\mathbb{R}} f_X(x)dx = 1$을 의미합니다.

대부분의 경우 f_X를 모르지만 X의 일부 값을 관측할 수 있습니다. 머신러닝에서는 이런 값을 **샘플**(example)이라고 하며, 샘플의 집합을 **표본**(sample) 또는 **데이터셋**(dataset)이라고 합니다.

2.3 불편 추정량

일반적으로 f_X는 알 수 없지만, 표본 $S_X = \{x_i\}_{i=1}^{N}$을 가지고 있으므로 확률 분포의 실제 통계량이 아니라 기댓값과 같은 **불편 추정량**(unbiased estimator)에 만족하는 경우가 많습니다.

$\hat{\theta}(S_X)$가 다음과 같은 성질을 가진다면 미지의 확률 분포에서 추출한 표본 S_X를 사용해 계산한 $\hat{\theta}(S_X)$를 어떤 통계량 θ의 불편 추정량이라고 합니다.

$$\mathbb{E}\left[\hat{\theta}(S_X)\right] = \theta$$

여기서 $\hat{\theta}$는 표본 S_X를 사용해 구한 **표본 통계량**(sample statistic)이며, f_X를 알아야만 구할 수 있는 실제 통계량 θ가 아닙니다. 이 기댓값은 X에서 추출한 가능한 모든 표본에 대해서 계산됩니다. 이는 S_X 같은 표본을 무한히 얻을 수 있고 각 표본을 사용해 $\hat{\mu}$와 같은 불편 추정량을 계산한 다음, 모든 $\hat{\mu}$를 평균한다면 X로 계산한 실제 통계량 μ와 같다는 의미입니다.

(식 (2.1)이나 (2.2)에서 정의된) 미지의 $\mathbb{E}[X]$에 대한 불편 추정량은 (통계학에서는 **표본 평균**(sample mean)이라 부르는) $\frac{1}{N}\sum_{i=1}^{N} x_i$입니다.

2.4 베이즈 정리

조건부 확률(conditional probability) $\Pr(X=x|Y=y)$는 확률 변수 Y가 특정 값 y를 가질 때 확률 변수 X가 특정 값 x를 가질 확률입니다. **베이즈 정리**(Bayes' theorem)는 다음과 같습니다.

$$\Pr(X=x|Y=y) = \frac{\Pr(Y=y|X=x)\Pr(X=x)}{\Pr(Y=y)}$$

2.5 파라미터 추정

베이즈 정리는 X 분포에 대한 모델을 가지고 있을 때 유용하며, 이 모델 $f_{\boldsymbol{\theta}}$는 파라미터가 벡터 $\boldsymbol{\theta}$인 함수입니다. 이런 함수의 예로는 두 개의 파라미터 μ와 σ를 가진 가우스 함수(Gaussian function)가 있습니다. 가우스 함수는 다음과 같이 정의됩니다.

$$f_{\boldsymbol{\theta}}(x) = \frac{1}{\sqrt{2\pi\sigma^2}} e^{-\frac{(x-\mu)^2}{2\sigma^2}} \qquad (2.3)$$

여기서 $\boldsymbol{\theta} \stackrel{\text{def}}{=} [\mu, \sigma]$이고, π는 상수(3.14159 ...)입니다.

이 함수는 pdf의 속성을 모두 가지고 있습니다.[5] 따라서 이를 알려지지 않은 X의 분포에 대한 모델로 사용할 수 있습니다. 베이즈 정리를 사용해 데이터로부터 벡터 $\boldsymbol{\theta}$에 있는 파라미터 값을 업데이트할 수 있습니다.

$$\Pr(\boldsymbol{\theta}=\hat{\boldsymbol{\theta}}|X=x) \leftarrow \frac{\Pr(X=x|\boldsymbol{\theta}=\hat{\boldsymbol{\theta}})\Pr(\boldsymbol{\theta}=\hat{\boldsymbol{\theta}})}{\Pr(X=x)} = \frac{\Pr(X=x|\boldsymbol{\theta}=\hat{\boldsymbol{\theta}})\Pr(\boldsymbol{\theta}=\hat{\boldsymbol{\theta}})}{\sum_{\tilde{\boldsymbol{\theta}}}\Pr(X=x|\boldsymbol{\theta}=\tilde{\boldsymbol{\theta}})\Pr(\boldsymbol{\theta}=\tilde{\boldsymbol{\theta}})} \qquad (2.4)$$

---

5 사실 식 (2.3)은 실무에서 가장 많이 사용되는 확률 분포 중 하나인 **가우스 분포**(Gaussian distribution) 또는 **정규 분포**(normal distribution)의 pdf를 정의한 것이며, $\mathcal{N}(\mu, \sigma^2)$로 나타냅니다.

여기서 $\Pr(X=x|\boldsymbol{\theta}=\hat{\boldsymbol{\theta}}) \stackrel{\text{def}}{=} f_{\hat{\theta}}$입니다.

X의 표본 $\mathcal{S}$를 가지고 있고 가능한 $\boldsymbol{\theta}$ 값의 집합이 유한하다면, 한 번에 한 샘플 $x \in \mathcal{S}$씩 반복적으로 베이즈 정리를 적용해 $\Pr(\boldsymbol{\theta}=\hat{\boldsymbol{\theta}})$를 쉽게 추정할 수 있습니다. 초깃값 $\Pr(\boldsymbol{\theta}=\hat{\boldsymbol{\theta}})$은 $\sum_{\hat{\theta}} \Pr(\boldsymbol{\theta}=\hat{\boldsymbol{\theta}}) = 1$이 되도록 정할 수 있습니다. $\hat{\theta}$에 대한 이런 확률 추측을 **사전 확률**(prior)이라고 합니다.

먼저 모든 가능한 $\hat{\boldsymbol{\theta}}$ 값에 대해 $\Pr(\boldsymbol{\theta}=\hat{\boldsymbol{\theta}}|X=x_1)$를 계산합니다. 그다음에 식 (2.4)에 있는 사전 확률 $\Pr(\boldsymbol{\theta}=\hat{\boldsymbol{\theta}})$를 새로운 추정치 $\Pr(\boldsymbol{\theta}=\hat{\boldsymbol{\theta}}) \leftarrow \frac{1}{N}\sum_{x \in \mathcal{S}} \Pr(\boldsymbol{\theta}=\hat{\boldsymbol{\theta}}|X=x)$로 대체한 후, 다시 $x=x_2 \in \mathcal{S}$으로 $\Pr(\boldsymbol{\theta}=\hat{\boldsymbol{\theta}}|X=x)$를 업데이트합니다.

하나의 샘플이 주어졌을 때 파라미터 $\boldsymbol{\theta}^*$의 최적값은 **최대 사후 확률**(maximum a posteriori, MAP)을 사용해 얻을 수 있습니다.

$$\boldsymbol{\theta}^* = \arg\max_{\boldsymbol{\theta}} \prod_{i=1}^{N} \Pr(\boldsymbol{\theta}=\hat{\boldsymbol{\theta}}|X=x_i) \quad (2.5)$$

$\boldsymbol{\theta}$에 대한 가능한 값의 집합이 유한하지 않다면 4장에서 살펴볼 경사 하강법(gradient descent)과 같은 수치 최적화 기법을 사용해 식 (2.5)를 직접 최적화해야 합니다. 일반적으로 식 (2.5)에 있는 오른쪽 표현식의 자연 로그를 최적화합니다. 곱셈의 로그는 로그의 덧셈으로 바꿀 수 있고, 컴퓨터에서 곱셈보다 덧셈을 더 쉽게 다룰 수 있기 때문입니다.[6]

2.6 파라미터 vs. 하이퍼파라미터

하이퍼파라미터(hyperparameter)는 학습 알고리즘의 속성이며, (반드시는 아니지만) 일반적으로 수치형 값을 가집니다. 이 값은 알고리즘의 작동 방식에 영향을 미칩니다. 하이퍼파라미터는 알고리즘이 데이터로부터 직접 학습하는 값이 아닙니다. 알고리즘을 실행하기 전에 데이터 분석가가 지정해야 합니다. 5장에서 이에 대해 알아보겠습니다.

---

[6] 많은 숫자를 곱하면 매우 작은 값 또는 매우 큰 값이 될 수 있습니다. 컴퓨터가 이런 극단적인 숫자를 메모리에 저장할 수 없을 때 흔히 **수치 오버플로**(numerical overflow) 문제가 발생합니다.

파라미터는 알고리즘을 통해 학습되며, 모델을 정의하는 변수입니다. 파라미터는 훈련 데이터를 기반으로 학습 알고리즘에 의해 직접 수정됩니다. 학습 목표는 최적의 모델을 만드는 파라미터 값을 찾는 것입니다.

2.7 분류 vs. 회귀

분류(classification)는 레이블이 없는 샘플에 자동으로 레이블을 할당하는 문제입니다. 분류의 유명한 예로 스팸 탐지가 있습니다.

머신러닝에서 분류 문제는 레이블이 있는 샘플 집합을 입력으로 받아 모델을 만드는 **분류 학습 알고리즘**(classification learning algorithm)으로 해결합니다. 이 모델은 레이블이 없는 샘플을 입력으로 받아 직접 레이블을 출력하거나 분석가가 레이블을 추측하는 데 사용할 수 있는 숫자를 출력합니다. 이런 숫자의 한 예가 확률입니다.

분류 문제에서 레이블은 유한한 클래스 집합의 원소입니다. 클래스 집합의 크기가 2이면(예를 들면, "sick"/"healthy", "spam"/"not_spam") **이진 분류**(binary classification 또는 binomial classification)라고 부릅니다. **다중 분류**(multiclass classification 또는 multinomial classification)는 클래스가 세 개 이상인 분류 문제입니다.[7]

일부 학습 알고리즘은 본래 두 개 이상의 클래스를 다룰 수 있게 설계되어 있지만, 어떤 것들은 태생적으로 두 개의 클래스만 분류할 수 있습니다. 이진 분류 학습 알고리즘을 다중 분류 알고리즘으로 바꿀 수 있는 전략도 있습니다. 7장에서 이에 대해 소개합니다.

회귀(regression)는 레이블이 없는 샘플이 주어졌을 때 (흔히 **타깃**(target)이라고 부르는) 실수 값의 레이블을 예측하는 문제입니다. 면적, 방 개수, 위치 등의 특성을 기반으로 주택 가격을 예측하는 문제가 회귀의 좋은 예입니다.

회귀 문제는 레이블이 있는 샘플 집합을 입력으로 받아 모델을 만드는 **회귀 학습 알고리즘**(regression learning algorithm)으로 해결합니다. 이 모델은 레이블이 없는 샘플을 입력으로 받아 실수 값의 타깃을 출력합니다.

---

[7] 이 경우에도 여전히 각 샘플은 하나의 레이블만 가집니다.

2.8 모델 기반 학습 vs. 사례 기반 학습

대부분의 지도 학습 알고리즘은 모델 기반(model-based)입니다. 이미 이런 알고리즘 중 하나인 SVM을 살펴보았습니다. 모델 기반 학습 알고리즘은 훈련 데이터로부터 학습된 파라미터를 가진 모델을 만듭니다. SVM에는 두 개의 파라미터 $\mathbf{w}^*$와 b^*가 있었습니다. 모델이 만들어진 후에는 훈련 데이터가 필요 없습니다.

사례 기반(instance-based) 학습 알고리즘은 전체 데이터셋을 모델로 사용합니다. 실무에서 많이 사용되는 사례 기반 알고리즘은 k-최근접 이웃(k-Nearest Neighbors, kNN)입니다. 분류의 경우 입력 샘플의 레이블을 예측하기 위해 kNN 알고리즘은 특성 벡터 공간에서 입력 샘플과 가까운 이웃을 찾고, 이웃 샘플의 레이블 중 가장 많은 레이블을 예측으로 출력합니다.

2.9 얕은 학습 vs. 딥러닝

얕은 학습(shallow learning) 알고리즘은 훈련 샘플의 특성에서 바로 모델의 파라미터를 학습합니다. 대부분의 지도 학습 알고리즘은 얕은 학습입니다. **신경망**(neural network) 학습 알고리즘은 대표적인 예외입니다. 특히 입력과 출력 사이에 한 개 이상의 **층**(layer)을 가진 신경망을 만드는 경우입니다. 심층 신경망 학습(또는 **딥러닝**(deep learning))에서는 얕은 학습과 달리 대부분 모델 파라미터를 훈련 샘플의 특성에서 바로 학습하지 않고 이전 층의 출력에서 학습합니다.

이것이 당장 무슨 의미인지 이해되지 않아도 괜찮습니다. 6장에서 신경망에 대해 자세히 알아보겠습니다.

3장

The Hundred-Page Machine Learning Book

기본 알고리즘

이 장에서는 가장 잘 알려진 5개의 알고리즘을 설명합니다. 이 알고리즘들은 그 자체로 매우 효과적이지만 다른 학습 알고리즘의 구성요소로도 사용됩니다.

3.1 선형 회귀

선형 회귀(linear regression)는 인기 있는 회귀 학습 알고리즘으로 입력 샘플의 특성을 선형 조합하는 모델을 만듭니다.

3.1.1 문제

레이블이 있는 샘플 집합 $\{(\mathbf{x}_i, y_i)\}_{i=1}^N$이 있습니다. 여기서 N은 집합의 크기, $\mathbf{x}_i$는 샘플 $i = 1, \ldots, N$의 D차원 특성 벡터, y_i는 실수[1] 타깃, 모든 특성 $x_i^{(j)}$($j = 1, \ldots, D$)도 실수입니다.

샘플 $\mathbf{x}$의 특성을 선형 조합하여 모델 $f_{\mathbf{w},b}(\mathbf{x})$를 만듭니다.

$$f_{\mathbf{w},b}(\mathbf{x}) = \mathbf{w}\mathbf{x} + b \qquad (3.1)$$

---

[1] y_i가 실수임을 나타내기 위해 $y_i \leftarrow \mathbb{R}$라고도 씁니다. 여기서 $\mathbb{R}$은 모든 실수의 집합을 나타내며, 음의 무한대에서 양의 무한대까지 무한한 수의 집합입니다.

여기서 **w**는 D차원 파라미터 벡터이고, b는 실수입니다. $f_{\mathbf{w},b}$는 모델 f의 파라미터가 **w**와 b 두 개라는 의미입니다.

이 모델을 사용해 $y \leftarrow f_{\mathbf{w},b}(\mathbf{x})$처럼 입력 **x**로 미지의 y를 예측합니다. 두 개의 다른 (**w**, b) 파라미터 쌍을 가진 두 모델을 같은 샘플에 적용하면 두 개의 다른 예측을 생성할 가능성이 높습니다. 목표는 최적의 값 (**w***, b*)을 찾는 것입니다. 당연히 최적의 파라미터 값이 가장 정확한 예측을 만드는 모델을 정의합니다.

식 (3.1)의 선형 모델이 SVM 모델의 형태와 매우 비슷하다는 것을 눈치 챘을 것입니다. 유일한 차이는 sign 연산자가 없는 것뿐입니다. 이 두 모델은 실제로 유사합니다. 하지만 SVM의 초평면은 결정 경계의 역할을 하므로 한 그룹의 샘플을 다른 그룹과 분할하는 데 사용됩니다. 따라서 초평면은 가능한 한 각 그룹에서 멀리 떨어져 있어야 합니다.

반면, 선형 회귀에서는 모든 훈련 샘플에 가능한 한 가깝게 있는 초평면을 선택합니다.

선형 회귀에서 이것이 왜 중요한지 그림 3.1을 보면 알 수 있습니다. 이 그림은 1차원 샘플(파란색)에 대한 회귀 직선(빨간색)을 보여 줍니다. 이 직선을 사용해 레이블을 모르는 새 입력 샘플 x_{new}에 대한 타깃 값 y_{new}을 예측합니다. 샘플이 ($D > 1$인) D차원 특성 벡터라면 1차원 예시와 다른 유일한 점은 회귀 모

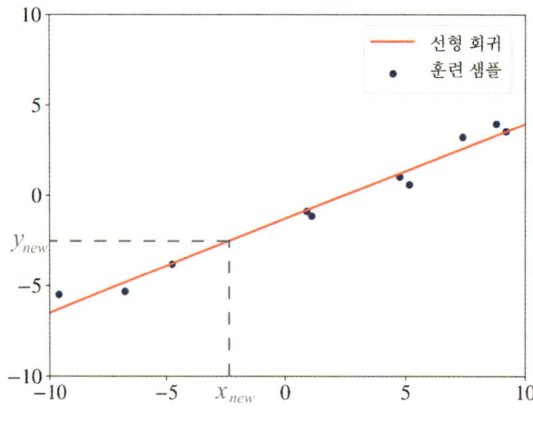

그림 3.1 1차원 샘플에 대한 선형 회귀

델이 직선이 아니라 (2차원일 경우) 평면이나 ($D > 2$인 경우) 초평면이라는 것입니다.

이제 회귀 초평면이 가능한 한 훈련 샘플에 가깝게 놓여야 한다는 요구사항이 왜 중요한지 알 수 있을 것입니다. 그림 3.1에서 빨간색 직선이 파란색 점에서 멀리 떨어진다면 예측 y_{new}가 올바를 가능성이 줄어들 것입니다.

3.1.2 해결책

선형 회귀의 요구사항을 만족시키기 위해 최적의 **w***와 b* 값을 찾는 최적화 과정은 다음 식을 최소화합니다.

$$\frac{1}{N} \sum_{i=1...N} (f_{\mathbf{w},b}(\mathbf{x}_i) - y_i)^2 \qquad (3.2)$$

수학에서 최소화하거나 최대화하는 식을 **목적 함수**(objective function) 또는 간단히 **목적**(objective)이라고 합니다. 위 목적 함수에서 표현식 $(f_{\mathbf{w},b}(\mathbf{x}_i) - y_i)^2$을 **손실 함수**(loss function)라고 부릅니다. 손실 함수는 샘플 i의 예측 오차를 측정합니다. 앞에 나온 손실 함수를 **제곱 오차 손실**(squared error loss)이라고 부릅니다. 모델 기반 학습 알고리즘은 모두 손실 함수를 가지고 있으며, 최적의 모델을 찾기 위해 할 일은 **비용 함수**(cost function)라고 부르는 목적 함수를 최소화하는 것입니다. 선형 회귀에서 비용 함수는 평균 손실이며, **경험적 위험**(empirical risk)이라고도 합니다.[2] 즉, 모델의 평균 손실 또는 경험적 위험은 모델을 훈련 데이터에 적용하여 얻은 모든 오차의 평균입니다.

선형 회귀의 손실이 2차 함수인 이유는 무엇일까요? 왜 정답 타깃 y_i와 예측값 $f(\mathbf{x}_i)$ 차이의 절댓값을 오차로 사용하지 않을까요? 사실 절댓값을 사용할 수 있습니다. 또한 2차 대신 3차 함수를 사용할 수도 있습니다.

---

[2] (옮긴이) 손실 함수는 샘플 하나에 대한 예측 오차를 계산하며, 비용 함수는 전체 훈련 샘플에 대한 오차의 평균을 구합니다. 하지만 손실 함수와 비용 함수를 엄격히 구분하지 않고 사용하는 경우가 많습니다.

이제 머신러닝 알고리즘을 설계할 때 임의적인 결정이 얼마나 많은지 알게 될 것입니다. 여기서는 특성을 선형 조합하여 타깃을 예측하기로 결정했습니다. 하지만 특성을 제곱하거나 다른 다항식을 사용할 수도 있습니다. 또한 타당한 다른 손실 함수를 사용할 수도 있습니다. $f(\mathbf{x}_i)$와 y_i 간의 차이의 절댓값을 사용하는 것도 타당하고, 이 차이를 세제곱하는 것도 가능합니다. **이진 손실**(binary loss)($f(\mathbf{x}_i)$와 y_i가 다르면 1, 같으면 0)도 괜찮습니다. 그렇지 않나요?

모델의 형태, 손실 함수의 형태, 최적의 파라미터 값을 찾기 위해 평균 손실을 최소화하는 알고리즘을 선택하면 결국 다른 머신러닝 알고리즘을 만들게 됩니다. 간단합니다. 그렇지 않나요? 하지만 새로운 학습 알고리즘을 개발하는 데 뛰어들지 마세요. 알고리즘에 차이가 있다는 것이 실제로 더 잘 동작한다는 의미는 아닙니다.

새로운 학습 알고리즘을 개발하는 이유는 다음과 같이 두 가지입니다.

1. 새로운 알고리즘이 기존 알고리즘보다 특정 문제를 더 잘 해결합니다.
2. 새로운 알고리즘이 모델의 품질을 이론적으로 더 잘 보장합니다.

선형적인 모델 형태를 선택하는 실용적인 이유 중 하나는 간단하기 때문입니다. 간단한 모델을 사용할 수 있는데 복잡한 모델을 사용할 이유가 있을까요? 선형 모델이 과대적합되기 어렵다는 점도 고려할 사항입니다. **과대적합**(overfitting)이란 모델이 훈련하는 동안은 샘플의 레이블을 매우 잘 예측하지만, 이 학습 알고리즘을 훈련 과정에서 만나지 못한 샘플에 적용했을 때 오류가 많이 발생하는 현상입니다.

과대적합된 회귀 모델의 예가 그림 3.2에 나와 있습니다. 빨간색 회귀 직선을 만드는 데 사용된 데이터는 그림 3.1에서와 같습니다. 이번에는 10차 다항식을 사용한 다항 회귀(polynomial regression)[3]를 사용했습니다. 이 회귀 직선은 훈련 샘플의 타깃을 거의 완벽하게 예측합니다. 하지만 그림 3.2에서 볼 수

---

3 (옮긴이) 다항 회귀는 차수가 2 이상인 항(예를 들어, x_i^2을 사용해 특성을 선형 조합하는 모델입니다. 이 책에서는 다항 회귀를 선형 회귀와 구분하고 있지만, 넓은 범위에서 다항 회귀를 선형 회귀 중 하나로 보는 경우가 많습니다.

있듯이 x_{new}에 대해서는 큰 오차를 만들 것입니다.[4] 5장에서 과대적합과 이를 피하는 방법에 대해 자세히 이야기하겠습니다.

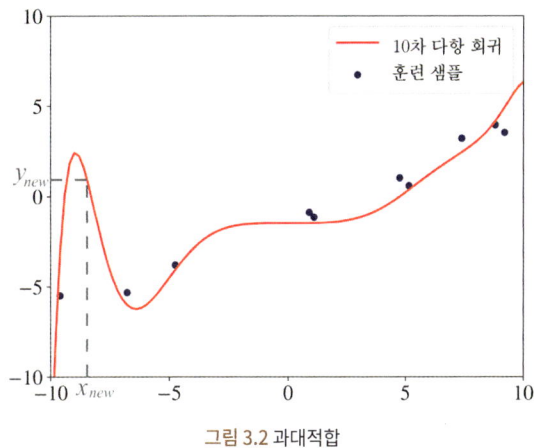

그림 3.2 과대적합

이제 선형 회귀가 유용한 이유를 알 수 있을 것입니다. 선형 회귀는 크게 과대적합되지 않습니다. 하지만 왜 제곱 손실을 사용할까요? 왜 제곱을 한다는 결정을 했을까요? 1805년 프랑스 수학자 아드리앵마리 르장드르(Adrien-Marie Legendre)는 모델 품질을 평가하기 위해 제곱 합(sum of squares) 방법을 처음 발표했는데, 덧셈을 하기 전에 오차를 제곱하는 것이 편리하다고 말했습니다. 그가 그렇게 말한 이유는 무엇일까요? 절댓값은 도함수가 연속적이지 않아 매끄럽지 않기 때문입니다. 연속적이지 않은 함수는 선형 대수학(linear algebra)을 사용해 최적화 문제에 대한 해석적인 해(closed form solution)를 구하기가 매우 어렵습니다. 함수의 최적값을 찾는 해석적인 해는 간단한 대수 표현식이며, (특히 신경망을 훈련하는 데 사용되는) **경사 하강법** 같은 복잡한 수치 최적화 방법보다 선호되는 경우가 많습니다.

제곱 오차는 정답 타깃과 예측 사이의 차이가 클수록 그 값을 과장하므로 이점이 있습니다. 세제곱이나 네제곱을 사용할 수도 있지만, 이들의 도함수는 다루기 복잡합니다.

---

[4] (옮긴이) 그림 3.2의 x_{new}에 대한 타깃은 주변 훈련 샘플을 고려하면 대략 −5 근처여야 타당합니다.

마지막으로 평균 손실의 도함수에 관심을 두는 이유는 무엇일까요? 식 (3.2)에 있는 함수의 도함수를 계산할 수 있다면, 이 도함수가 0이 되도록 지정하고,[5] 방정식의 해를 구해 최적의 **w***와 b* 값을 찾을 수 있기 때문입니다.

3.2 로지스틱 회귀

로지스틱 회귀(logistic regression)는 회귀 알고리즘이 아니라 분류 알고리즘입니다. 이름은 통계학에서 유래되었으며, 로지스틱 회귀의 수학 공식이 선형 회귀와 비슷하여 이름에 회귀가 있을 뿐입니다.

여기서는 이진 분류에 대한 로지스틱 회귀를 설명하지만, 다중 분류에도 확장할 수 있습니다.

3.2.1 문제

로지스틱 회귀에서 $\mathbf{x}_i$의 선형 함수로 y_i를 모델링하고 싶어도 y_i가 이진 변수이면 쉽지 않습니다. $\mathbf{wx}_i + b$와 같은 특성의 선형 조합은 음의 무한대에서 양의 무한대까지 출력할 수 있는 함수이지만, 이진 분류의 y_i는 두 개의 가능한 값만 가집니다.

컴퓨터가 없어 수동으로 계산을 수행해야 했던 시절에 과학자들은 선형 분류 모델을 찾고 싶어 했습니다. 그들은 음성 레이블을 0, 양성 레이블을 1로 정의하면 공역이 (0, 1)인 간단한 연속 함수를 찾으면 된다는 것을 알아 내었습니다. 이런 경우에 입력 **x**에 대한 모델의 반환값이 0에 가까우면 **x**에 음성 레이블을 할당합니다. 그렇지 않다면 샘플에 양성 레이블을 할당합니다. 이런 성질을 가진 함수 중 하나가 **표준 로지스틱 함수**(standard logistic function)[6](또는 **시그모이드 함수**(sigmoid function))입니다.

$$f(x) = \frac{1}{1+e^{-x}}$$

---

5 함수의 최솟값이나 최댓값을 찾을 때 극값의 기울기는 항상 0이므로 도함수를 0으로 지정합니다. 2차원의 경우 극값에서의 도함수는 수평선입니다.

6 (옮긴이) 로지스틱 함수의 일반적인 형태는 $f(x) = \frac{L}{1+e^{-k(x-x_0)}}$입니다. 이 식에서 L과 k가 1이고, x_0가 0일 때 표준 로지스틱 함수라고 합니다.

여기서 e는 자연 로그의 밑입니다(또는 오일러 수(Euler's number)라고도 하며, e^x는 많은 프로그래밍 언어에서 $\exp(x)$ 함수로 계산합니다). 이 함수의 그래프는 그림 3.3에서 확인할 수 있습니다.

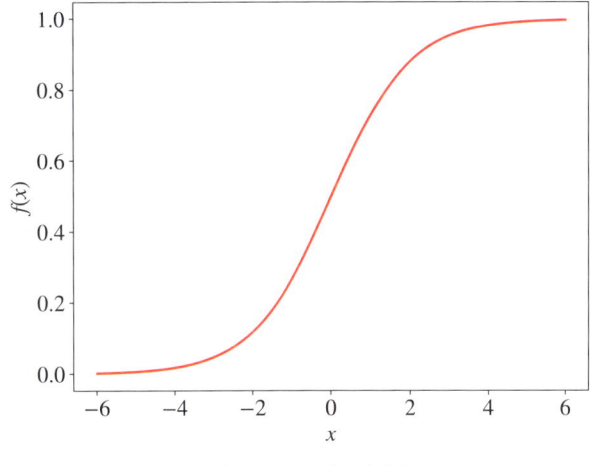

그림 3.3 표준 로지스틱 함수

로지스틱 회귀 모델은 다음과 같이 정의됩니다.

$$f_{\mathbf{w},b}(\mathbf{x}) \stackrel{\text{def}}{=} \frac{1}{1 + e^{-(\mathbf{w}\mathbf{x}+b)}} \tag{3.3}$$

위의 식에서 선형 회귀에 있었던 $\mathbf{w}\mathbf{x} + b$ 항을 볼 수 있습니다.

표준 로지스틱 함수의 그래프를 보면 이 그래프가 얼마나 분류 목적에 잘 맞는지 알 수 있습니다. 적절히 $\mathbf{w}$와 b 값을 최적화하면 $f(\mathbf{x})$의 출력을 y가 양성일 확률로 해석할 수 있습니다. 예를 들어, $f(\mathbf{x})$의 출력이 임곗값(threshold) 0.5보다 같거나 크면 $\mathbf{x}$의 클래스를 양성이라 하고, 그렇지 않으면 음성이라 말할 수 있습니다. 실전에서 임곗값 선택은 문제에 따라 달라집니다. 5장에서 모델 성능 평가에 대해 다룰 때 이에 대해 다시 알아보겠습니다.

그럼 최적의 $\mathbf{w}^*$와 b^*는 어떻게 찾을까요? 선형 회귀에서는 **평균 제곱 오차**(mean squared error 또는 MSE)로 정의한 비용 함수를 최소화했습니다.

3.2.2 해결책

로지스틱 회귀에서는 모델에 따른 훈련 세트의 **가능도**(likelihood)를 최대화합니다. 통계학에서 가능도 함수는 모델에 따라 샘플이 관측될 가능성을 측정합니다.

예를 들어, 훈련 데이터에 샘플 $(\mathbf{x}_i, y_i)$이 있다고 가정해 보죠. 또한 특정 파라미터 값 $\hat{\mathbf{w}}$와 $\hat{b}$를 찾았다고 가정해 보겠습니다. 식 (3.3)을 사용해 모델 $f_{\hat{\mathbf{w}}, \hat{b}}$을 $\mathbf{x}_i$에 적용하면 출력으로 어떤 값 $0 < p < 1$를 얻을 것입니다. y_i가 양성 클래스이면 모델의 출력 p는 y_i가 양성 클래스일 가능도가 됩니다. 마찬가지로 y_i가 음성 클래스이면 $1 - p$는 y_i가 음성 클래스일 가능도가 됩니다.

로지스틱 회귀의 목적 함수를 **최대 가능도**(maximum likelihood)라고 합니다. 로지스틱 회귀에서는 선형 회귀에서처럼 평균 손실을 최소화하는 것이 아니라 모델에 따른 훈련 데이터의 가능도를 최대화합니다.

$$L_{\mathbf{w},b} \overset{\text{def}}{=} \prod_{i=1 \ldots N} f_{\mathbf{w},b}(\mathbf{x}_i)^{y_i} (1 - f_{\mathbf{w},b}(\mathbf{x}_i))^{(1-y_i)} \tag{3.4}$$

$f_{\mathbf{w},b}(\mathbf{x}_i)^{y_i}(1 - f_{\mathbf{w},b}(\mathbf{x}_i))^{(1-y_i)}$가 복잡해 보일 수 있지만, 이는 '$y_i = 1$일 때는 $f_{\mathbf{w},b}(\mathbf{x}_i)$이고, 그 외에는 $(1 - f_{\mathbf{w},b}(\mathbf{x}_i))$이다'를 수학적으로 멋지게 표현한 것뿐입니다. 실제로 $y_i = 1$이면 $(1 - f_{\mathbf{w},b}(\mathbf{x}_i))^{(1-y_i)}$는 1이 됩니다. $(1 - y_i) = 0$이고 어떤 것을 0 제곱하면 1이 되기 때문입니다. 반대로 $y_i = 0$이면 동일한 이유로 $f_{\mathbf{w},b}(\mathbf{x}_i)^{y_i}$가 1이 됩니다.

이 목적 함수에는 선형 회귀에서 사용한 덧셈 연산자 $\sum$ 대신 곱셈 연산자 $\prod$를 사용했습니다. N개의 샘플에 대한 N개의 레이블을 관측할 가능도는 각 샘플의 가능도를 곱한 것이기 때문입니다(모든 샘플은 서로 독립적이라고 가정합니다). 확률 이론에서 일련의 독립된 실험 결과로 나온 확률을 곱하는 것과 비슷합니다.[7]

모델에 사용된 exp 함수 때문에 수치 오버플로를 피하려면 가능도보다 **로그 가능도**(log-likelihood)를 최대화하는 것이 더 편리합니다. 로그 가능도는 다음

---

[7] (옮긴이) 이를 확률의 곱셈 법칙 또는 곱셈 정리라고 합니다. 예를 들어, 동전을 두 번 던져서 모두 앞면이 나올 확률은 $1/2 \times 1/2 = 1/4$입니다.

과 같이 정의됩니다.[8]

$$LogL_{\mathbf{w},b} \overset{\text{def}}{=} \ln(L_{\mathbf{w},b}(\mathbf{x})) = \sum_{i=1}^{N} [y_i \ln f_{\mathbf{w},b}(\mathbf{x}) + (1-y_i) \ln (1 - f_{\mathbf{w},b}(\mathbf{x}))]$$

ln은 **강한 증가 함수**(strictly increasing function)[9]이므로 이 함수를 최대화하는 것은 이 함수의 인수를 최대화하는 것과 같습니다. 따라서 이 새로운 최적화 문제에 대한 해결책은 원래 문제에 대한 해결책과 같습니다.

선형 회귀와 달리 위와 같은 최적화 문제는 해석적으로 해를 구할 수 없습니다. 이런 경우에 사용하는 일반적인 수치 최적화 방법은 **경사 하강법**(gradient descent)입니다. 이에 대해서는 다음 장에서 설명하겠습니다.

3.3 결정 트리 학습

결정 트리(decision tree)는 어떤 결정을 내리는 데 사용할 수 있는 **비순환 그래프**(acyclic graph)입니다. 그래프의 각 노드(node)에서 샘플의 특성 벡터에 있는 특성 j를 검사합니다. 이 특성의 값이 어떤 임곗값보다 작으면 왼쪽 가지(branch)로 이동하고, 그렇지 않으면 오른쪽 가지로 이동합니다. 최종적으로 리프 노드(leaf node)에 도달하면 이 샘플이 어떤 클래스에 속하는지 결정됩니다.

---

[8] (옮긴이) 가능도 함수에 로그를 취하면 다음과 같습니다.

$$\ln(L_{\mathbf{w},b}) = \ln \left[\prod_{i=1...N} f_{\mathbf{w},b}(\mathbf{x}_i)^{y_i} (1 - f_{\mathbf{w},b}(\mathbf{x}_i))^{(1-y_i)} \right]$$

로그 안의 곱셈은 각 로그의 덧셈으로 나눌 수 있으므로 다음과 같이 바꿔 쓸 수 있습니다.

$$= \sum_{i=1}^{N} \ln \left[f_{\mathbf{w},b}(\mathbf{x}_i)^{y_i} (1 - f_{\mathbf{w},b}(\mathbf{x}_i))^{(1-y_i)} \right] = \sum_{i=1}^{N} \left[\ln f_{\mathbf{w},b}(\mathbf{x}_i)^{y_i} + \ln(1 - f_{\mathbf{w},b}(\mathbf{x}_i))^{(1-y_i)} \right]$$

로그의 지수 법칙에 따라 진수의 지수를 곱셈 계수로 바꿀 수 있습니다. 따라서 위 식은 다음과 같이 정리됩니다.

$$= \sum_{i=1}^{N} [y_i \ln f_{\mathbf{w},b}(\mathbf{x}_i) + (1-y_i) \ln (1 - f_{\mathbf{w},b}(\mathbf{x}_i))]$$

[9] (옮긴이) 단조 함수(monotonic function) 중에서 정의역에 있는 임의의 두 포인트에 대해 함수의 값이 같거나 증가하는 함수는 증가 함수라고 부르며, 같거나 감소하는 함수는 감소 함수라고 부릅니다. 강한 증가 함수와 강한 감소 함수는 함수의 결괏값이 동일하지 않고 항상 증가하거나 감소하는 함수입니다.

이 절의 제목이 의미하듯이, 결정 트리는 데이터로부터 학습할 수 있습니다.

3.3.1 문제

이전과 마찬가지로 레이블이 있는 샘플 집합이 있으며, 레이블은 집합 {0, 1}에 속합니다. 주어진 특성 벡터에 대한 클래스를 예측할 수 있는 결정 트리를 만들려고 합니다.

3.3.2 해결책

결정 트리 학습에는 다양한 알고리즘이 있습니다. 이 책에서는 ID3 알고리즘만 살펴보겠습니다.

이 알고리즘의 목적 함수는 평균 로그 가능도입니다.

$$\frac{1}{N}\sum_{i=1}^{N}\left[y_i \ln f_{ID3}(\mathbf{x}_i) + (1-y_i)\ln\left(1-f_{ID3}(\mathbf{x}_i)\right)\right] \tag{3.5}$$

여기서 f_{ID3}는 하나의 결정 트리입니다.

지금은 로지스틱 회귀와 매우 비슷해 보입니다. 로지스틱 회귀 알고리즘은 목적 함수에 대한 최적의 해결책을 찾아 **모수 모델**(parametric model) $f_{\mathbf{w}^*,b^*}$을 만듭니다. 하지만 ID3 알고리즘은 **비모수 모델**(nonparametric model) $f_{ID3}(\mathbf{x}) \stackrel{\text{def}}{=} \Pr(y=1 \mid \mathbf{x})$을 만들어 근사적으로 최적화합니다.[10]

ID3 학습 알고리즘은 다음과 같이 작동합니다. $\mathcal{S}$를 레이블이 있는 샘플 집합이라 하죠. 처음에는 결정 트리에 모든 샘플 $\mathcal{S} \stackrel{\text{def}}{=} \{(\mathbf{x}_i, y_i)\}_{i=1}^{N}$을 포함하고 있는 시작 노드 하나만 있습니다. 모델 $f_{ID3}^{\mathcal{S}}$는 동일한 예측만 만들며, 다음과 같이 정의됩니다.

$$f_{ID3}^{\mathcal{S}} \stackrel{\text{def}}{=} \frac{1}{|\mathcal{S}|}\sum_{(\mathbf{x},y)\in\mathcal{S}} y \tag{3.6}$$

---

[10] (옮긴이) 모수 모델도 모델의 형태를 미리 가정하여 고정된 개수의 파라미터를 학습합니다. 비모수 모델은 이와 달리 데이터에 따라 모델 파라미터 개수나 복잡도가 변합니다.

앞의 모델 $f_{ID3}^{\mathcal{S}}(\mathbf{x})$는 모든 입력 $\mathbf{x}$에 대해 동일한 예측을 만듭니다. 샘플 12개의 소규모 데이터셋을 사용해 만든 이 결정 트리는 그림 3.4a에서 확인할 수 있습니다.

그런 다음 모든 특성 $j = 1, \ldots, D$와 모든 임곗값 t를 검색하고 집합 $\mathcal{S}$를 두 개의 부분집합 $\mathcal{S}_- \stackrel{\text{def}}{=} \{(\mathbf{x}, y) \mid (\mathbf{x}, y) \in \mathcal{S}, x^{(j)} < t\}$와 $\mathcal{S}_+ \stackrel{\text{def}}{=} \{(\mathbf{x}, y) \mid (\mathbf{x}, y) \in S, x^{(j)} \geq t\}$로 분할합니다. 두 개의 부분집합은 두 개의 새로운 리프 노드로 이동하고 모든 가능한 쌍 (j, t)에 대해 $\mathcal{S}_-$와 $\mathcal{S}_+$가 얼마나 좋은 분할인지 평가합니다. 마지막으로 가장 좋은 (j, t)를 골라 $\mathcal{S}$를 $\mathcal{S}_+$와 $\mathcal{S}_-$로 나누어 두 개의 리프 노드를 만듭니다. 그리고 $\mathcal{S}_+$와 $\mathcal{S}_-$에 대해 재귀적으로 이 작업을 계속 진행합니다(또는 분할이 현재 모델보다 충분히 좋은 모델을 만들지 못하면 중단합니다). 한 번 분할한 후의 결정 트리는 그림 3.4b에서 확인할 수 있습니다.

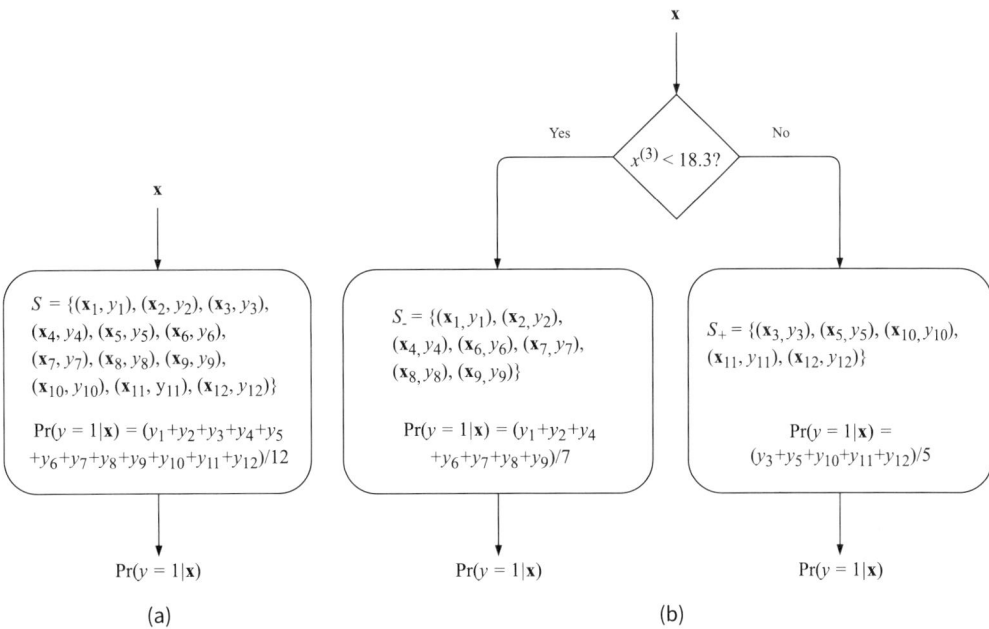

그림 3.4 결정 트리 알고리즘. 집합 $\mathcal{S}$에는 레이블이 있는 12개의 샘플이 있습니다. (a) 시작할 때는 결정 트리에 시작 노드만 있으며, 모든 입력에 대해 같은 예측만 만들어 냅니다. (b) 첫 번째 분할이 일어난 후의 결정 트리. 특성 3이 18.3보다 작은지 테스트하고, 그 결과에 따라 두 리프 노드 중 하나가 예측을 만듭니다.

'얼마나 좋은 분할인지 평가한다'라는 말이 무엇인지 궁금할 것입니다. ID3에서 분할의 성능은 **엔트로피**(entropy) 기준을 사용해 추정합니다. 엔트로피는 확률 변수에 대한 불확실성을 측정하는 지표입니다. 확률 변수의 모든 값이 동일한 확률을 가질 때 엔트로피는 최대가 됩니다. 확률 변수가 하나의 값만 가질 수 있을 때 엔트로피는 최소입니다. 샘플 집합 $\mathcal{S}$의 엔트로피는 다음과 같이 정의됩니다.

$$H(\mathcal{S}) \stackrel{\text{def}}{=} -f_{ID3}^{\mathcal{S}} \ln f_{ID3}^{\mathcal{S}} - (1 - f_{ID3}^{\mathcal{S}}) \ln(1 - f_{ID3}^{\mathcal{S}}) \qquad (3.7)$$

샘플 집합을 어떤 특성 j와 임곗값 t로 분할했을 때 분할의 엔트로피 $H(\mathcal{S}_-, \mathcal{S}_+)$는 단순히 두 엔트로피의 가중합(weighted sum)입니다.

$$H(\mathcal{S}_-, \mathcal{S}_+) \stackrel{\text{def}}{=} \frac{|\mathcal{S}_-|}{|\mathcal{S}|} H(\mathcal{S}_-) + \frac{|\mathcal{S}_+|}{|\mathcal{S}|} H(\mathcal{S}_+) \qquad (3.8)$$

따라서 ID3의 각 단계, 각 리프 노드에서 식 (3.8)의 엔트로피가 최소가 되는 분할을 찾거나 아니면 이 리프 노드에서 분할을 멈춥니다.

이 알고리즘은 리프 노드가 다음과 같은 상황에 도달하면 중단됩니다.

- 리프 노드에 있는 모든 샘플이 하나의 예측을 만드는 단일 모델로 정확하게 분류되는 경우(식 (3.6))
- 분할할 특성이 없는 경우[11]
- 분할이 (실험을 통해 찾은[12]) 어떤 ε 값보다 엔트로피를 적게 감소시키는 경우
- 트리가 (역시 실험을 통해 찾은) 어떤 최대 깊이 d에 도달하는 경우

ID3의 각 반복에서 데이터셋을 분할하는 결정은 국부적입니다(즉, 미래 분할에 의존하지 않습니다). 따라서 이 알고리즘은 최적의 해결책을 보장하지 않습니다. 최적의 결정 트리를 찾는 동안 모델 구축 시간이 늘어나더라도 **백트래킹**(backtracking)과 같은 기법을 사용해 모델을 개선할 수 있습니다.

---

11 (옮긴이) ID3 알고리즘은 이전에 사용하지 않은 특성을 사용해 하위 노드를 분할합니다.
12 5장의 '하이퍼파라미터 튜닝' 절에서 어떻게 이 값을 찾는지 설명합니다.

가장 널리 사용되는 결정 트리 알고리즘은 C4.5입니다.[13] 이 알고리즘은 다음과 같이 ID3에 비해 몇 가지 기능이 추가되어 있습니다.

- 연속적인 특성과 이산적인 특성을 모두 사용합니다.
- 누락된 특성이 있는 샘플을 처리합니다.
- 상향식 '가지치기(pruning)' 기법을 사용해 과대적합 문제를 해결합니다.

가지치기는 이미 만들어진 트리를 거꾸로 올라가면서 오차 감소에 충분히 기여하지 않는 가지를 제거하고 해당 노드를 리프 노드로 대체하는 방법입니다.

엔트로피 기반 분할 조건은 쉽게 이해할 수 있습니다. S에 있는 모든 샘플이 동일한 레이블을 가질 때 엔트로피가 최솟값 0에 도달합니다. 반면, S에 있는 샘플 절반이 정확히 레이블 1이면 이 리프 노드는 제대로 분류 작업을 수행하지 못하므로 엔트로피는 최댓값 1이 됩니다. 유일하게 남은 질문은 어떻게 이 알고리즘이 근사적으로 평균 로그 가능도를 최대화하는가입니다. 이에 대한 자세한 사항은 참고 자료를 읽어 보세요.

3.4 서포트 벡터 머신

1장에서 서포트 벡터 머신(SVM)에 대해 이미 소개했으므로 이 절에서는 부족한 부분만 추가로 설명하겠습니다. 다음의 두 가지 중요한 질문에 대해 답을 구해야 합니다.

1. 데이터에 잡음이 있어 양성 샘플과 음성 샘플을 완벽하게 구분하는 초평면이 없다면 어떻게 해야 하나요?
2. 데이터를 평면으로 분할할 수 없고 고차원 다항식으로 분할할 수 있다면 어떻게 해야 하나요?

---

[13] (옮긴이) 대표적인 파이썬 머신러닝 라이브러리인 사이킷런(scikit-learn)은 C4.5와 비슷한 CART (Classification and Regression Trees) 알고리즘 기반의 결정 트리를 제공합니다. CART는 연속적인 타깃 변수, 즉 회귀 문제에 적용할 수 있는 것이 특징입니다.

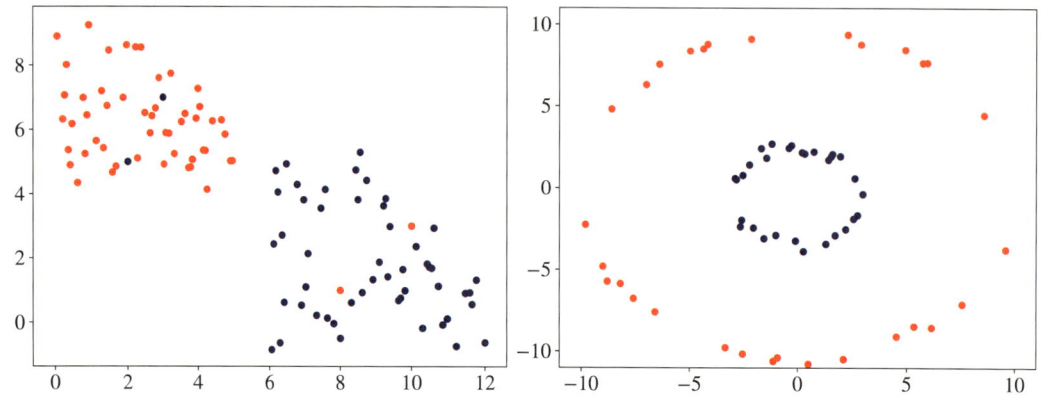

그림 3.5 선형적으로 구분할 수 없는 데이터셋. 왼쪽: 잡음이 있는 데이터. 오른쪽: 근본적으로 비선형적인 데이터

그림 3.5에서 두 경우를 모두 볼 수 있습니다. 왼쪽은 잡음(이상치 또는 잘못 레이블링된 샘플)이 없다면 직선으로 데이터를 분할할 수 있습니다. 오른쪽은 결정 경계가 직선이 아니라 원입니다.

SVM에서는 다음 조건을 만족해야 합니다.

$$y_i = +1 \text{ 이면 } \mathbf{w}\mathbf{x}_i - b \geq +1$$
$$y_i = -1 \text{ 이면 } \mathbf{w}\mathbf{x}_i - b \leq -1$$
(3.9)

또한 초평면이 각 클래스의 가장 가까운 샘플로부터 동일한 거리만큼 떨어져 있도록 $\|\mathbf{w}\|$를 최소화해야 합니다. $\|\mathbf{w}\|$를 최소화하는 것은 $\frac{1}{2}\|\mathbf{w}\|^2$을 최소화하는 것과 같습니다. 이 항을 사용하면 나중에 2차 계획법(quadratic programming) 최적화를 사용할 수 있습니다. 따라서 SVM을 위한 최적화 문제는 다음과 같습니다.

$$\min \frac{1}{2}\|\mathbf{w}\|^2, \ [조건] \ y_i(\mathbf{w}\mathbf{x}_i - b) - 1 \geq 0, i = 1, \ldots, N \quad (3.10)$$

3.4.1 잡음 다루기

SVM을 선형적으로 구분할 수 없는 데이터에 확장하기 위해 **힌지 손실**(hinge loss) 함수 $\max(0, 1 - y_i(\mathbf{w}\mathbf{x}_i - b))$를 도입합니다.

식 (3.9)의 조건이 만족되면 힌지 손실 함수는 0이 됩니다. 다시 말해서, $\mathbf{x}_i$가 결정 경계의 올바른 쪽에 놓여 있는 경우입니다. 결정 경계의 잘못된 쪽에 있는 데이터의 경우 이 함수의 값은 샘플과 결정 경계 사이의 거리에 비례합니다.

다음과 같은 비용 함수를 최소화하는 것이 목표입니다.

$$C\|\mathbf{w}\|^2 + \frac{1}{N} \sum_{i=1}^{N} \max\left(0, 1 - y_i(\mathbf{w}\mathbf{x}_i - b)\right)$$

여기서 하이퍼파라미터 C는 결정 경계와 샘플 사이의 마진을 크게 하는 것과 $\mathbf{x}_i$가 결정 경계의 올바른 쪽에 놓여 있는 것 사이의 트레이드오프(tradeoff)를 결정합니다. ID3의 하이퍼파라미터인 ε이나 d처럼 일반적으로 C 값은 실험을 통해 선택됩니다. 힌지 손실이 포함된 비용 함수를 최적화하는 SVM을 소프트 마진(soft-margin) SVM이라 하며, 원래 공식을 최적화하는 SVM을 하드 마진(hard-margin) SVM이라 부릅니다.

여기서 볼 수 있듯이 C를 충분히 크게 하면 비용 함수의 두 번째 항을 무시할 수 있어 SVM 알고리즘은 오분류 샘플을 완전히 무시하고 가장 큰 마진을 찾으려고 할 것입니다. 반대로 C를 감소시키면 분류 오류가 비용 함수에서 점점 큰 부분을 차지하게 됩니다. 따라서 SVM 알고리즘은 마진의 크기를 희생하더라도 실수를 적게 만들려고 노력합니다. 앞서 이미 언급했듯이, 큰 마진은 일반화 성능이 더 좋습니다. 따라서 C는 훈련 데이터를 잘 분류하는 것(비용 함수 최소화)과 미래의 샘플을 잘 분류하는 것(일반화) 사이의 트레이드오프를 조절합니다.

3.4.2 비선형성 다루기

원본 공간에서 초평면으로 분할할 수 없는 데이터셋에도 SVM을 적용할 수 있습니다. 원본 공간을 고차원 공간으로 변환하면 변환된 공간에서 샘플을 선형적으로 분할할 가능성이 있습니다. SVM에서 비용 함수를 최적화하는 동안 암묵적으로 원본 공간을 고차원 공간으로 변환하는 방법을 커널 트릭(kernel trick)이라 부릅니다.

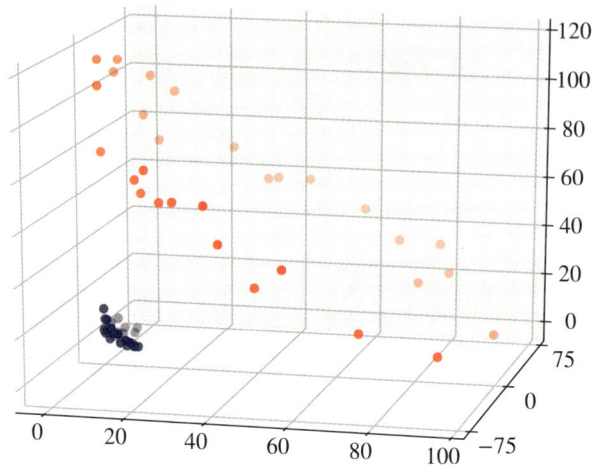

그림 3.6 그림 3.5의 오른쪽에 있는 데이터를 고차원 공간으로 변환하면 선형적으로 분할할 수 있습니다.

커널 트릭의 효과는 그림 3.6에서 확인할 수 있습니다. 여기서 볼 수 있듯이 $\phi: \mathbf{x} \mapsto \phi(\mathbf{x})$ 매핑을 사용해 선형적으로 분할할 수 없는 2차원 데이터를 선형적으로 분할 가능한 고차원 데이터로 변환할 수 있습니다. 여기서 $\phi(\mathbf{x})$는 $\mathbf{x}$보다 고차원 벡터입니다. 그림 3.5의 오른쪽에 있는 2차원 샘플의 경우 매핑 ϕ는 2차원 샘플 $\mathbf{x} = [q, p]$를 3차원 공간(그림 3.6)의 $\phi([q, p]) \stackrel{\text{def}}{=} (q^2, \sqrt{2}qp, p^2)$로 투영합니다. 이제 데이터를 변환된 공간에서 선형적으로 분할할 수 있습니다.

하지만 어떤 매핑 ϕ가 데이터에 맞는지 사전에 알지 못합니다. 어떤 매핑을 사용해 모든 입력 샘플을 고차원 벡터로 변환한 다음, 이 데이터에 SVM을 적용하는 식으로 모든 가능한 매핑 함수를 시도해 본다고 가정해 보죠. 이런 계산은 매우 비효율적이며 주어진 분류 문제를 절대 풀지 못할 것입니다.

다행히 과학자들은 명시적으로 이런 변환을 수행하지 않고도 **커널 함수**(kernel function)(또는 간단히 **커널**)를 사용하여 고차원 공간을 효율적으로 다루는 방법을 찾았습니다. 커널의 작동 방식을 이해하려면 먼저 SVM의 최적화 알고리즘이 최적의 $\mathbf{w}$와 b 값을 어떻게 찾는지 알아야 합니다.

식 (3.10)에 있는 최적화 문제는 전통적으로 **라그랑주 승수법**(method of Lagrange multipliers)을 사용해 풉니다. 식 (3.10)의 원래 문제를 푸는 대신 다음

과 같이 변형된 동등한 문제를 푸는 게 더 쉽습니다.[14]

$$\max_{\alpha_1 \ldots \alpha_N} \sum_{i=1}^{N} \alpha_i - \frac{1}{2} \sum_{i=1}^{N} \sum_{k=1}^{N} y_i \alpha_i (\mathbf{x}_i \mathbf{x}_k) y_k \alpha_k, \ [\text{조건}] \ \sum_{i=1}^{N} \alpha_i y_i = 0 \ \text{그리고} \ \alpha_i \geq 0, i = 1, \ldots, N \tag{3.11}$$

여기서 α_i를 라그랑주 승수라고 부릅니다. 이와 같이 공식을 쓰면 볼록 2차 최적화(convex quadratic optimization) 문제가 되며, 2차 계획법 알고리즘으로 효율적으로 해결할 수 있습니다.

위의 공식에서 $\mathbf{x}_i \mathbf{x}_k$ 항을 볼 수 있는데, 특성 벡터가 사용되는 유일한 곳입니다. 현재 벡터 공간을 고차원 공간으로 변환하고 싶다면 $\mathbf{x}_i$를 $\phi(\mathbf{x}_i)$로, $\mathbf{x}_k$를 $\phi(\mathbf{x}_k)$로 변환해야 합니다. 그런 다음, $\phi(\mathbf{x}_i)$와 $\phi(\mathbf{x}_k)$를 곱합니다. 이 작업은 계산 비용이 많이 듭니다.

하지만 우리는 점곱 $\mathbf{x}_i \mathbf{x}_k$의 결과에만 관심이 있으며, 이 값이 실수라는 것을 알고 있습니다. 이 값이 올바르기만 하다면 어떻게 구하는지는 상관이 없습니다. 커널 트릭을 사용하면 원본 특성 벡터를 고차원 벡터로 변환하고 점곱을 계산하는 작업을 피할 수 있습니다. 그 대신 원본 특성 벡터에 대한 간단한 연산을 적용하여 동일한 결과를 얻을 수 있습니다. 예를 들어, (q_1, p_1)를 $(q_1^2, \sqrt{2}q_1 p_1, p_1^2)$로 변환하고 (q_2, p_2)를 $(q_2^2, \sqrt{2}q_2 p_2, p_2^2)$로 변환한 다음, $(q_1^2, \sqrt{2}q_1 p_1, p_1^2)$와 $(q_2^2, \sqrt{2}q_2 p_2, p_2^2)$를 점곱하여 $(q_1^2 q_2^2 + 2q_1 q_2 p_1 p_2 + p_1^2 p_2^2)$를 얻을 수 있습니다. 이 방법 대신, (q_1, p_1)와 (q_2, p_2)를 점곱하여 $(q_1 q_2 + p_1 p_2)$를 얻고, 그런 다음 이를 제곱하여 동일한 결과 $(q_1^2 q_2^2 + 2q_1 q_2 p_1 p_2 + p_1^2 p_2^2)$를 얻을 수도 있습니다.

이것이 커널 트릭입니다. 앞의 경우 2차 커널 $k(\mathbf{x}_i, \mathbf{x}_k) \stackrel{\text{def}}{=} (\mathbf{x}_i \mathbf{x}_k)^2$을 사용했습니다. 다양한 커널 함수가 있으며, 가장 널리 사용되는 함수는 **RBF**(radial basis function, 방사 기저 함수) 커널입니다.

$$k(\mathbf{x}, \mathbf{x}') = \exp\left(-\frac{\|\mathbf{x} - \mathbf{x}'\|^2}{2\sigma^2}\right)$$

---

[14] (옮긴이) 이를 쌍대 문제(dual problem)라 부릅니다. 원 문제에서 쌍대 문제를 유도하는 과정은 《핸즈온 머신러닝, 2판》(한빛미디어, 2020)의 부록 C를 참고하세요.

여기서 $\|\mathbf{x}-\mathbf{x}'\|^2$은 두 특성 벡터 사이의 **유클리드 거리**(Euclidean distance)의 제곱입니다. 유클리드 거리는 다음과 같이 정의됩니다.

$$d(\mathbf{x}_i, \mathbf{x}_k) \stackrel{\text{def}}{=} \sqrt{\left(x_i^{(1)} - x_k^{(1)}\right)^2 + \left(x_i^{(2)} - x_k^{(2)}\right)^2 + \cdots + \left(x_i^{(D)} - x_k^{(D)}\right)^2} = \sqrt{\sum_{j=1}^{D} \left(x_i^{(j)} - x_k^{(j)}\right)^2}$$

RBF 커널의 특성 공간은 무한한 차원을 가집니다. 데이터 분석가는 하이퍼파라미터 σ를 바꾸어 가면서 원본 공간에서 매끄럽거나 구부러진 결정 경계 사이를 선택할 수 있습니다.

3.5 k-최근접 이웃

k-최근접 이웃(k-Nearest Neighbors, kNN)은 비모수 학습 알고리즘입니다. 모델 구축 후 훈련 데이터를 사용하지 않는 다른 학습 알고리즘과 달리 kNN은 모든 훈련 데이터를 메모리에 보관합니다. 이전에 본 적 없는 새로운 샘플 $\mathbf{x}$가 입력되면 kNN 알고리즘은 $\mathbf{x}$와 가장 가까운 k개의 훈련 샘플을 찾습니다. 그런 다음 분류의 경우 다수의 레이블을 반환하고, 회귀의 경우 레이블의 평균을 출력합니다.

두 샘플의 가까운 정도는 거리 함수로 정의됩니다. 예를 들어 앞서 보았던 유클리드 거리를 실전에서 자주 사용합니다. 인기 있는 또 다른 거리 함수는 음의 **코사인 유사도**(cosine similarity)입니다. 코사인 유사도는 다음과 같이 정의됩니다.

$$s(\mathbf{x}_i, \mathbf{x}_k) \stackrel{\text{def}}{=} \cos(\angle(\mathbf{x}_i, \mathbf{x}_k)) = \frac{\sum_{j=1}^{D} x_i^{(j)} x_k^{(j)}}{\sqrt{\sum_{j=1}^{D} \left(x_i^{(j)}\right)^2} \sqrt{\sum_{j=1}^{D} \left(x_k^{(j)}\right)^2}}$$

이 공식은 두 벡터 방향의 유사도를 측정합니다. 두 벡터 사이의 각도가 0도이면 두 벡터는 같은 방향을 가리키며 코사인 유사도는 1이 됩니다. 두 벡터가 수직으로 만나는 경우 코사인 유사도는 0이 됩니다. 두 벡터가 반대 방향을 가리킨다면 코사인 유사도는 −1이 됩니다. 따라서 코사인 유사도를 거리 지표로 사용하려면 −1을 곱해야 합니다. 또 다른 거리 지표로는 체비쇼프 거리

(Chebychev distance), 마할라노비스 거리(Mahalanobis distance), 해밍 거리(Hamming distance)가 있습니다. 알고리즘을 실행하기 전에 분석가는 k는 물론 거리 지표를 선택해야 합니다. 이 값들은 하이퍼파라미터입니다. 거리 지표는 (추측하지 않고) 데이터로부터 학습될 수도 있습니다. 이에 대해서는 10장에서 설명합니다.

4장

The Hundred-Page Machine Learning Book

학습 알고리즘

4.1 학습 알고리즘의 구성요소

이전 장을 읽어 보면 알 수 있듯이, 학습 알고리즘은 세 부분으로 구성되어 있습니다.

1. 손실 함수
2. 손실 함수 기반의 목적 함수[1](예를 들어, 비용 함수)
3. 훈련 데이터를 활용하여 목적 함수의 해를 찾는 최적화 루틴

이들은 모든 학습 알고리즘의 구성요소입니다. 이전 장에서 보았듯이 일부 알고리즘(선형 회귀, 로지스틱 회귀)은 특정 목적 함수를 명시적으로 최적화합니다. 결정 트리와 kNN 같은 다른 알고리즘들은 목적 함수를 암묵적으로 최적화합니다. 결정 트리와 kNN은 가장 오래된 머신러닝 알고리즘 중 하나이며, 전역 최적화를 염두에 두지 않고 직관을 바탕으로 실험을 통해 개발되었습니다. (과학의 역사에 있듯이) 알고리즘의 작동 이유를 설명하기 위해 나중에 목적 함수가 추가되었습니다.

---

1 (옮긴이) 원문은 최적화 기준(optimization criterion)이지만 이해하기 쉬운 용어로 옮겼습니다.

머신러닝에 대한 최근 논문을 보면 **경사 하강법**(gradient descent)이나 **확률적 경사 하강법**(stochastic gradient descent, SGD)이 자주 언급됩니다. 목적 함수가 미분 가능할 때 이 두 최적화 알고리즘이 가장 많이 사용되기 때문입니다.

경사 하강법은 함수의 최솟값을 찾기 위한 반복적인 최적화 알고리즘입니다. 경사 하강법은 랜덤한 위치에서 시작한 후 함수의 지역 최솟값을 찾기 위해 현재 위치에서 함수의 음의 그레이디언트(혹은 근사 그레이디언트)에 비례하여 이동합니다.

경사 하강법을 사용하여 선형 회귀, 로지스틱 회귀, SVM, 그리고 나중에 살펴볼 신경망을 위한 최적의 파라미터를 찾을 수 있습니다. 로지스틱 회귀나 SVM 같은 많은 모델은 목적 함수가 볼록(convex)합니다. 볼록 함수(convex function)는 하나의 전역 최솟값만 가지고 있습니다. 반면 신경망의 목적 함수는 볼록하지는 않지만, 실제로 지역 최솟값을 찾는 것으로도 충분한 경우가 많습니다.

그럼 경사 하강법의 작동 방식을 살펴보죠.

4.2 경사 하강법

이 절에서는 경사 하강법이 선형 회귀 문제[2]의 해결책을 어떻게 찾는지 알아보겠습니다. 경사 하강법을 반복한 후에 해결책이 어떻게 향상되는지 보여 주기 위해 파이썬 코드와 함께 그래프로 설명하겠습니다. 하나의 특성을 가진 데이터셋을 사용하지만 목적 함수는 두 개의 파라미터 w와 b를 가집니다. 다차원 훈련 데이터로 확장하는 것은 간단합니다. 2차원 데이터의 경우 $w^{(1)}, w^{(2)}, b$가 필요하고, 3차원 데이터의 경우 $w^{(1)}, w^{(2)}, w^{(3)}, b$가 필요한 식입니다.

실용적인 예를 들기 위해 다양한 회사의 연간 라디오 광고비 지출과 연간 매출(백만 달러 단위)이라는 열을 가진 실제 데이터셋[3]을 사용합니다. 라디오 광고에 사용한 비용을 기반으로 매출을 예측하는 회귀 모델을 만들려고 합니다.

---

[2] 이미 언급했듯이, 선형 회귀는 해석적으로 해를 구할 수 있습니다. 이 말은 이 문제를 풀기 위해 경사 하강법이 필요하지 않다는 의미입니다. 하지만 선형 회귀는 경사 하강법을 설명하는 데 안성맞춤입니다.

[3] 이 데이터셋은 책의 위키(*https://bit.ly/4dn4bib*)에서 찾을 수 있습니다.

이 데이터셋의 각 행은 특정 회사 하나를 나타냅니다.

회사	지출(천 달러)	매출(백만 달러)
1	37.8	22.1
2	39.3	10.4
3	45.9	9.3
4	41.3	18.5
..	..	..

200개 회사에 대한 데이터가 있으므로 $(x_i, y_i) = (Spendings_i, Sales_i)$ 형태의 훈련 샘플이 200개입니다. 그림 4.1은 모든 샘플을 2차원 그래프로 시각화한 것입니다.

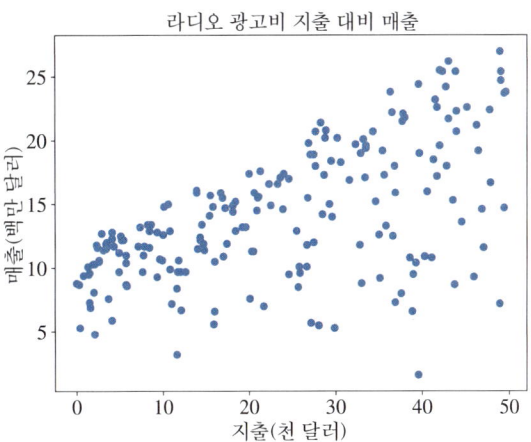

그림 4.1 원본 데이터. Y축은 매출(백만 달러 단위, 예측할 양)에 해당하며, X축은 특성(라디오 광고 지출(천 달러 단위))에 해당합니다.

선형 회귀 모델은 $f(x) = wx + b$와 같은 형태입니다. 최적의 w와 b 값을 모르며, 데이터로부터 학습해야 합니다. 이를 위해 평균 제곱 오차를 최소화하는 w와 b 값을 찾습니다.

$$l \stackrel{\text{def}}{=} \frac{1}{N} \sum_{i=1}^{N} (y_i - (wx_i + b))^2$$

먼저 경사 하강법을 위해 각 파라미터에 대한 편도함수를 계산합니다.

$$\frac{\partial l}{\partial w} = \frac{1}{N}\sum_{i=1}^{N} -2x_i(y_i - (wx_i + b))$$
$$\frac{\partial l}{\partial b} = \frac{1}{N}\sum_{i=1}^{N} -2(y_i - (wx_i + b))$$
(4.1)

w에 대한 $(y_i - (wx + b))^2$의 편도함수를 구하기 위해 **연쇄 법칙**(chain rule)을 적용했습니다. $f_1 = y_i - (wx + b)$이고 $f_2 = f_1^2$라 하면 $f = f_2(f_1)$라고 쓸 수 있습니다. w에 대한 f의 편도함수를 구하기 위해 먼저 f_2에 대한 f의 편도함수를 구하면 $2(y_i - (wx + b))$입니다(미적분을 배웠다면 $\frac{\partial}{\partial x}x^2 = 2x$임을 알고 있을 것입니다). 그다음에 w에 대한 $y_i - (wx + b)$의 편도함수 $-x$를 곱합니다. 따라서 $\frac{\partial l}{\partial w} = \frac{1}{N}\sum_{i=1}^{N} -2x_i(y_i - (wx_i + b))$가 됩니다. 비슷한 방식으로 b에 대한 l의 편도함수 $\frac{\partial l}{\partial b}$를 계산합니다.

경사 하강법은 여러 **에포크**(epoch) 동안 진행됩니다. 한 에포크 동안 전체 훈련 세트를 사용해 파라미터를 업데이트합니다.[4] 첫 번째 에포크를 시작할 때는 $w \leftarrow 0$와 $b \leftarrow 0$로 초기화합니다.[5] 따라서 식 (4.1)의 편도함수 $\frac{\partial l}{\partial w}$와 $\frac{\partial l}{\partial b}$는 각각 $\frac{-2}{N}\sum_{i=1}^{N} x_i y_i$와 $\frac{-2}{N}\sum_{i=1}^{N} y_i$가 됩니다. 매 에포크마다 편도함수를 사용해 w와 b를 업데이트합니다. 이때 **학습률**(learning rate) α로 업데이트 양을 조절합니다.

$$w \leftarrow w - \alpha\frac{\partial l}{\partial w}$$
$$b \leftarrow b - \alpha\frac{\partial l}{\partial b}$$
(4.2)

파라미터 값에서 편도함수를 (더하는 것이 아니라) 뺍니다. 도함수가 함수의 증가 방향을 가리키기 때문입니다. 도함수가 어떤 지점[6]에서 양수라면 함수가

---

4 (옮긴이) 이 절에서 설명하는 방법은 전체 훈련 세트를 사용해 파라미터를 업데이트하는 배치 경사 하강법(batch gradient descent)입니다. 확률적 경사 하강법은 하나의 샘플로 그레이디언트를 계산할 때마다 파라미터를 업데이트합니다.

5 수천 개의 파라미터를 가진 신경망과 같이 복잡한 모델에서는 파라미터 초기화가 경사 하강법이 찾는 솔루션에 큰 영향을 미칠 수 있습니다. 여러 가지 초기화 방법(랜덤한 값, 모두 0, 0 근처의 작은 값 등)이 있으며, 이는 데이터 분석가가 결정해야 할 중요한 선택 중 하나입니다.

6 현재 파라미터의 값에 해당하는 위치입니다.

그 지점에서 증가합니다. 목적 함수를 최소화해야 하므로 도함수가 양수이면 파라미터를 반대 방향(좌표 축의 왼쪽)으로 이동시켜야 합니다. 도함수가 음수이면(즉, 함수가 감소하면) 파라미터를 오른쪽으로 이동시켜 함수 값을 더 낮춰야 합니다. 파라미터에서 음수의 값을 빼면 오른쪽으로 이동합니다.

다음 에포크에서 업데이트된 w와 b 값으로 식 (4.1)을 사용해 편도함수를 다시 계산합니다. 수렴할 때까지 이 과정을 계속합니다. 일반적으로 많은 에포크를 진행해야 w와 b 값이 에포크 후에 크게 변하지 않습니다. 이렇게 되면 알고리즘이 멈춥니다.

파이썬을 사용하지 않는 머신러닝 엔지니어를 상상하기는 어렵습니다. 파이썬을 배울 기회를 찾고 있었다면 지금이 바로 그때입니다. 다음은 경사 하강법을 구현한 파이썬 코드입니다.

다음 함수는 한 에포크를 진행하고 파라미터 w와 b를 업데이트합니다.

```
1  def update_w_and_b(spendings, sales, w, b, alpha):
2      dl_dw = 0.0
3      dl_db = 0.0
4      N = len(spendings)
5
6      for i in range(N):
7          dl_dw += -2*spendings[i]*(sales[i] - (w*spendings[i] + b))
8          dl_db += -2*(sales[i] - (w*spendings[i] + b))
9
10     # w와 b를 업데이트합니다.
11     w = w - (1/float(N))*dl_dw*alpha
12     b = b - (1/float(N))*dl_db*alpha
13
14     return w, b
```

다음 함수는 여러 에포크를 반복합니다.

```
15 def train(spendings, sales, w, b, alpha, epochs):
16     for e in range(epochs):
17         w, b = update_w_and_b(spendings, sales, w, b, alpha)
18
19         # 진행 과정을 출력합니다.
20         if e % 400 == 0:
21             print("epoch:", e, "loss: ", avg_loss(spendings, sales, w, b))
22
23     return w, b
```

앞의 코드에서 `avg_loss`는 평균 제곱 오차를 계산하는 함수로 다음과 같습니다.

```
24  def avg_loss(spendings, sales, w, b):
25      N = len(spendings)
26      total_error = 0.0
27      for i in range(N):
28          total_error += (sales[i] - (w*spendings[i] + b))**2
29      return total_error / float(N)
```

$\alpha = 0.001$, $w = 0.0$, $b = 0.0$ 매개변수로 train 함수를 15,000 에포크 동안 훈련하면 다음과 같은 출력을 얻게 됩니다(일부 출력은 생략합니다).

```
epoch:    0 loss: 92.32078294903626
epoch:  400 loss: 33.79131790081576
epoch:  800 loss: 27.9918542960729
epoch: 1200 loss: 24.334816907122147
epoch: 1600 loss: 22.028754937538633
...
epoch: 2800 loss: 19.07940244306619
```

train 함수가 에포크를 반복함에 따라 평균 손실이 감소합니다. 그림 4.2는 에포크에 따라서 선형 회귀 직선이 변화하는 모습을 보여 줍니다.

파라미터 w와 b의 최적 값을 찾은 후 필요한 것은 예측을 만드는 함수입니다.

```
30  def predict(x, w, b):
31      return w*x + b
```

다음 코드를 실행해 보세요.

```
32  w, b = train(x, y, 0.0, 0.0, 0.001, 15000)
33  x_new = 23.0
34  y_new = predict(x_new, w, b)
35  print(y_new)
```

출력 값은 13.97입니다.

경사 하강법은 학습률 α 선택에 민감합니다. 또한 대규모 데이터셋의 경우 경사 하강법이 느립니다. 다행히 이 알고리즘을 크게 향상시킨 여러 가지 방법

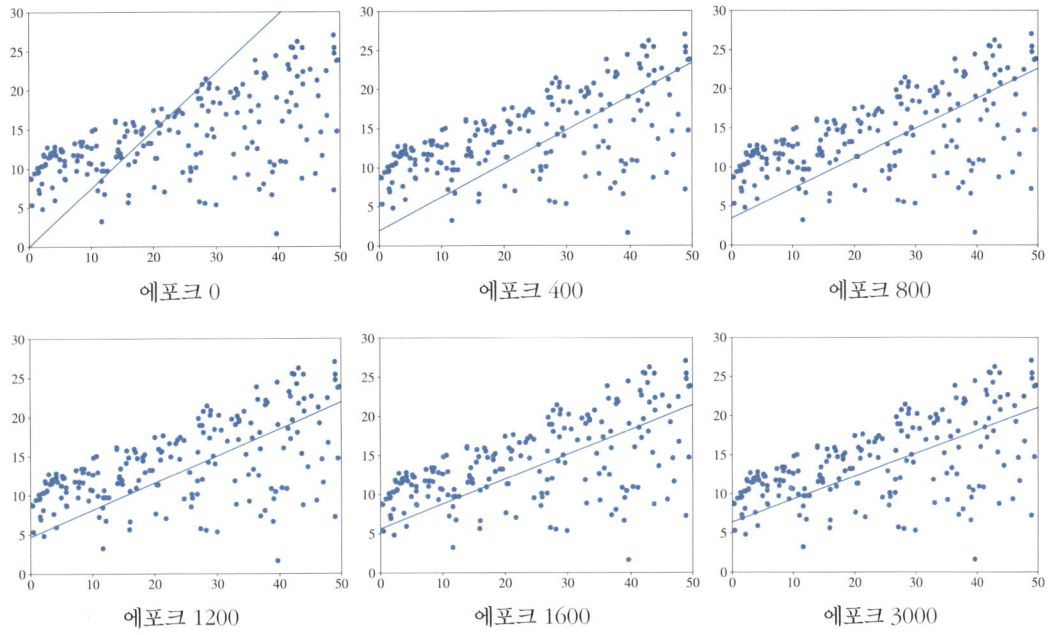

그림 4.2 경사 하강법으로 에포크를 진행함에 따라 선형 회귀 직선이 변화하는 모습

이 개발되었습니다.

미니배치 확률적 경사 하강법(minibatch stochastic gradient descent, 미니배치 SGD)은 훈련 데이터의 작은 배치(batch)(부분집합)를 사용해 그레이디언트를 근사하여 계산 속도를 높이는 알고리즘입니다. 또한 SGD를 업그레이드한 다양한 알고리즘이 있습니다. **Adagrad**는 그레이디언트 이력에 따라 각 파라미터에 대해 α의 크기를 조절합니다. 결과적으로 그레이디언트가 매우 큰 경우 α가 감소하고 그레이디언트가 작은 경우 α가 증가합니다. **Momentum**은 경사 하강법이 적절한 방향을 향하고 진동을 줄임으로써 SGD의 속도를 높이는 방법입니다. 신경망을 훈련시킬 때 **RMSprop**과 **Adam** 같은 SGD 변형이 널리 사용됩니다.

경사 하강법과 그 변형들은 머신러닝 알고리즘이 아니라 (대부분의 정의역에서) 미분 가능한 함수를 최소화해야 하는 최적화 문제의 솔버(solver)입니다.[7]

---

7 (옮긴이) 일부 지점에서 미분 가능하지 않은 경우 해당 위치에서 가능한 후보 그레이디언트(subgradient, 혹은 서브그레이디언트) 중 하나를 선택해 경사하강법을 적용할 수 있습니다.

4.3 머신러닝 엔지니어가 일하는 방법

연구원이거나 R&D 예산이 많은 대기업에서 일하지 않는다면 보통 머신러닝 알고리즘을 직접 구현하지 않습니다. 경사 하강법이나 다른 솔버를 구현하지도 않으며, 대부분 오픈 소스 라이브러리를 사용합니다. 라이브러리는 안정성과 효율성을 고려하여 구현된 알고리즘과 도구의 집합입니다. 실전에서 가장 널리 사용되는 오픈 소스 머신러닝 라이브러리는 **사이킷런**(scikit-learn)입니다. 사이킷런은 파이썬과 C 언어로 구현되어 있습니다. 다음은 사이킷런을 사용해 선형 회귀를 수행하는 코드입니다.

```
1  def train(x, y):
2      from sklearn.linear_model import LinearRegression
3      model = LinearRegression().fit(x,y)
4      return model
5
6  model = train(x,y)
7
8  x_new = 23.0
9  y_new = model.predict(x_new)
10 print(y_new)
```

출력 값은 역시 13.97입니다. 쉽군요. 그렇죠? 다른 코드는 그대로 두고 LinearRegression 클래스를 다른 종류의 회귀 학습 알고리즘으로 바꿀 수 있습니다. 분류의 경우도 마찬가지입니다. LogisticRegression 클래스를 SVC(서포트 벡터 머신을 위한 사이킷런 클래스), DecisionTreeClassifier, KNeighborsClassifier나 사이킷런에 구현된 다른 분류 알고리즘 클래스로 바꿀 수 있습니다.

4.4 학습 알고리즘의 특징

이 절에서는 학습 알고리즘을 구분짓게 만드는 특징을 소개합니다. 학습 알고리즘은 저마다 다른 하이퍼파라미터를 가집니다(SVM은 C, ID3는 ϵ과 d). 경사 하강법과 같은 솔버도 α와 같은 하이퍼파라미터가 있습니다.

결정 트리 같은 일부 알고리즘은 범주형 변수를 받을 수 있습니다. 예를 들어, "red", "yellow", "green" 값이 들어 있는 "color" 특성이 있다면 있는 그대로 사용할 수 있습니다. SVM, 로지스틱 회귀, 선형 회귀는 물론 (코사인 유사도나 유클리드 거리 지표를 사용하는) kNN은 모든 특성에 수치형 값을 요구합니다. 사이킷런에 구현된 알고리즘의 경우 모두 수치형 값을 요구합니다.[8] 다음 장에서 범주형 특성을 수치형 특성으로 변환하는 방법을 소개하겠습니다.

SVM 같은 일부 알고리즘의 경우 데이터 분석가가 각 클래스에 가중치를 부여할 수 있습니다. 이 가중치는 결정 경계를 형성하는 데 영향을 미칩니다. 어떤 클래스의 가중치가 높다면 학습 알고리즘은 이 클래스의 훈련 샘플을 예측하는 데 오류가 발생하지 않도록 노력합니다(일반적으로 다른 클래스의 샘플에 오류가 발생하는 대가를 치릅니다). 훈련 데이터에 있는 어떤 클래스의 샘플이 적지만 가능한 한 이 클래스의 샘플을 잘못 분류하지 않고 싶다면 이는 중요할 수 있습니다.

SVM과 kNN 같은 일부 분류 모델은 특성 벡터가 주어졌을 때 클래스만 출력합니다. 로지스틱 회귀나 결정 트리 같은 모델은 0과 1 사이의 점수도 반환할 수 있습니다. 이를 모델이 예측에 대해 얼마나 확신하고 있는지 또는 입력 샘플이 특정 클래스에 속할 확률로 해석할 수 있습니다.[9]

(결정 트리, 로지스틱 회귀, SVM 같은) 일부 분류 알고리즘은 전체 데이터셋을 한꺼번에 동시에 사용해 모델을 만듭니다. 레이블이 있는 샘플이 추가된다면 (나이브 베이즈, 다층 퍼셉트론, 사이킷런의 SGDClassifier/SGDRegressor와 PassiveAggressiveClassifier/PassiveAggressiveRegressor 같은) 모델을 처음부터 다시 만들어야 합니다.

일부 알고리즘은 한 번에 한 배치씩 반복적으로 훈련할 수 있습니다. 따라서 새로운 훈련 샘플이 추가되면 새로운 데이터만 사용해 모델을 업데이트할 수 있습니다.

마지막으로 결정 트리, SVM, kNN 같은 알고리즘은 분류와 회귀에 모두 사용

---

[8] (옮긴이) 즉, 사이킷런에 구현된 결정 트리(`DecisionTreeClassifier`와 `DecisionTreeRegressor`)는 범주형 변수를 지원하지 않습니다.
[9] 정말 필요하다면 SVM과 kNN 예측에 대한 점수를 간단한 기법으로 인위적으로 생성할 수 있습니다. (옮긴이) SVM의 경우 샘플과 결정 경계까지의 거리를 확신의 정도로 생각할 수 있습니다. 이 값에 로지스틱 함수를 적용하여 얻은 값을 확률로 사용합니다. kNN의 경우 최근접 이웃의 클래스 비율을 확률로 생각할 수 있습니다. 예를 들어, 어떤 샘플의 최근접 이웃 5개 중에서 3개가 양성 클래스라면 이 샘플이 양성일 확률을 3/5 = 0.6으로 계산합니다.

할 수 있습니다. 반면 일부 알고리즘은 분류나 회귀 문제만 풀 수 있습니다.

일반적으로 라이브러리의 문서에 각 알고리즘이 어떤 문제를 해결할 수 있는지, 어떤 입력 값을 받을 수 있는지, 모델이 어떤 종류의 출력을 만드는지 설명되어 있습니다. 또한 하이퍼파라미터에 대한 정보도 문서에 담겨 있습니다.

5장

The Hundred-Page Machine Learning Book

기본 실무 기술

지금까지 특성 공학, 과대적합, 하이퍼파라미터 튜닝 등 데이터 분석가가 머신러닝 문제를 다룰 때 고려해야 할 몇 가지 이슈에 대해 간단히 언급했습니다. 이 장에서는 사이킷런으로 model = LogisticRegression().fit(x,y)를 실행하기 전에 해결해야 할 이슈와 다른 도전 과제에 대해 이야기하겠습니다.

5.1 특성 공학

제품 관리자가 다음과 같이 말했다고 가정해 보죠. "특정 고객이 서비스를 계속 사용할지 예측해야 하는데요. 이 고객이 5년간 우리 회사 제품을 사용한 로그는 여기 있습니다." 이 데이터를 그냥 라이브러리에 입력한다고 해서 바로 예측 결과를 얻을 수는 없습니다. 먼저 데이터셋을 구축해야 합니다.

1장에서 설명했듯이, 데이터셋은 레이블이 있는 샘플의 집합 $\{(\mathbf{x}_i, y_i)\}_{i=1}^{N}$입니다. N개 중 각 원소 $\mathbf{x}_i$를 **특성 벡터**(feature vector)입니다. 특성 벡터는 차원 $j = 1, \ldots, D$마다 샘플을 설명하는 값을 담은 벡터입니다. 이 값을 **특성**(feature)이라 부르며, $x^{(j)}$라고 씁니다.

원시 데이터(raw data)를 데이터셋으로 변환하는 작업을 **특성 공학**(feature engineering)이라 합니다. 대부분의 실제 문제에서 특성 공학은 데이터 분석가에게 많은 창의성과 도메인 지식을 요구하는 노동 집약적인 작업입니다.

예를 들어, 컴퓨터 시스템의 사용 로그를 변환하기 위해 사용자 정보와 로그에서 추출한 다양한 통계량을 담은 특성을 만들 수 있습니다. 각 사용자별로 구독 요금을 담은 특성이나 일간, 주간, 연간 접속 횟수를 담은 특성을 만들 수 있으며, 초단위의 평균 세션 유지 시간이나 요청에 대한 평균 응답 시간 등을 특성으로 포함시킬 수도 있습니다. 측정 가능한 모든 것을 특성으로 활용할 수 있습니다. 데이터 분석가의 역할은 정보가 풍부한 특성을 만드는 것입니다. 즉, 학습 알고리즘이 훈련 데이터의 레이블을 잘 예측하는 모델을 만드는 데 도움이 되는 특성을 만드는 것입니다. 정보가 많은 특성을 **예측 능력**(predictive power)이 높은 특성이라고도 합니다. 예를 들어 사용자의 평균 세션 유지 시간은 사용자가 향후 애플리케이션을 계속 사용할지 예측하는 문제에 대해 높은 예측 능력을 가지고 있습니다.

모델이 훈련 데이터를 잘 예측할 때 모델이 **낮은 편향**(low bias)을 가진다고 말합니다. 즉, 모델을 구축할 때 사용한 샘플의 레이블을 예측하는 경우 모델이 오류를 거의 발생시키지 않는다는 의미입니다.

5.1.1 원핫 인코딩

일부 학습 알고리즘은 수치형 특성 벡터만 다룰 수 있습니다. 데이터셋에 있는 어떤 특성이 "colors"나 "days of the week"와 같은 범주형이라면, 이런 범주형 특성을 몇 개의 이진 특성으로 바꿀 수 있습니다.

샘플에 범주형 특성 "colors"가 있고 이 특성이 가질 수 있는 값이 "red", "yellow", "green'" 세 가지라면, 이 특성을 세 개의 수치형 값을 가진 벡터로 변환할 수 있습니다.

$$\text{red} = [1, 0, 0]$$
$$\text{yellow} = [0, 1, 0] \quad (5.1)$$
$$\text{green} = [0, 0, 1]$$

이렇게 하면 특성 벡터의 차원이 늘어납니다. 차원 증가를 막기 위해 "red"를 1, "yellow"를 2, "green"을 3으로 바꾸면 안 됩니다. 이 범주에 속한 값들 사이에 순서가 생기고 이런 특정 순서는 의사 결정 과정에 중요한 역할을 하기 때문입니다. 특성 값의 순서는 중요하지 않은데 순서가 있는 값을 사용하면 학습 알고리즘을 혼란스럽게 만들 수 있습니다.[1] 알고리즘이 실제로 존재하지 않는 규칙을 찾으려 하므로 잠재적으로 과대적합으로 이어질 수 있습니다.

5.1.2 구간 분할

실전에서 자주 발생되지는 않지만, 반대로 수치형 특성을 범주형 특성으로 바꿔야 할 때도 있습니다. **구간 분할**(binning)(또는 버킷팅(bucketing))이란 연속 특성을 구간(bin) 또는 버킷(bucket)이라 부르는 여러 개의 이진 특성으로 변환하는 작업입니다. 구간은 일반적으로 어떤 값의 범위를 기반으로 정해집니다. 예를 들어, 나이를 하나의 실수 특성으로 표현하지 않고 이산적인 구간으로 나눌 수 있습니다. 0세부터 5세까지는 첫 번째 구간, 6세부터 10세까지는 두 번째 구간, 11세부터 15세까지는 세 번째 구간이 되는 식입니다.

특성 $j=4$가 나이를 나타낸다고 가정해 보죠. 구간 분할을 적용해 이 특성을 여러 구간으로 바꿀 수 있습니다. 세 개의 구간 "age_bin1", "age_bin2", "age_bin3"을 각각 인덱스 $j=123$, $j=124$, $j=125$에 추가한다고 가정해 보죠(새로운 세 가지 특성의 기본값은 0입니다). 샘플 $\mathbf{x}_i$에 대해서 $x_i^{(4)}=7$이면, 특성 $x_i^{(124)}$를 1로 설정합니다. 만약 $x_i^{(4)}=13$이면, $x_i^{(125)}$를 1로 설정하는 식입니다.

일부 경우에 잘 설계된 구간 분할은 학습 알고리즘이 적은 샘플만으로도 효과적으로 학습하도록 도울 수 있습니다. 이는 특성 값이 어떤 범위 안에 속하면 정확한 특성 값은 중요하지 않다고 학습 알고리즘에 '힌트'를 주기 때문입니다.

5.1.3 정규화

정규화(normalization)는 실제 수치형 특성의 값 범위를 $[-1, 1]$이나 $[0, 1]$ 같은 표준적인 범위로 변환하는 과정입니다.

---

[1] 범주형 변수 값의 순서가 중요하다면 하나의 변수를 사용해 해당 값을 숫자로 바꿀 수 있습니다. 예를 들어, 글의 품질을 나타내는 변수가 있고 값이 {*poor, decent, good, excellent*}라면, 이 범주형 값을 {1, 2, 3, 4}와 같은 숫자로 바꿀 수 있습니다.

예를 들어, 어떤 특성의 범위가 350에서 1450까지라고 가정해 보죠. 이 특성의 모든 값에서 350을 빼고 1100으로 나누면, 값을 [0, 1] 범위로 정규화할 수 있습니다.

일반적으로 정규화 공식은 다음과 같습니다.[2]

$$\bar{x}^{(j)} = \frac{x^{(j)} - min^{(j)}}{max^{(j)} - min^{(j)}}$$

여기서 $min^{(j)}$와 $max^{(j)}$는 각각 데이터셋에 있는 특성 j의 최솟값과 최댓값입니다.

정규화를 하는 이유는 뭘까요? 데이터 정규화가 필수는 아닙니다. 하지만 실전에서 학습의 속도를 높일 수 있습니다. 이전 장에서 보았던 경사 하강법 예시를 떠올려 보세요. 2차원 특성 벡터가 있다면 파라미터 $w^{(1)}$와 $w^{(2)}$를 업데이트할 때 $w^{(1)}$와 $w^{(2)}$에 대한 평균 제곱 오차의 편도함수를 사용합니다. $x^{(1)}$의 범위가 [0, 1000]이고, $x^{(2)}$의 범위가 [0, 0.0001]이라면, 큰 범위를 가진 특성에 대한 도함수가 업데이트를 좌지우지할 것입니다.

또한 입력이 대략 비슷하고 작은 범위의 값을 가지면 컴퓨터가 매우 작은 수나 매우 큰 수를 다룰 때 발생하는 문제(**수치 오버플로**(numerical overflow))를 피하는 데 도움이 됩니다.

5.1.4 표준화

표준화(standardization)(또는 **z-점수 정규화**(z-score normalization))란 특성 값을 $\mu = 0$이고 $\sigma = 1$인 **표준 정규 분포**(standard normal distribution)의 성질을 갖도록 스케일을 조정하는 과정입니다. 여기서 μ는 (데이터셋에 있는 모든 샘플에 대해서 해당 특성 값을 평균한) 평균이고, σ는 표준 편차입니다.

특성의 표준 점수(standard score)(또는 z-점수)는 다음과 같이 계산합니다.

$$\hat{x}^{(j)} = \frac{x^{(j)} - \mu^{(j)}}{\sigma^{(j)}}$$

---

[2] (옮긴이) 정규화는 표준화를 비롯해 특성의 스케일을 조정하는 여러 방법을 통칭하는 경우가 많습니다. 다음 공식은 최솟값과 최댓값을 사용해 특성을 0-1 사이로 변환하는 Min-Max 정규화 공식입니다.

언제 정규화를 사용하고, 언제 표준화를 사용해야 하는지 궁금할 것입니다. 이 질문에 대한 완벽한 대답은 없습니다. 일반적으로 데이터셋이 너무 크지 않고 시간이 허락한다면, 두 가지를 모두 시도해 보고 어떤 것이 주어진 작업에 잘 맞는지 확인해 보세요.

여러 번 실험할 시간이 없다면 다음과 같은 경험 법칙을 따르세요.

- 실전에서 비지도 학습 알고리즘에는 정규화보다 표준화가 더 도움이 되는 경우가 많습니다.
- 표준화는 특성의 값이 정규 분포(종 모양(bell curve) 분포)에 가깝게 분포되어 있는 경우에 잘 맞습니다.
- 특성이 이따금 극단적으로 크거나 작은 값(이상치)을 가지는 경우에도 표준화가 선호됩니다. 이런 경우 정규화는 정상 범위의 값을 매우 작은 범위로 압축해 버리기 때문입니다.
- 다른 모든 상황에서는 정규화를 사용하는 게 더 좋습니다.

일반적으로 특성 스케일 조정은 대부분의 학습 알고리즘에 도움이 됩니다. 하지만 인기 있는 라이브러리에 구현된 학습 알고리즘들은 범위가 다른 특성에 대해서도 안정적입니다.

5.1.5 누락된 특성 다루기

일부 경우에 데이터가 특성이 미리 정의된 데이터셋의 형태로 분석가에게 전달됩니다. 어떤 샘플의 경우 일부 특성이 누락되어 있을 수 있습니다. 데이터셋을 수작업으로 만들 때 담당자가 값을 채우는 것을 잊어버리거나 아예 해당 특성의 값을 측정하지 못해 종종 이렇게 누락되는 일이 발생합니다.

특성에 누락된 값을 처리하는 대표적인 방법은 다음과 같습니다.

- 누락된 특성이 있는 샘플을 데이터셋에서 삭제합니다(훈련 샘플 일부를 제외시켜도 될 만큼 데이터셋이 충분히 큰 경우).

- 누락된 특성 값을 처리할 수 있는 학습 알고리즘을 사용합니다(라이브러리와 알고리즘 구현에 따라 다릅니다[3]).
- 데이터 대체(data imputation) 기법을 사용합니다.

5.1.6 데이터 대체 기법

데이터 대체 기법 중 하나로 다음과 같이 누락된 특성 값을 데이터셋에 있는 특성의 평균 값으로 바꾸는 방법이 있습니다.

$$\hat{x}^{(j)} \leftarrow \frac{1}{M} \sum_{i=1}^{N} x_i^{(j)}$$

여기서 M은 N보다 작으며 특성 j의 값이 존재하는 샘플의 개수입니다. 특성 j의 값이 없는 샘플은 덧셈 연산에서 제외되기 때문입니다.

또 다른 방법은 누락된 값을 정상 범위 밖의 값으로 교체하는 것입니다. 예를 들어 정상 범위가 [0, 1]이라면, 누락된 값을 2나 -1로 지정할 수 있습니다. 이 아이디어는 특성이 정상 값과 크게 다른 값을 가질 때 학습 알고리즘이 최선의 방법을 학습할 수 있다는 것입니다. 또는 누락된 값을 해당 특성의 중간값으로 바꿀 수 있습니다. 예를 들어, 어떤 특성의 범위가 [-1, 1]이라면, 누락된 값을 0으로 설정할 수 있습니다. 이 아이디어는 중간값이 예측에 큰 영향을 미치지 않는다는 것입니다.

좀 더 고급 기법으로는 누락된 값을 회귀 문제의 타깃으로 사용하는 방법이 있습니다. 다른 모든 특성 $[x_i^{(1)}, x_i^{(2)}, \ldots, x_i^{(j-1)}, x_i^{(j+1)}, \ldots, x_i^{(D)}]$을 사용해 특성 벡터 $\hat{\mathbf{x}}_i$를 만들고 $\hat{y}_i \leftarrow x^{(j)}$로 설정합니다. 여기서 j는 누락된 값이 있는 특성입니다. 그런 다음, $\hat{\mathbf{x}}$로부터 $\hat{y}$를 예측하는 회귀 모델을 만듭니다. 물론 원본 데이터셋에서 특성 j의 값이 있는 샘플만 사용해 훈련 샘플 $(\hat{\mathbf{x}}, \hat{y})$을 만들어야 합니다.

마지막으로 매우 큰 데이터셋이 있고 누락된 특성이 몇 개뿐이라면, 특성 벡터의 차원을 늘려 누락된 값이 있다는 것을 표시하는 이진 특성을 추가할 수

---

[3] (옮긴이) 사이킷런에 구현된 결정 트리와 히스토그램 기반 그레이디언트 부스팅은 누락된 특성을 다룰 수 있습니다. 또한 그레이디언트 부스팅 전문 라이브러리인 xgboost와 lightgbm도 누락된 특성을 처리할 수 있습니다.

있습니다. D차원 데이터셋에서 특성 $j = 12$에 누락된 값이 있다고 가정해 보죠. 각각의 특성 벡터 **x**에 특성 $j = D + 1$을 추가합니다. **x**에서 특성 $j = 12$의 값이 있다면 특성 $j = D + 1$의 값을 1, 그렇지 않으면 0으로 설정합니다. 그다음에 누락된 특성 값을 0 또는 다른 값으로 바꿀 수 있습니다.

예측할 때 샘플에 누락된 값이 있다면 훈련 데이터에 사용했던 것과 동일한 데이터 대체 기법을 사용하여 누락된 특성을 채워야 합니다.

주어진 문제를 다뤄보기 전에는 어떤 데이터 대체 기법이 가장 잘 맞을지 예상할 수 없습니다. 따라서 여러 기법을 시도해 보고 몇 개의 모델을 만들어 본 다음 최선의 방법을 선택하기 바랍니다.

5.2 학습 알고리즘 선택

머신러닝 알고리즘을 선택하는 것은 어려운 작업일 수 있습니다. 시간이 많다면 모든 알고리즘을 테스트해 볼 수 있습니다. 하지만 일반적으로 문제를 해결하기 위한 시간은 제한되어 있습니다. 문제를 풀기 전에 스스로에게 몇 가지 질문을 해 보세요. 이에 대한 대답에 따라 몇몇 후보 알고리즘을 추리고 이를 데이터에 적용해 볼 수 있습니다.

- 설명가능성(explainability)
  기술에 대한 배경 지식이 없는 사람들에게 모델을 설명해야 하나요? 가장 정확한 학습 알고리즘들은 대부분 '블랙 박스(black box)'입니다. 이런 모델들은 매우 적은 오류를 내지만 모델이 특정 예측을 만드는 이유를 이해하고 설명하기 매우 어려울 수 있습니다. 이런 모델로는 신경망과 앙상블(ensemble) 모델이 있습니다.

  반면 kNN, 선형 회귀, 결정 트리 알고리즘은 항상 가장 정확한 모델을 만들지는 않습니다. 하지만 예측을 만드는 과정이 매우 단순합니다.

- 데이터셋 적재 가능성
  데이터셋을 서버나 개인용 컴퓨터의 RAM에 모두 적재할 수 있나요? 그렇다면 다양한 종류의 알고리즘을 선택할 수 있습니다. 그렇지 않다면 점진적으로 데이터를 추가하면서 모델을 향상시킬 수 있는 **점진적 학습 알고리즘**(incremental learning algorithms)을 선택하는 것이 좋습니다.

- 특성과 샘플의 개수

  데이터셋에 얼마나 많은 샘플이 있나요? 샘플의 특성은 얼마나 많은가요? (나중에 살펴볼) **신경망과 그레이디언트 부스팅**(gradient boosting)을 포함해 일부 알고리즘은 대용량 데이터셋과 수백만 개의 특성을 다룰 수 있습니다. 반면 SVM 같은 알고리즘은 데이터가 늘어남에 따라 계산량이 크게 증가하므로 대규모 데이터셋을 다루기 어렵습니다.

- 범주형 특성 vs. 수치형 특성

  데이터가 범주형 특성 또는 수치형 특성으로만 이루어져 있나요? 아니면 두 종류가 섞여 있나요? 이 질문에 대한 대답에 따라 일부 알고리즘은 데이터셋을 직접 처리하지 못하므로 범주형 특성을 수치형 특성으로 변환해야 합니다.

- 비선형 데이터

  데이터를 선형적으로 구분하거나 선형 모델로 모델링할 수 있나요? 그렇다면 선형 커널을 사용한 SVM, 로지스틱 회귀, 선형 회귀가 좋은 선택이 될 수 있습니다. 그렇지 않으면 6장과 7장에서 배울 심층 신경망이나 앙상블 알고리즘이 더 잘 맞을 것입니다.

- 훈련 속도

  학습 알고리즘이 모델을 만드는 데 허락되는 시간은 얼마나 되나요? 신경망은 훈련 속도가 느립니다. 로지스틱 회귀와 선형 회귀, 결정 트리 같은 간단한 알고리즘은 훈련 속도가 훨씬 더 빠릅니다. 전문적인 라이브러리는 일부 알고리즘을 매우 효율적으로 구현하여 제공합니다. 이런 라이브러리를 찾기 위해 온라인 검색을 활용해 보는 게 좋습니다. 랜덤 포레스트(random forest) 같은 일부 알고리즘은 다중 CPU 코어를 활용할 수 있습니다. 따라서 수십 개의 코어가 있는 컴퓨터에서 모델 구축 속도를 크게 줄일 수 있습니다.

- 예측 속도

    모델이 예측을 얼마나 빨리 만들어야 하나요? 매우 높은 처리량이 필요한 제품에 모델을 사용하나요? SVM, 선형 회귀, 로지스틱 회귀, (일부 유형의) 신경망 같은 알고리즘은 예측이 매우 빠릅니다. kNN, 앙상블 알고리즘, 심층 신경망, 순환 신경망 같은 알고리즘은 느립니다.[4]

데이터에 가장 잘 맞는 알고리즘을 추측을 기반으로 선택하고 싶지 않다면, **검증 세트**(validation set)에서 모델을 테스트해 보는 방법이 가장 널리 사용됩니다. 다음 절에서 이에 대해 설명합니다. 사이킷런을 사용한다면 그림 5.1에 있는 알고리즘 선택 다이어그램을 참고하세요.

5.3 훈련 세트, 검증 세트, 테스트 세트

지금까지 '데이터셋'과 '훈련 세트'를 혼용하여 사용했습니다. 하지만 실전에서 데이터 분석가는 다음과 같이 레이블이 있는 샘플 집합 세 개를 사용합니다.

1. 훈련 세트
2. 검증 세트
3. 테스트 세트

레이블이 있는 데이터셋을 확보했다면 가장 먼저 할 일은 샘플을 섞고 이 데이터셋을 세 개의 부분집합인 **훈련 세트**, **검증 세트**, **테스트 세트**로 나누는 것입니다. 일반적으로 훈련 세트가 가장 크며, 모델을 만들 때 사용됩니다. 검증 세트와 테스트 세트는 크기가 거의 같으며, 훈련 세트보다는 훨씬 작습니다. 학습 알고리즘은 모델을 만들 때 검증 세트와 테스트 세트를 사용하지 않으므로 이들을 흔히 **홀드아웃 세트**(holdout set)라고 부릅니다.

　데이터셋을 세 개의 부분집합으로 나누는 최적의 비율은 없습니다. 과거에는 경험적으로 데이터셋의 70%는 훈련 세트로, 15%는 검증 세트로, 15%는

---

[4] 최신 라이브러리에 구현된 kNN과 앙상블 알고리즘의 예측 속도는 매우 빠릅니다. 실전에서 이런 알고리즘을 사용하는 데 주저하지 마세요.

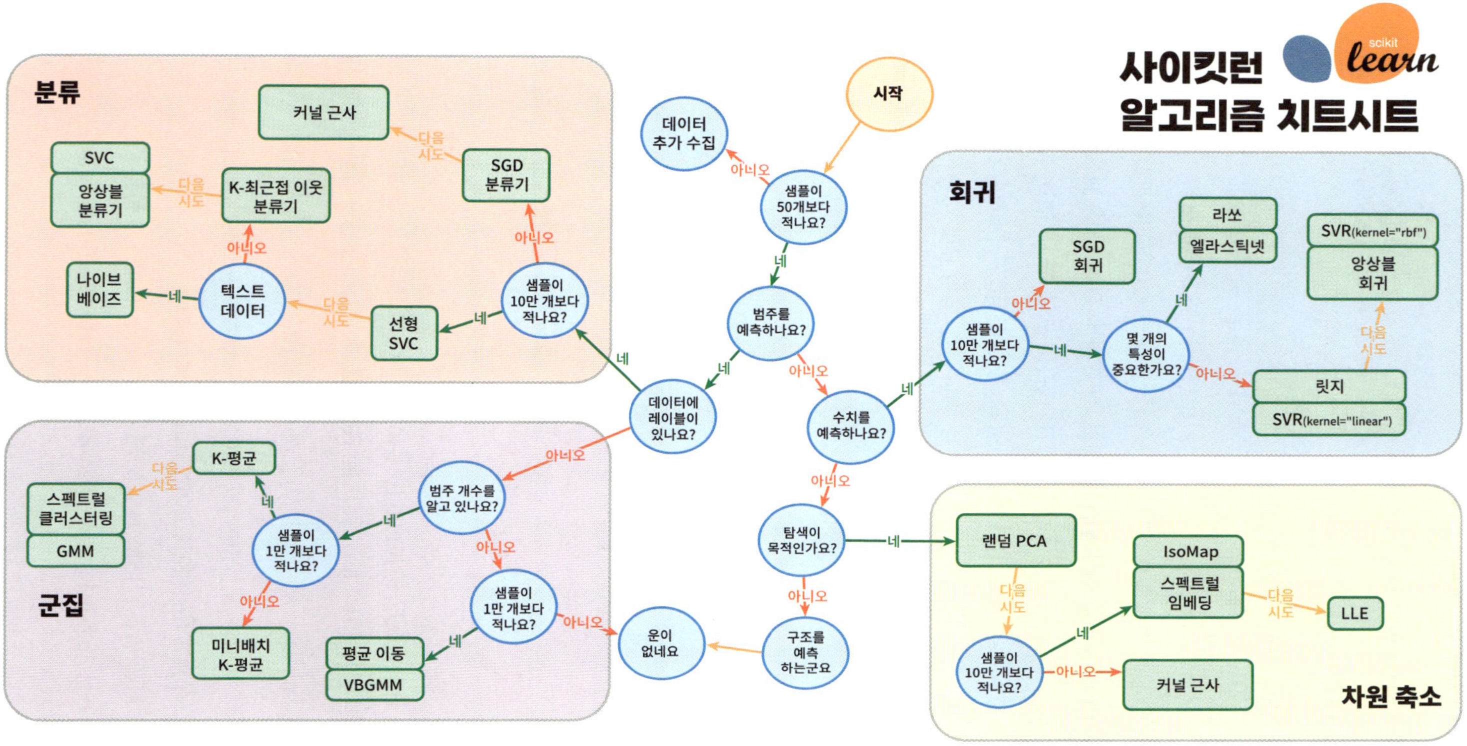

— The Hundred-Page

사이킷런 알고리즘 치트시트

그림 5.1 사이킷런의 머신러닝 알고리즘 선택 다이어그램

테스트 세트로 사용했습니다. 하지만 빅데이터 시대가 되면서 수백만 개의 샘플을 가진 데이터셋이 흔해졌습니다. 이런 경우 훈련 세트에 95%를, 검증과 테스트 세트에 각각 2.5%를 사용해도 괜찮습니다.

 한 개가 아니라 세 개의 집합을 사용하는 이유가 궁금할 것입니다. 이유는 간단합니다. 모델을 만들 때 우리가 원하지 않는 것은 모델이 학습 알고리즘이 이미 본 예제들의 레이블만 잘 맞추는 것입니다. 모든 학습 예제를 단순히 외우고 그것을 이용해 레이블을 '예측'하는 단순한 알고리즘은, 학습 예제의 레이블을 맞추는 데는 실수하지 않겠지만 실제로는 쓸모가 없습니다. 정말로 원하는 것은 학습 알고리즘이 이전에 본 적 없는 샘플을 잘 예측하는 모델입니다. 즉, 홀드아웃 세트에서 좋은 성능을 내는 모델입니다.

 그렇다면 왜 한 개가 아니고 두 개의 홀드아웃 세트가 필요할까요? 검증 세트는 1) 학습 알고리즘을 선택하고, 2) 최상의 하이퍼파라미터 값을 선택하는 데 사용되며, 테스트 세트는 고객에게 인도하거나 제품에 투입하기 전에 모델을 평가하는 데 사용되기 때문입니다.

5.4 과소적합과 과대적합

앞에서 **편향**의 개념에 대해 언급했습니다. 모델이 훈련 데이터의 레이블을 잘 예측하면 편향이 낮은 모델입니다. 모델이 훈련 데이터에서 오류를 많이 낸다면 모델의 편향이 크다고 말합니다. 또는 모델이 **과소적합**(underfitting)되었다고 합니다. 즉, 과소적합은 모델이 훈련 데이터의 레이블을 예측하는 능력이 부족한 것을 의미합니다. 과소적합을 일으키는 몇 가지 이유 중 가장 중요한 이유는 다음과 같습니다.

- 데이터에 비해 모델이 너무 단순합니다(예를 들어 선형 모델은 과소적합되기 쉽습니다).
- 준비한 특성에 충분한 정보가 없습니다.

첫 번째 이유는 1차원 회귀를 예로 들어 쉽게 설명할 수 있습니다. 예를 들어, 데이터셋이 곡선의 형태를 띠는데, 모델이 직선인 경우입니다. 두 번째 이유를 설명하기 위해 다음과 같은 예를 들어 보죠. 환자가 암에 걸렸는지 예측하고 싶습니다. 특성은 키, 혈압, 심박수입니다. 이 세 특성은 명백히 암을 예측할 수 있는 좋은 지표가 아닙니다. 따라서 모델이 이런 특성과 레이블 사이에서 의미 있는 관계를 학습할 수 없습니다.

과소적합 문제를 해결하는 방법은 더 복잡한 모델을 사용하거나 예측 성능이 높은 특성을 찾는 것입니다.

과대적합(overfitting)은 모델이 겪을 수 있는 또 다른 문제입니다. 과대적합된 모델은 훈련 데이터를 매우 잘 예측하지만 적어도 두 개의 홀드아웃 세트 중 하나에서 나쁜 성능을 냅니다. 3장에서 과대적합된 모델을 이미 보았습니다. 다음은 과대적합을 일으키는 몇 가지 이유 중 가장 주요한 이유입니다.

- 모델이 데이터에 비해 너무 복잡합니다(예를 들어, 매우 깊은 결정 트리나 매우 깊고 넓은 신경망[5]은 과대적합되기 쉽습니다).
- 훈련 샘플이 적은데 특성이 너무 많습니다.

논문에서는 과대적합 문제를 **분산**(variance)이 높다고 표현하기도 합니다. 이 용어는 통계학에서 유래되었습니다. 분산은 훈련 데이터에 있는 작은 변동성에 민감해서 생기는 모델의 오차입니다. 즉, 다른 훈련 데이터를 수집한다면 만들어진 모델이 크게 달라진다는 의미입니다. 이는 과대적합된 모델이 테스트 데이터에서 나쁜 성능을 내는 이유입니다. 테스트 데이터와 훈련 데이터는 전체 데이터셋에서 독립적으로 샘플링되기 때문입니다.

선형 회귀 같은 간단한 모델도 과대적합될 수 있습니다. 과대적합은 일반적으로 데이터는 고차원이지만 훈련 샘플 개수는 상대적으로 적을 때 일어납니다. 사실 특성 벡터가 매우 고차원이면 선형 알고리즘은 파라미터 벡터 **w**의 파라미터 $w^{(j)}$에 대부분 0이 아닌 값을 할당하는 모델을 만들 수 있습니다. 이런 경우 모든 특성 사이에서 매우 복잡한 관계를 찾아 훈련 샘플의 레이블을 완벽하게 예측할 수 있습니다.

이런 복잡한 모델은 홀드아웃 샘플의 레이블을 예측하는 데 나쁜 성능을 낼

---

5 (옮긴이) 신경망이 깊고 넓다는 것은 층이 많고, 각 층에 유닛이 많다는 의미입니다.

가능성이 높습니다. 모든 훈련 샘플의 레이블을 완벽하게 예측하기 위해 훈련 세트에만 있는 독특한 패턴을 학습하기 때문입니다. 훈련 샘플의 특성 값에 있는 잡음, 작은 데이터셋 크기로 인한 불완전한 샘플링, 주어진 의사 결정 문제와 관련이 없지만 훈련 세트 안에 존재하는 인위적인 요소 등이 여기에 해당합니다.

그림 5.2는 하나의 특성을 가진 데이터셋과 과소적합 모델, 적절한 모델, 과대적합 모델을 보여 줍니다.

과대적합 문제를 해결하는 방법은 다음과 같습니다.

1. 간단한 모델을 사용합니다(다항 회귀 대신 선형 회귀, RBF 커널 대신 선형 커널을 사용한 SVM, 적은 개수의 층/유닛을 사용한 신경망).
2. 데이터셋에 있는 샘플의 차원을 축소합니다(예를 들어, 9장에서 소개할 차원 축소 기법 중 하나를 사용합니다).
3. 가능하다면 훈련 데이터를 더 수집합니다.
4. 모델에 규제를 추가합니다.

규제(regularization)는 과대적합을 막기 위해 가장 널리 사용되는 방법입니다.

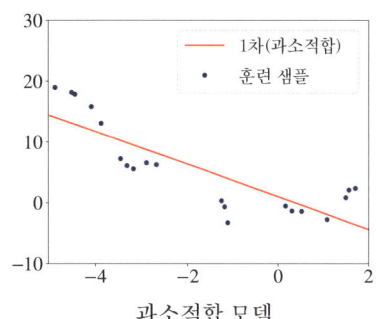

과소적합 모델

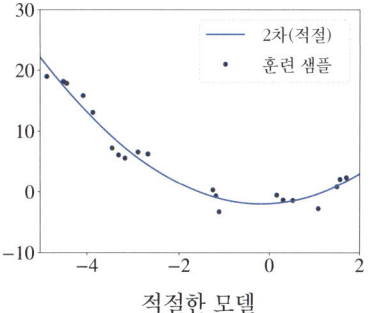

적절한 모델

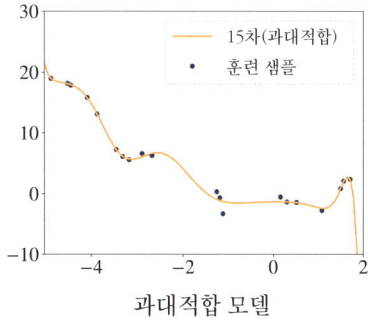

과대적합 모델

그림 5.2 과소적합(선형 모델), 적절한 모델(2차 다항 모델), 과대적합(15차 다항 모델)의 예

5.5 규제

규제(regularization)는 학습 알고리즘이 덜 복잡한 모델을 만들게 하는 방법을 통칭하는 용어입니다. 실제로 이 방식을 적용하면 편향은 조금 높아지지만 분산은 상당히 감소됩니다. 이 문제를 **편향-분산 트레이드오프**(bias-variance tradeoff)라고 합니다.

가장 널리 사용되는 규제 방법은 **L1 규제**와 **L2 규제**입니다. 아이디어는 매우 단순합니다. 모델을 규제하기 위해 모델이 복잡할수록 값이 커지는 페널티(penalty) 항을 목적 함수에 추가합니다.

선형 회귀를 예로 들어 규제를 설명해 보죠. 동일한 원리를 다양한 모델에 적용할 수 있습니다.

선형 회귀의 목적 함수는 다음과 같습니다.

$$\min_{\mathbf{w},b} \frac{1}{N} \sum_{i=1}^{N} (f_{\mathbf{w},b}(\mathbf{x}_i) - y_i)^2 \qquad (5.2)$$

L1 규제가 추가된 목적 함수는 다음과 같습니다.

$$\min_{\mathbf{w},b} \left[C|\mathbf{w}| + \frac{1}{N} \sum_{i=1}^{N} (f_{\mathbf{w},b}(\mathbf{x}_i) - y_i)^2 \right] \qquad (5.3)$$

여기서 $|\mathbf{w}| \stackrel{\text{def}}{=} \sum_{j=1}^{D} |w^{(j)}|$이고, C는 규제 강도를 조절하는 하이퍼파라미터입니다. C를 0으로 지정하면 모델은 규제가 없는 일반적인 선형 회귀 모델이 됩니다. 반면, C의 값을 높게 설정하면 학습 알고리즘이 목적 함수를 최소화하기 위해 대부분의 $w^{(j)}$를 매우 작은 값이나 0으로 만들려고 노력합니다. 결과적으로 모델이 매우 단순해져 과소적합될 수 있습니다. 데이터 분석가의 역할은 편향이 너무 높아지지 않고 주어진 문제에 적합한 수준으로 분산을 낮추는 하이퍼파라미터 C의 값을 찾는 것입니다. 이어지는 절에서 이에 대한 방법을 알아보겠습니다.

L2 규제가 추가된 목적 함수는 다음과 같습니다.

$$\min_{\mathbf{w},b} \left[C\|\mathbf{w}\|^2 + \frac{1}{N} \sum_{i=1}^{N} (f_{\mathbf{w},b}(\mathbf{x}_i) - y_i)^2 \right], \text{ 여기서 } \|\mathbf{w}\|^2 \stackrel{\text{def}}{=} \sum_{j=1}^{D} (w^{(j)})^2 \quad (5.4)$$

하이퍼파라미터 C가 충분히 크다면 L1 규제는 대부분의 파라미터(선형 모델의 경우 $w^{(j)}$)가 0인 **희소한 모델**(sparse model)을 만듭니다. 따라서 L1 규제는 어떤 특성이 예측에 중요한지 아닌지 판단하는 **특성 선택**(feature selection)을 수행할 수 있으므로 모델의 설명가능성을 높이고 싶을 때 유용합니다. 하지만 홀드아웃 세트에 대한 모델의 성능을 최대화하는 것이 목적이라면 L2 규제가 일반적으로 더 좋은 결과를 냅니다. L2 규제는 미분 가능하므로 경사 하강법을 사용해 목적 함수를 최적화할 수 있다는 이점도 있습니다.

L1 규제와 L2 규제를 결합한 **엘라스틱 넷**(elastic net) 규제도 있으며, L1과 L2는 엘라스틱 넷의 특수한 경우로 볼 수 있습니다. 학술 자료에서는 L2를 **릿지**(ridge) 규제와 **가중치 감쇠**(weight decay)라고 하며, L1을 **라쏘**(lasso)라고 부르기도 합니다.[6]

L1과 L2는 선형 모델에 널리 적용되는 것 외에도 신경망은 물론 목적 함수를 직접적으로 최소화하는 다른 종류의 모델에도 자주 사용됩니다.

신경망은 **드롭아웃**(dropout)과 **배치 정규화**(batch normalization) 규제 기법도 사용합니다. 수학적인 이론은 없지만 규제의 효과를 내는 방법인 **데이터 증강**(data augmentation)과 **조기 종료**(early stopping) 방식도 있습니다. 8장에서 이런 기법들에 대해 알아보겠습니다.

5.6 모델 성능 평가

학습 알고리즘이 훈련 세트를 사용하여 모델을 만들었다면 이 모델의 성능이 얼마나 좋은지 어떻게 알 수 있을까요? 테스트 세트를 사용하여 모델을 평가하면 됩니다.

---

[6] (옮긴이) L2 규제를 추가된 선형 회귀를 릿지 회귀, L1 규제를 추가한 선형 회귀를 라쏘 회귀라고도 부릅니다.

테스트 세트는 학습 알고리즘이 이전에 본 적 없는 샘플을 담고 있습니다. 따라서 모델이 테스트 세트에 있는 샘플의 레이블을 잘 예측한다면 **일반화**(generalization)가 잘 된 모델이라고(또는 간단히 좋은 모델이라고) 말할 수 있습니다.

머신러닝 전문가는 다양한 지표와 도구를 사용해 모델 성능을 평가합니다. 회귀의 경우 모델 평가는 간단합니다. 잘 학습된 회귀 모델은 관측된 값에 가까운 값을 예측합니다. 훈련 데이터에 있는 레이블의 평균만을 예측하는 **평균 모델**(mean model)은 특성에 아무런 정보가 없는 경우 사용할 것입니다. 따라서 평가하려는 회귀 모델은 평균 모델보다 나아야 합니다. 이런 경우라면 다음 단계는 훈련 데이터와 테스트 데이터에서 모델의 성능을 평가하는 것입니다.

이를 위해 훈련 데이터와 테스트 데이터의 평균 제곱 오차(mean squared error, MSE)[7]를 계산합니다. 테스트 데이터에서 모델의 MSE가 훈련 데이터에서 얻은 MSE보다 많이 높다면 이는 과대적합에 대한 신호입니다. 규제나 하이퍼파라미터 튜닝으로 이 문제를 해결할 수 있습니다. '많이 높다'는 의미는 문제에 따라 다르며, 데이터 분석가와 모델을 요청한 결정권자/제품 관리자와 함께 결정해야 합니다.

분류의 경우 조금 더 복잡합니다. 분류 모델 평가에 가장 널리 사용되는 지표와 도구는 다음과 같습니다.

- 혼동 행렬
- 정밀도/재현율
- 정확도
- 비용 민감도 기반 정확도
- ROC 곡선 아래 면적(AUC)

설명을 단순화하기 위해 이진 분류 문제를 예로 들겠습니다. 필요하다면 다중 분류에 적용하는 방법도 소개하겠습니다.

---

7 또는 합리적인 다른 종류의 평균 손실 함수

5.6.1 혼동 행렬

혼동 행렬(confusion matrix)은 분류 모델이 여러 클래스에 속한 샘플을 얼마나 잘 예측했는지를 요약한 표입니다. 혼동 행렬의 한 축은 모델이 예측한 레이블이고, 다른 한 축은 실제 레이블입니다. 이진 분류 문제에는 두 개의 클래스가 있습니다. 모델이 두 개의 클래스 "spam"과 "not_spam"을 예측한다고 가정해 보죠.

	spam(예측)	not_spam(예측)
spam(실제)	23 (TP)	1 (FN)
not_spam(실제)	12 (FP)	556 (TN)

위의 혼동 행렬을 보면 24개의 샘플이 실제 스팸이고 모델은 그중에 23개를 spam으로 올바르게 예측했습니다. 이를 **진짜 양성**(true positive)이 23개 또는 TP = 23이라고 말합니다. 이 모델은 한 개의 샘플을 not_spam으로 잘못 예측했습니다. 이를 **거짓 음성**(false negative)이 한 개 또는 FN = 1이라고 합니다. 비슷하게 실제 스팸이 아닌 568개의 샘플 중 556개가 올바르게 분류되었고(**진짜 음성**(true negative)이 556개 또는 TN = 556), 12개는 잘못 분류되었습니다(**거짓 양성**(false positive)이 12개 또는 FP = 12).

다중 분류를 위한 혼동 행렬은 클래스 개수만큼 많은 행과 열을 가집니다. 이는 오류 패턴을 탐지하는 데 도움이 될 수 있습니다. 예를 들어, 여러 종의 동물을 인식하도록 훈련된 모델의 혼동 행렬에서 표범을 고양이로 잘못 예측하고, 쥐를 생쥐로 잘못 예측하는 경향을 파악할 수 있습니다. 이 경우 학습 알고리즘이 두 동물 사이의 차이를 구별하는 데 도움이 되도록 해당 종의 샘플을 더 수집할 수 있습니다. 또는 학습 알고리즘이 두 동물을 잘 구별하는 모델을 만드는 데 사용할 수 있는 특성을 추가할 수 있습니다.

혼동 행렬을 사용해 정밀도와 재현율을 계산할 수 있습니다.

5.6.2 정밀도/재현율

모델 평가에 가장 많이 사용되는 지표는 **정밀도**(precision)와 **재현율**(recall)입니다. 정밀도는 양성으로 예측한 총 샘플 수 중에 올바르게 양성으로 예측한 비율입니다.

$$정밀도 \stackrel{\text{def}}{=} \frac{TP}{TP + FP}$$

재현율은 데이터셋에 있는 전체 양성 샘플 중에 올바르게 양성으로 예측한 비율입니다.

$$재현율 \stackrel{\text{def}}{=} \frac{TP}{TP + FN}$$

모델 평가에서 정밀도와 재현율의 의미와 중요성을 이해하기 위해 이 예측 문제를 데이터베이스에 있는 문서를 쿼리를 사용해 찾는 문제로 생각해 보면 좋습니다. 정밀도는 반환된 전체 문서 중에서 관련 있는 문서의 비율입니다. 재현율은 검색해서 찾을 수 있는 전체 관련 문서 중에서 검색 엔진이 반환한 관련 문서의 비율입니다.

스팸 탐지 문제의 경우 높은 정밀도를 원하며(정상적인 메시지를 스팸으로 탐지하는 실수를 피해야 합니다), 낮은 재현율을 감내할 수 있습니다(받은 편지함에 약간의 스팸 메시지가 들어오는 것을 참을 수 있습니다).

거의 항상 실무에서는 높은 정밀도와 높은 재현율 중 하나를 선택해야 합니다. 일반적으로 둘 다 달성하는 것은 불가능합니다. 여러 방법으로 둘 중 하나를 달성할 수 있습니다.

- 특정 클래스의 샘플에 높은 가중치를 할당합니다(SVM 알고리즘은 입력으로 클래스 가중치를 받을 수 있습니다).
- 검증 세트에서 정밀도나 재현율을 최대화하도록 하이퍼파라미터를 튜닝합니다.
- 클래스 확률을 반환하는 알고리즘의 경우 결정 임곗값을 조정합니다. 예를 들어, 로지스틱 회귀나 결정 트리의 경우 (재현율을 손해보면서) 정밀도를

높이려면 모델이 반환한 확률이 0.9보다 높을 때만 양성으로 예측하도록 설정할 수 있습니다.

정밀도와 재현율을 이진 분류에 대해서 정의했더라도 이를 사용해 다중 분류 모델을 평가할 수 있습니다. 먼저 평가하려는 클래스를 선택합니다. 그런 다음 선택된 클래스의 모든 샘플은 양성으로, 다른 클래스의 샘플은 모두 음성으로 간주합니다.

5.6.3 정확도

정확도(accuracy)는 올바르게 분류된 샘플 개수를 분류된 전체 샘플 개수로 나눈 것입니다. 혼동 행렬을 이용하면 다음과 같이 구할 수 있습니다.

$$정확도 \stackrel{\text{def}}{=} \frac{TP + TN}{TP + TN + FP + FN} \quad (5.5)$$

정확도는 모든 클래스의 예측 오류에 대한 중요성이 동등할 때 유용한 지표입니다. 스팸 탐지는 이에 해당하지 않습니다. 예를 들어, 거짓 음성보다 거짓 양성을 참기 힘들 것입니다. 스팸 탐지에서 거짓 양성이란 친구가 나에게 메일을 보냈지만 모델이 이를 스팸으로 판단하여 나에게 보여 주지 않는 상황입니다. 반대로 거짓 음성은 문제가 덜 됩니다. 모델이 스팸 메시지 중 일부를 탐지 못하는 것은 큰 문제가 되지 않습니다.

5.6.4 비용 민감도 기반 정확도

클래스마다 중요도가 다른 상황을 다루는 데 유용한 지표는 **비용 민감도 기반 정확도**(cost-sensitive accuracy)입니다. 비용 민감도 기반 정확도를 계산하기 위해 먼저 두 종류의 오류인 FP와 FN에 대한 비용(양수)을 할당합니다. 그다음에 TP, TN, FP, FN을 카운트하고 FP와 FN에 해당하는 비용을 곱한 후 식 (5.5)를 사용하여 정확도를 계산합니다.

5.6.5 ROC 곡선 아래 면적(AUC)

ROC(전파공학 용어 'receiver operating characteristic'의 약자) 곡선은 분류 모

델의 성능 평가에 널리 사용되는 방법입니다. ROC 곡선은 **진짜 양성 비율**(true positive rate)(재현율)과 거짓 양성 비율(잘못 예측된 음성 샘플의 비율)을 조합하여 분류 성능을 요약하는 그래프를 만듭니다.

진짜 양성 비율(TPR)과 거짓 양성 비율(FPR)은 각각 다음과 같이 정의됩니다.

$$\text{TPR} \stackrel{\text{def}}{=} \frac{\text{TP}}{\text{TP} + \text{FN}}, \quad \text{FPR} \stackrel{\text{def}}{=} \frac{\text{FP}}{\text{FP} + \text{TN}}$$

ROC 곡선은 예측에 대한 신뢰 점수(또는 확률)를 반환하는 분류기를 평가하는 데만 사용할 수 있습니다. 예를 들어, 로지스틱 회귀, 신경망, 결정 트리(그리고 결정 트리 기반의 앙상블 모델)를 ROC 곡선을 사용해 평가할 수 있습니다.

ROC 곡선을 그리려면 먼저 신뢰 점수를 구간으로 나눕니다. 만약 모델의 출력 범위가 [0, 1]이라면 [0, 0.1, 0.2, 0.3, 0.4, 0.5, 0.6, 0.7, 0.8, 0.9, 1]과 같이 구간을 나눌 수 있습니다. 그런 다음 각각의 값을 예측 임곗값으로 사용해 데이터셋에 있는 샘플의 레이블을 예측합니다. 예를 들어, 임곗값이 0.7일 때 TPR과 FPR을 계산하려면 먼저 모델을 각 샘플에 적용해 점수를 계산합니다. 이 점수가 0.7보다 크거나 같으면 양성 클래스로 예측합니다. 그렇지 않으면 음성 클래스로 예측합니다.

그림 5.3의 그래프를 보면 임곗값이 0일 때 모든 예측이 양성이 되므로 TPR과 FPR이 1이 됩니다(오른쪽 상단 모서리). 반대로 임곗값이 1이면 양성 예측이 하나도 없어 TPR과 FPR은 왼쪽 하단 모서리에 해당하는 0이 됩니다.

ROC 곡선 아래 면적(Area Under the ROC Curve, AUC)이 클수록 더 좋은 분류기입니다. 분류기의 AUC가 0.5보다 크다는 것은 랜덤하게 분류하는 것보다 낫다는 의미입니다. AUC가 0.5보다 작다면 모델이 뭔가 잘못된 것입니다. 완벽한 분류기의 AUC는 1입니다. 일반적으로 모델이 잘 동작한다면 TPR이 1에 가깝고 FPR이 0 근처에 있도록 하는 임곗값을 선택하여 좋은 분류기를 얻을 수 있습니다.

ROC 곡선은 비교적 이해하기 쉽고, (거짓 양성과 거짓 음성을 고려함으로써) 분류의 여러 측면을 포착하며, 적은 노력을 들여 여러 모델의 성능을 시각적으로 비교할 수 있어 인기가 많습니다.

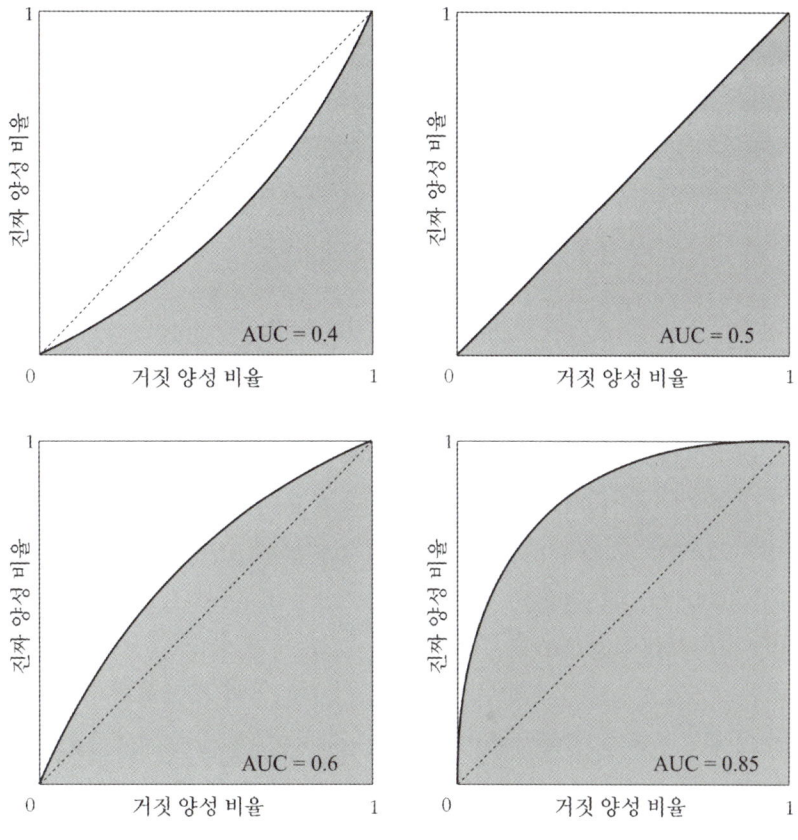

그림 5.3 ROC 곡선 아래 면적(회색 부분)

5.7 하이퍼파라미터 튜닝

학습 알고리즘을 설명할 때 데이터 분석가는 ID3의 ε과 d, SVM의 C, 경사 하강법의 α와 같은 하이퍼파라미터 값을 적절히 선택해야 한다고 말했습니다. 이것이 정확히 무슨 의미일까요? 어떤 값이 최적이며, 이 값을 어떻게 찾아야 할까요? 이 절에서 이에 대한 답을 찾아보겠습니다.

이미 알고 있듯이, 하이퍼파라미터는 학습 알고리즘이 최적화하지 못합니다. 따라서 데이터 분석가가 실험을 통해 각각의 하이퍼파라미터 값에 대한 최적의 조합을 찾는 식으로 하이퍼파라미터를 튜닝해야 합니다.

이를 수행하는 전형적인 방법 중 하나는 충분한 데이터를 확보하여 각 클래스가 최소 수십 개의 예시로 대표되는 적절한 검증 세트를 갖추고, 하이퍼파라미터의 개수와 그 범위가 너무 크지 않을 때 그리드 서치(grid search)를 사용하는 것입니다.

그리드 서치는 가장 간단한 **하이퍼파라미터 튜닝**(hyperparameter tuning) 기법입니다. SVM의 하이퍼파라미터인 페널티 매개변수 C(양의 실수)와 커널('linear' 또는 'rbf')을 튜닝한다고 가정해 보죠.

특정 데이터셋을 처음 사용해 보는 것이라면 가능한 C 범위에 대해 알지 못합니다. 가장 일반적인 방법은 로그 스케일을 사용하는 것입니다. 예를 들어 C에 대해 [0.001, 0.01, 0.1, 1, 10, 100, 1000]을 시도해 볼 수 있습니다. 이 경우 다음과 같이 총 14개의 하이퍼파라미터 조합을 시도하게 됩니다: [(0.001, "linear"), (0.01, "linear"), (0.1, "linear"), (1, "linear"), (10, "linear"), (100, "linear"), (1000, "linear"), (0.001, "rbf"), (0.01, "rbf"), (0.1, "rbf"), (1, "rbf"), (10, "rbf"), (100, "rbf"), (1000, "rbf")].

훈련 세트를 사용해 하이퍼파라미터 조합마다 한 개씩 14개 모델을 훈련합니다. 그런 다음 이전 절에서 언급한 지표 중 하나(또는 해당 문제에 중요한 다른 지표)를 사용해 검증 세트에서 각 모델의 성능을 평가합니다. 그리고 해당 지표를 기준으로 최상의 모델을 선택합니다.

최상의 하이퍼파라미터 쌍을 찾은 다음에 최상의 값에서 가까운 주변 값들을 시도해 볼 수 있습니다. 이를 통해 이따금 더 나은 모델을 만들 수 있습니다.

마지막으로 최종 모델을 테스트 세트에서 평가합니다.

눈치챘겠지만 하이퍼파라미터가 두 개 이상일 경우 모든 조합을 시도하려면 특히 시간이 많이 걸립니다. 대규모 데이터셋일 경우 더 그렇습니다. 이런 경우 **랜덤 서치**(random search)나 **베이지안 하이퍼파라미터 최적화**(Bayesian hyperparameter optimization)와 같은 기법이 더 효율적입니다.

랜덤 서치는 그리드 서치와 다르게, 각 하이퍼파라미터에 대해 탐색할 값 목록을 제공하지 않습니다. 그 대신 각 하이퍼파라미터의 값을 랜덤하게 샘플링하기 위한 통계 분포와 시도해 볼 총 조합의 횟수를 전달합니다.

베이지안 기법은 과거 평가 결과를 사용해 다음에 평가할 값을 선택한다는 점에서 랜덤 서치나 그리드 서치와 다릅니다. 이 아이디어는 과거에 잘 수행된 값을 바탕으로 다음 하이퍼파라미터 값을 선택함으로써 비용이 많이 드는 목적 함수의 최적화 횟수를 제한하는 것입니다.

이 외에도 **그레이디언트 기반 기법**(gradient-based technique), **진화 최적화 기법**(evolutionary optimization technique)과 알고리즘 기반의 다른 하이퍼파라미터 튜닝 기법이 있습니다. 대부분의 최신 머신러닝 라이브러리는 한 개 이상의 기법을 제공합니다. 직접 개발한 알고리즘을 포함하여 거의 모든 학습 알고리즘의 하이퍼파라미터를 튜닝할 수 있는 하이퍼파라미터 튜닝 라이브러리도 있습니다.

5.7.1 교차 검증

하이퍼파라미터 튜닝을 위한 검증 세트를 마련하지 못할 때 **교차 검증**(cross-validation)을 사용할 수 있습니다. 훈련 샘플이 적으면 검증 세트와 테스트 세트를 둘 다 만들지 못합니다. 이런 경우 모델 훈련에 더 많은 데이터를 사용하는 것이 좋습니다. 데이터를 훈련 세트와 테스트 세트로만 나눈 다음, 훈련 세트에서 교차 검증을 수행하여 검증 세트의 역할을 대신합니다.

교차 검증은 다음과 같이 수행됩니다. 먼저 평가하려는 하이퍼파라미터 값을 고정합니다. 그다음에 훈련 세트를 동일한 크기의 여러 부분 세트로 나눕니다. 각 부분 세트를 **폴드**(fold)라 합니다. 일반적으로 5-폴드 교차 검증이 사용됩니다. 5-폴드 교차 검증에서는 훈련 세트를 랜덤하게 5개의 폴드 $\{F_1, F_2, \ldots, F_5\}$로 나눕니다. 각각의 $F_k (k = 1, \ldots, 5)$는 훈련 세트의 20%를 담고 있습니다. 그다음에 5개의 모델을 다음과 같이 훈련합니다. 첫 번째 모델 f_1을 훈련하기 위해 F_2, F_3, F_4, F_5 폴드의 모든 샘플을 훈련 세트로 사용하고, F_1의 샘플을 검증 세트로 사용합니다. 두 번째 모델 f_2을 훈련할 때는 F_1, F_3, F_4, F_5 폴드의 모든 샘플을 훈련 세트로 사용하고 F_2의 샘플을 검증 세트로 사용합니다. 이런 식으로 반복적으로 모델을 계속 만들어 검증 세트(F_1부터 F_5까지)에 대한 특정 지표의 점수를 계산합니다. 그런 다음 5개의 지표를 평균하여 최종 값을 구합니다.

그리드 서치와 교차 검증을 함께 사용하여 모델의 하이퍼파라미터에 대한 최상의 값을 찾을 수 있습니다. 이 값을 찾은 다음에는 전체 훈련 세트를 사용해 교차 검증으로 찾은 최상의 하이퍼파라미터로 모델을 훈련합니다. 마지막으로 테스트 세트를 사용해 모델을 평가합니다.

6장

The Hundred-Page Machine Learning Book

신경망과 딥러닝

여러분은 이미 신경망이 무엇인지, 그리고 신경망 모델을 어떻게 만드는지 알고 있습니다. 신경망이 바로 로지스틱 회귀이거든요! 사실 로지스틱 회귀 모델 또는 이를 다중 분류로 일반화한 소프트맥스 회귀 모델이 신경망의 기본 단위입니다.

6.1 신경망

선형 회귀, 로지스틱 회귀, 경사 하강법을 이해하고 있다면 신경망을 이해하는 데 문제가 없습니다.

신경망(neural network, NN)은 선형 회귀 또는 SVM 모델과 같이 하나의 수학 함수입니다.

$$y = f_{NN}(\mathbf{x})$$

f_{NN}는 **중첩 함수**(nested function)라는 특별한 형태를 띱니다. 아마 신경망의 **층**(layer)에 대해 들어 보았을 것입니다. 하나의 스칼라 값을 반환하는 3-층 신경망 f_{NN}은 다음과 같습니다.

$$y = f_{NN}(\mathbf{x}) = f_3(\boldsymbol{f}_2(\boldsymbol{f}_1(\mathbf{x})))$$

앞 식에서 f_1과 f_2는 다음과 같은 형태의 벡터 함수입니다.

$$f_l(\mathbf{z}) \stackrel{\text{def}}{=} g_l(\mathbf{W}_l\mathbf{z} + \mathbf{b}_l) \tag{6.1}$$

여기서 l은 층 인덱스라 부르며, 1에서부터 임의의 층 수까지 확장 가능합니다. 함수 g_l은 **활성화 함수**(activation function)라고 부릅니다. 이 함수는 일반적으로 학습되지 않는 비선형 함수이며, 데이터 분석가가 모델을 훈련하기 전에 선택합니다. 각 층의 파라미터 $\mathbf{W}_l$(행렬)과 $\mathbf{b}_l$(벡터)은 경사 하강법으로 작업에 맞는 (MSE 같은) 비용 함수를 최적화하여 학습됩니다. 로지스틱 회귀 공식을 식 (6.1)과 비교해 보면 g_l을 시그모이드 함수로 바꾸기만 하면 어떤 차이점도 없습니다. 함수 f_3는 회귀 작업을 위한 스칼라 함수[1]입니다. 하지만 문제에 따라 벡터 함수가 될 수도 있습니다.

벡터 $\mathbf{w}_l$이 아니라 왜 행렬 $\mathbf{W}_l$을 사용하는지 궁금할 수 있습니다. 이유는 g_l이 벡터 함수이기 때문입니다. 행렬 $\mathbf{W}_l$의 각 행 $\mathbf{w}_{l,u}$(u는 유닛을 나타냅니다)는 $\mathbf{z}$와 동일한 차원을 가진 벡터입니다. $a_{l,u} = \mathbf{w}_{l,u}\mathbf{z} + b_{l,u}$라고 생각해 보죠. 그림 $f_l(\mathbf{z})$는 벡터 $[g_l(a_{l,1}), g_l(a_{l,2}), \ldots, g_l(a_{l,size_l})]$가 됩니다. 여기서 g_l은 스칼라 함수이고, $size_l$는 층 l에 있는 유닛의 개수입니다. 조금 더 구체적으로 살펴보기 위해 **다층 퍼셉트론**(multilayer perceptron)이란 신경망 구조를 알아보겠습니다. 이를 **바닐라 신경망**(vanilla neural network)이라고도 부릅니다.

6.1.1 다층 퍼셉트론

피드포워드 신경망(feed-forward neural networks, FFNN)이라 부르는 신경망 구조를 자세히 살펴보겠습니다. 더 구체적으로는 이 구조를 **다층 퍼셉트론**(multi-layer perceptron, MLP)이라고 합니다. 설명을 위해 세 개의 층으로 이루어진 MLP를 살펴보겠습니다. 이 신경망은 2차원 특성 벡터를 입력으로 받아 하나의 숫자를 출력합니다. FFNN은 세 번째 층, 즉 출력 층(output layer)에서 사용하는 활성화 함수에 따라 회귀 또는 분류 모델이 될 수 있습니다.

이 MLP가 그림 6.1에 나와 있습니다. 신경망은 한 개 이상의 **층**(layer)을 논리적으로 구성하는 **유닛**(unit)의 조합으로 표현됩니다. 각 유닛은 원 또는 사각

---

[1] 스칼라 함수는 하나의 스칼라를 출력합니다. 이는 하나의 숫자이며 벡터가 아닙니다.

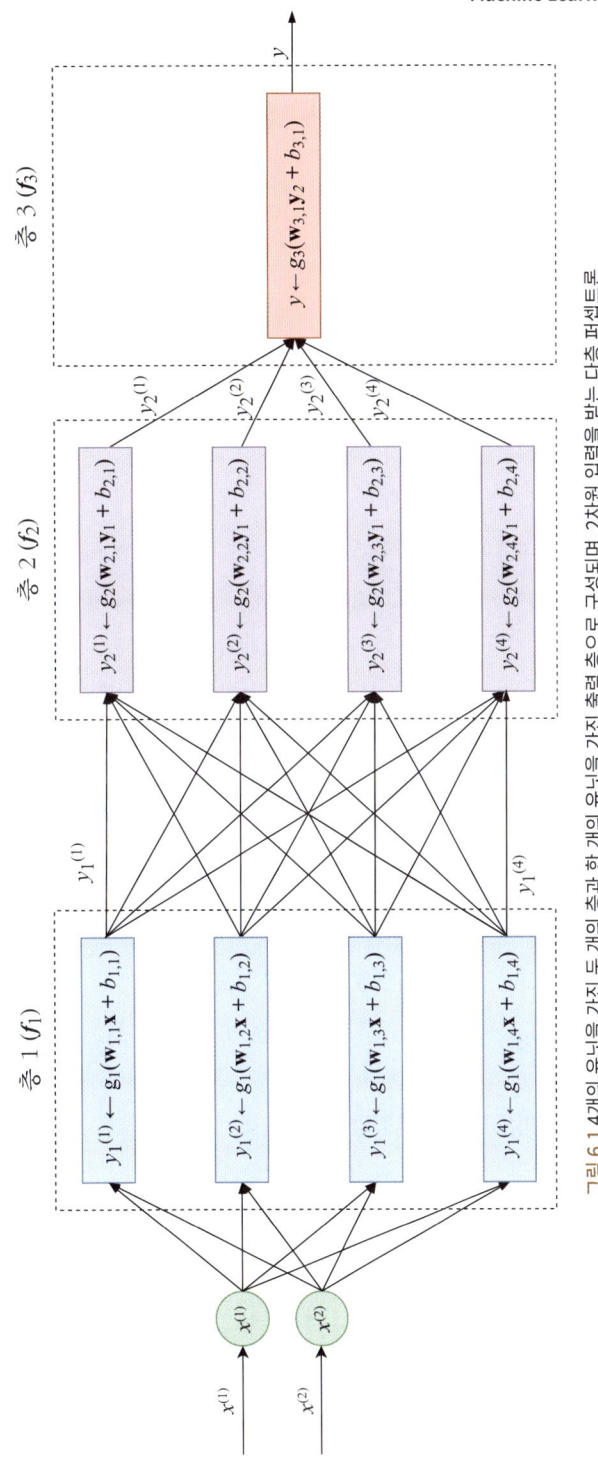

그림 6.1 4개의 유닛을 가진 두 개의 층과 한 개의 유닛을 가진 출력 층으로 구성되며, 2차원 입력을 받는 다층 퍼셉트론

형으로 표시됩니다. 들어오는 화살표는 유닛의 입력을 나타내고, 이 입력이 어디서 오는지를 알려 줍니다. 나가는 화살표는 유닛의 출력을 나타냅니다.

각 유닛의 출력은 사각형 안에 쓰인 수학 연산의 결과입니다. 원 유닛은 입력에 대해 아무 일도 하지 않으며, 입력을 그냥 출력으로 보냅니다.

사각형 유닛 안에서는 다음과 같은 작업이 진행됩니다. 먼저 유닛의 모든 입력이 연결되어 입력 벡터를 형성합니다. 그런 다음 입력 벡터에 대해 선형 변환을 수행합니다. 이는 선형 회귀 모델이 입력 특성 벡터에 하는 일과 정확히 똑같습니다. 마지막으로 활성화 함수 g를 선형 변환 결과에 적용하여 하나의 실수 값을 출력합니다. 바닐라 FFNN에서 어떤 층에 있는 유닛의 출력 값은 후속 층에 있는 각 유닛의 입력 값이 됩니다.

그림 6.1에서 활성화 함수 g_l은 하나의 인덱스 l을 가집니다. 이 인덱스는 유닛이 속한 층의 인덱스입니다. 일반적으로 한 층의 모든 유닛은 동일한 활성화 함수를 사용합니다. 하지만 꼭 그래야 하는 것은 아닙니다. 각 층의 유닛 개수는 다를 수 있습니다. 각 유닛은 파라미터 $\mathbf{w}_{l,u}$와 $b_{l,u}$를 가집니다. 여기서 u는 유닛의 인덱스이고, l은 층의 인덱스입니다. 각 유닛에 있는 벡터 $\mathbf{y}_{l-1}$는 $[y_{l-1}^{(1)}, y_{l-1}^{(2)}, y_{l-1}^{(3)}, y_{l-1}^{(4)}]$와 같이 정의됩니다. 첫 번째 층의 벡터 $\mathbf{x}$는 $[x^{(1)}, \ldots, x^{(D)}]$와 같이 정의됩니다.

그림 6.1에서 볼 수 있듯이 다층 퍼셉트론에서 한 층의 모든 출력은 후속 층의 모든 입력에 연결됩니다. 이런 구조를 **완전 연결**(fully-connected)되었다고 하며, 신경망은 **완전 연결 층**(fully-connected layer)을 가질 수 있습니다. 이런 층은 이전 층에 있는 유닛의 출력을 입력으로 받는 유닛으로 구성됩니다.

6.1.2 피드포워드 신경망

이전 장에서 논의한 회귀나 분류 문제를 풀고 싶다면 일반적으로 신경망의 마지막 (가장 오른쪽) 층에 하나의 유닛만 둡니다. 마지막 층에 있는 유닛의 활성화 함수 g_{last}가 선형이면 이 신경망은 회귀 모델입니다. g_{last}가 로지스틱 함수이면 이 신경망은 이진 분류 모델입니다.

데이터 분석가는 미분 가능하다면 어떤 수학 함수[2]도 $g_{l,u}$로 선택할 수 있습니다. 이 속성은 모든 l과 u에 대해서 파라미터 $\mathbf{w}_{l,u}$와 $b_{l,u}$의 값을 찾는 경사 하강법에서 필수적입니다. 함수 f_{NN}에 있는 비선형 요소의 주요 목적은 신경망이 비선형 함수를 근사할 수 있도록 하는 것입니다. 비선형성이 없으면 f_{NN}는 아무리 많은 층이 있더라도 선형이 됩니다. $\mathbf{W}_l \mathbf{z} + \mathbf{b}_l$는 선형 함수이고 선형 함수의 선형 함수도 선형이기 때문입니다.

인기 있는 활성화 함수로는 이전에 보았던 로지스틱 함수와 TanH, ReLU가 있습니다. TanH는 하이퍼볼릭 탄젠트 함수(hyperbolic tangent function)로 로지스틱 함수와 비슷하지만, 범위가 −1에서 1까지입니다(−1과 1이 되지는 않습니다). ReLU(rectified linear unit)는 입력 z가 음수이면 0이고, 그렇지 않으면 z가 됩니다.

$$tanh(z) = \frac{e^z - e^{-z}}{e^z + e^{-z}}$$

$$relu(z) = \begin{cases} 0 & z < 0 \text{이면} \\ z & \text{그 외} \end{cases}$$

앞에서 언급했듯이, $\mathbf{W}_l \mathbf{z} + \mathbf{b}_l$에 있는 $\mathbf{W}_l$는 행렬이고, $\mathbf{b}_l$는 벡터입니다. 이것이 선형 회귀의 $\mathbf{wz} + b$와 다른 점입니다. 행렬 $\mathbf{W}_l$에서 각 행 u는 파라미터 $\mathbf{w}_{l,u}$의 벡터에 해당합니다. 벡터 $\mathbf{w}_{l,u}$의 차원은 층 $l - 1$에 있는 유닛의 개수와 같습니다.[3] 연산 $\mathbf{W}_l \mathbf{z}$의 결과는 벡터 $\mathbf{a}_l \stackrel{\text{def}}{=} [\mathbf{w}_{l,1}\mathbf{z}, \mathbf{w}_{l,2}\mathbf{z}, \ldots, \mathbf{w}_{l,size_l}\mathbf{z}]$입니다. 그 다음에 $\mathbf{a}_l + \mathbf{b}_l$ 덧셈은 $size_l$ 차원의 벡터 $\mathbf{c}_l$가 됩니다. 마지막으로 함수 $g_l(\mathbf{c}_l)$는 벡터 $\mathbf{y}_l \stackrel{\text{def}}{=} [y_l^{(1)}, y_l^{(2)}, \ldots, y_l^{(size_l)}]$를 출력합니다.

---

[2] 이 함수는 정의역 전체나 대부분의 영역에서 미분 가능해야 합니다. 예를 들어, ReLU는 0을 제외하고 모든 영역에서 미분 가능합니다.
[3] (옮긴이) 즉, $\mathbf{W}_l$의 열 개수가 이전 층의 유닛 개수와 같습니다.

6.2 딥러닝

딥러닝(deep learning)은 출력 층을 제외하고 두 개 이상의 층을 가진 신경망을 훈련하는 경우를 말합니다. 과거에는 층이 늘어날수록 신경망을 훈련시키기 어려웠습니다. 신경망의 파라미터를 훈련시킬 때 경사 하강법이 사용되므로 가장 큰 두 가지 문제인 **그레이디언트 폭주**(exploding gradient)와 **그레이디언트 소실**(vanishing gradient)이 발생했습니다.

그레이디언트 폭주 문제는 **그레이디언트 클리핑**(gradient clipping)[4]과 L1이나 L2 규제와 같은 간단한 기법을 적용하여 쉽게 처리할 수 있지만, 그레이디언트 소실 문제는 수십 년 동안 다루기 어려운 문제로 남았습니다.

그레이언트 소실이란 무엇이며 왜 일어나는 걸까요? 신경망의 파라미터 값을 업데이트하기 위해 일반적으로 **역전파**(backpropagation) 알고리즘을 사용합니다. 역전파는 미분의 연쇄 법칙을 사용해 신경망의 그레이디언트를 계산하는 효율적인 알고리즘입니다. 4장에서 연쇄 법칙을 사용해 복잡한 함수의 편도함수를 계산하는 방법을 알아보았습니다. 경사 하강법을 수행하는 동안 훈련 반복마다 신경망의 파라미터는 현재 파라미터에 대한 비용 함수의 편도함수에 비례하여 업데이트됩니다. 일부 경우에 그레이디언트가 매우 작아져 파라미터가 값을 바꾸지 못하게 되는 것이 문제입니다. 최악의 경우에는 신경망의 훈련이 완전히 멈출 수 있습니다.

앞에서 언급한 하이퍼볼릭 탄젠트 함수 같은 전통적인 활성화 함수의 그레이디언트는 범위가 $(0, 1)$ 사이입니다. 역전파는 연쇄 법칙을 사용해 그레이디언트를 계산합니다. 따라서 n-층 신경망에서 초기 (가장 왼쪽) 층의 그레이디언트를 계산하는 것은 이 작은 숫자를 n번 곱하는 효과를 냅니다. 이는 그레이디언트가 n에 따라 기하급수적으로 감소한다는 것을 의미합니다.

하지만 최신 신경망 학습 알고리즘은 (수백 개의 층이 있는) 매우 깊은 신경망을 효율적으로 훈련할 수 있습니다. 이는 여러 가지 발전이 합쳐진 덕분입니

---

[4] (옮긴이) 그레이디언트 클리핑은 어떤 임곗값을 기준으로 그레이디언트 값을 조정하는 방법입니다. 가중치의 그레이디언트의 노름이 사전에 지정된 임곗값보다 크면 그레이디언트와 임곗값을 곱한 다음 그레이디언트의 L2 노름으로 나눕니다. 또 다른 방법으로는 단순히 그레이디언트 값이 임곗값보다 크면 임곗값으로 대체하는 방법이 있습니다.

다. 여기에는 ReLU, LSTM(그리고 다른 게이트 유닛(gated unit))은 물론 **잔차 신경망**(residual neural network)에 사용된 **스킵 연결**(skip connection) 같은 기법, 개선된 경사 하강법 알고리즘 등이 포함됩니다.

따라서 오늘날 그레이디언트 소실과 그레이디언트 폭주 문제가 대부분 해결되었으므로 (또는 그 영향이 감소했으므로) '딥러닝'이란 용어는 신경망의 깊이와 관계없이 최신 알고리즘과 수학적 도구를 사용해 신경망을 훈련하는 것을 의미합니다. 실제로 입력 층과 출력 층 사이에 두세 개의 층을 가진 신경망으로 많은 비즈니스 문제를 해결할 수 있습니다. 입력 층과 출력 층 사이에 놓인 층은 **은닉 층**(hidden layer)이라고 부릅니다.

6.2.1 합성곱 신경망

신경망이 커질수록 MLP의 파라미터 개수는 빠르게 증가합니다. 구체적으로 하나의 층을 추가하면 $(size_{l-1} + 1) \cdot size_l$개의 파라미터가 증가합니다(행렬 $\mathbf{W}_l$과 벡터 $\mathbf{b}_l$를 더한 개수입니다). 즉, 어떤 신경망에서 1,000개의 유닛을 가진 층 다음에 동일한 크기의 층을 하나 더 추가한다면 백만 개 이상의 파라미터가 모델에 추가된다는 의미입니다. 이렇게 거대한 모델을 최적화하려면 계산 비용이 매우 많이 듭니다.

훈련 샘플이 이미지라면 입력이 매우 고차원입니다.[5] MLP를 사용해 이미지를 분류하려면 해결하기 어려운 최적화 문제가 될 수 있습니다.

합성곱 신경망(convolutional neural network, CNN)은 특별한 종류의 FFNN으로, 모델의 품질을 크게 손상시키지 않으면서도 심층 신경망의 파라미터 개수를 크게 줄여 줍니다. CNN은 이미지 처리와 텍스트 처리 분야에서 기존의 많은 벤치마크 성능을 뛰어넘는 애플리케이션을 만들었습니다.

CNN은 이미지 처리를 염두에 두고 개발되었으므로 이미지 분류를 예로 들어 설명하겠습니다.

이미지에서 인접한 픽셀들은 일반적으로 같은 종류의 정보를 표현합니다. 예를 들어, 하늘, 물, 낙엽, 털, 벽돌 등입니다. 이 규칙의 예외는 바로 에지

---

5 이미지의 각 픽셀이 하나의 특성입니다. 따라서 이미지가 100×100 픽셀이라면 특성은 10,000개가 됩니다.

(edge)입니다. 에지는 이미지에서 두 개의 다른 물체가 만나는 부분입니다.

에지와 함께 동일 정보를 가진 영역을 인식하는 신경망을 훈련시킬 수 있다면, 이 지식을 활용해 신경망이 이미지에 표현된 물체를 예측할 수 있을 것입니다. 예를 들어, 신경망이 바깥 쪽은 푸른 톤이고 안쪽은 피부 톤의 타원형 일부로 보이는 여러 피부 영역과 에지를 탐지했다면, 하늘을 배경으로 한 얼굴 이미지일 가능성이 높습니다. 사진에 있는 사람을 탐지하는 것이 목표라면 이 신경망은 사진 속의 사람을 예측하는 데 성공할 가능성이 높습니다.

이미지에서 가장 중요한 정보는 국부적으로 분포한다는 것을 염두에 두면 이동 윈도(moving window) 방식[6]을 사용해 이미지를 네모난 패치로 나눌 수 있습니다. 그다음에 여러 개의 작은 회귀 모델을 동시에 훈련할 수 있습니다. 각각의 회귀 모델은 사각 패치를 입력으로 받습니다. 작은 회귀 모델의 목표는 입력 패치에 있는 특정 패턴을 탐지하는 방법을 학습하는 것입니다. 예를 들어, 어떤 회귀 모델은 하늘을 탐지하는 것을 학습하고, 다른 회귀 모델은 잔디를 탐지하고, 또 다른 회귀 모델은 건물의 에지를 탐지하는 식입니다.

CNN에서 작은 회귀 모델은 그림 6.1의 모델과 비슷하지만 층 1만 있고 층 2나 3은 없습니다. 어떤 패턴을 탐지하기 위해 작은 이 회귀 모델은 $p \times p$ 크기인 행렬 $\mathbf{F}$(필터(filter)를 의미함)의 파라미터를 학습해야 합니다. 여기서 p는 패치 크기입니다. 설명을 단순화하기 위해 입력 이미지가 흑백이라고 가정해 보죠. 1은 검은 픽셀을, 0은 흰 픽셀을 나타냅니다. 패치는 3×3 픽셀($p=3$)이라고 가정하겠습니다. 패치를 다음과 같은 행렬 $\mathbf{P}$(패치(patch)를 의미함)로 나타낼 수 있습니다.

$$\mathbf{P} = \begin{bmatrix} 0 & 1 & 0 \\ 1 & 1 & 1 \\ 0 & 1 & 0 \end{bmatrix}$$

위의 패치는 십자가 같은 패턴으로 되어 있습니다. 이런 패턴을 탐지하는 회귀

---

[6] 현미경으로 1달러 지폐를 본다고 생각해 보세요. 지폐 전체를 보려면 왼쪽에서 오른쪽으로, 위에서 아래로 점진적으로 이동해야 합니다. 이동하는 각 순간마다 지폐에서 고정된 범위의 영역만 볼 수 있습니다. 이 방식을 이동 윈도라고 합니다.
(옮긴이) 또는 슬라이딩 윈도(sliding window)라고도 합니다.

모델은 입력 패치에서 1에 해당하는 위치의 파라미터는 양수이고 0에 해당하는 위치의 파라미터는 0에 가까운 3×3 파라미터 행렬 **F**를 학습해야 합니다. 행렬 **P**와 **F**의 **합성곱**(convolution)을 계산하면 **F**가 **P**에 가까울수록 높은 값을 얻게 됩니다. 두 행렬의 합성곱을 설명하기 위해 **F**가 다음과 같다고 가정해 보죠.

$$\mathbf{F} = \begin{bmatrix} 0 & 2 & 3 \\ 2 & 4 & 1 \\ 0 & 3 & 0 \end{bmatrix}$$

합성곱 연산자는 동일한 개수의 행과 열을 가진 행렬에 대해서만 정의됩니다. 행렬 **P**와 **F**에 대한 합성곱 계산은 다음 그림과 같습니다.

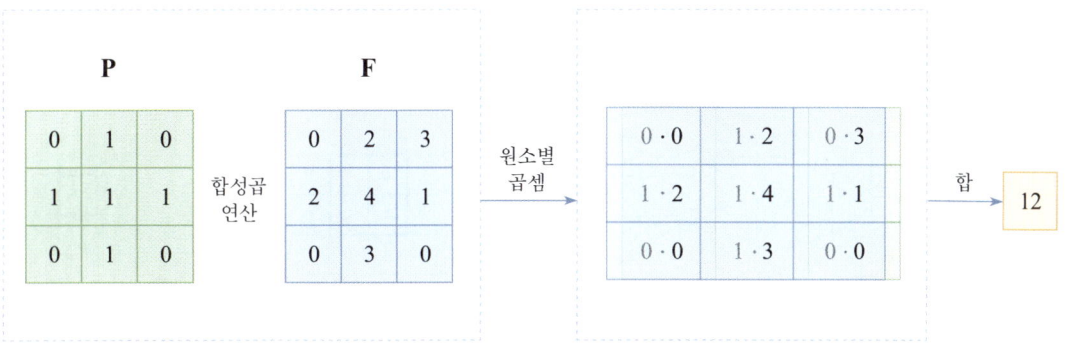

그림 6.2 두 행렬 사이의 합성곱

패치 **P**가 문자 L과 같은 패턴을 가진다고 가정해 보죠.

$$\mathbf{P} = \begin{bmatrix} 1 & 0 & 0 \\ 1 & 0 & 0 \\ 1 & 1 & 1 \end{bmatrix}$$

이런 경우 **F**와의 합성곱은 낮은 값인 5를 출력합니다. 따라서 패치가 필터와 닮을수록 합성곱 연산의 값이 높아진다는 것을 알 수 있습니다. 합성곱의 결과에 필터 **F**에 연관된 편향 파라미터 b가 더해진 후 비선형성(활성화 함수)이 적용됩니다.

CNN의 한 층은 여러 개의 (각각 독립적인 편향 파라미터를 가진) 합성곱 필터로 구성됩니다. 이는 마치 바닐라 FFNN의 한 층이 여러 개의 유닛으로 구성되는 것과 같습니다. 첫 번째 (가장 왼쪽의) 층의 각 필터가 입력 이미지 위를 왼쪽에서 오른쪽으로, 위에서 아래로 슬라이딩하면서 합성곱이 계산됩니다.

이 과정이 그림 6.3에 나타나 있습니다. 한 필터가 이미지 위를 슬라이딩하면서 여섯 번에 걸쳐 합성곱을 수행합니다.

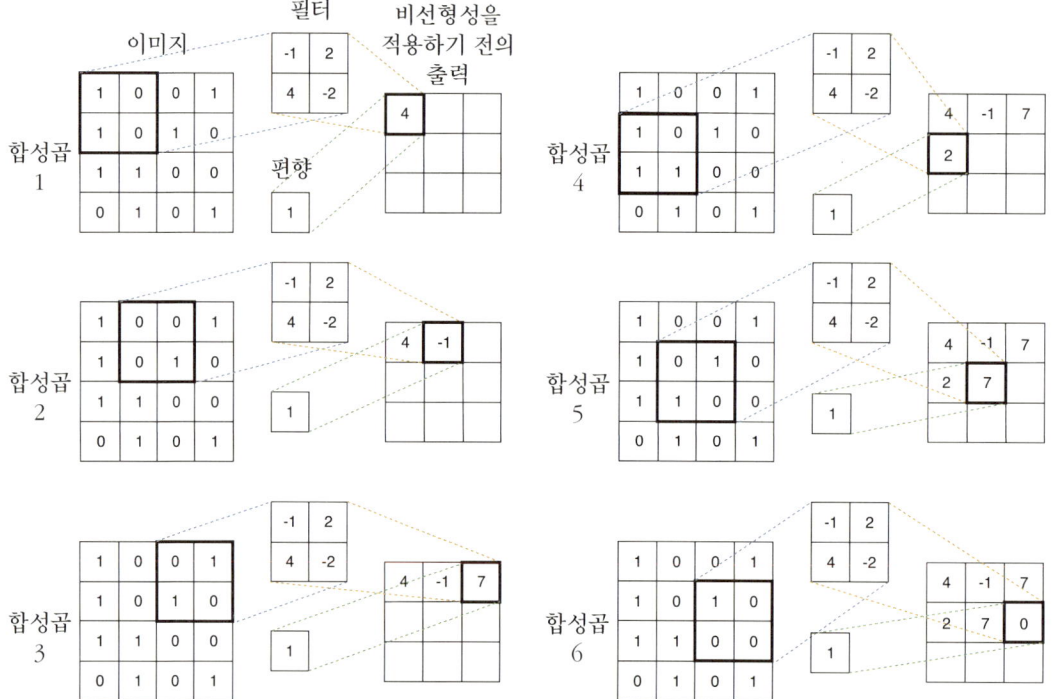

그림 6.3 이미지에 대한 필터의 합성곱

(층의 필터마다 하나씩 있는) 필터 행렬과 편향 값은 역전파와 경사 하강법을 사용해 최적화되는 훈련 가능한 파라미터입니다.

합성곱과 편향을 더한 결과에 비선형성을 적용합니다. 일반적으로 ReLU 활성화 함수는 모든 은닉 층에 사용됩니다. 출력 층의 활성화 함수는 작업에 따라 달라집니다.

각 층 l에 $size_l$개의 필터를 가질 수 있으므로 합성곱 층 l의 출력은 필터마다 하나씩 총 $size_l$개의 행렬로 구성됩니다.

CNN의 합성곱 층 다음에 또 다른 합성곱 층이 오는 경우, 후속 층 $l+1$은 이전 층 l의 출력을 이미지 행렬이 $size_l$개가 있는 집합으로 다룹니다. 이 집합을 **볼륨**(volume)이라 하며,[7] 이 집합의 크기를 볼륨의 깊이라 합니다. 층 $l+1$의 각 필터는 전체 볼륨에 대해 합성곱을 수행합니다.[8] 볼륨의 패치에 대한 합성곱은 볼륨을 구성하는 개별 행렬의 패치에 대한 합성곱의 합입니다.

깊이가 3인 볼륨 패치에 대한 합성곱의 예가 그림 6.4에 나와 있습니다. 합성곱의 결과는 $(-2 \cdot 3 + 3 \cdot 1 + 5 \cdot 4 + -1 \cdot 1) + (-1 \cdot 2 + 1 \cdot (-1) + 5 \cdot (-3) + 6 \cdot 1) + (-3 \cdot 1 + 3 \cdot (-1) + 1 \cdot 2 + 1 \cdot (-1)) + (-2)$이므로 -3이 됩니다.[9]

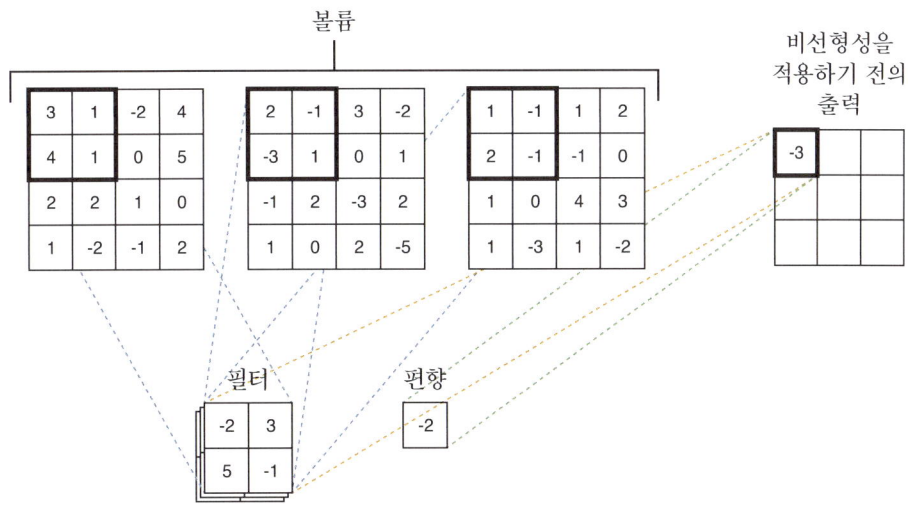

그림 6.4 세 개의 행렬로 구성된 볼륨에 대한 합성곱

컴퓨터 비전에서 CNN은 볼륨을 입력으로 받는 경우가 많습니다. 이미지는 일반적으로 각각 단색 이미지인 R, G, B 세 개의 채널로 표현되기 때문입니다.

---

7 (옮긴이) 또는 특성 맵(feature map)이라고 부릅니다.
8 (옮긴이) 즉, 필터 크기는 $p_l \times p_l \times size_l$이 됩니다.
9 (옮긴이) 필터의 두 번째, 세 번째 행렬이 각각 $\begin{bmatrix} -1 & 1 \\ 5 & 6 \end{bmatrix}$와 $\begin{bmatrix} -3 & 3 \\ 1 & 1 \end{bmatrix}$이라고 가정한 것입니다.

합성곱의 두 가지 중요한 성질은 **스트라이드**(stride)와 **패딩**(padding)입니다. 스트라이드는 이동 윈도의 스텝(step) 크기입니다. 그림 6.3에서는 필터가 오른쪽과 아래쪽으로 한 번에 한 픽셀씩 이동했으므로 스트라이드가 1입니다. 그림 6.5에 스트라이드가 2인 합성곱의 예가 나와 있습니다. 스트라이드가 크면 출력 행렬이 작아집니다.

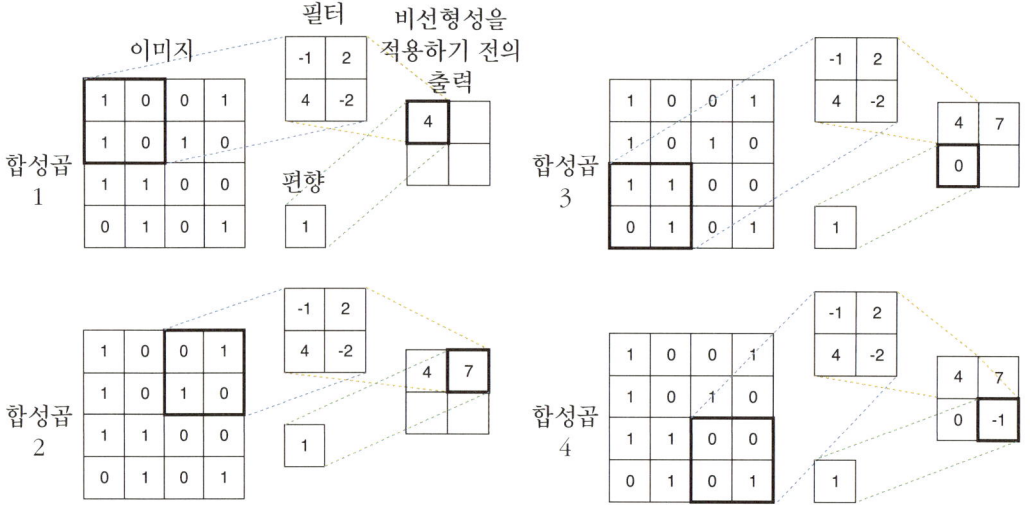

그림 6.5 스트라이드가 2인 합성곱

패딩은 출력 행렬의 크기를 늘리기 위한 기법으로, 이미지와 필터를 합성곱 하기 전에 이미지(또는 볼륨) 주위에 픽셀을 추가하는 것을 의미합니다. 패딩으로 추가된 픽셀 값은 일반적으로 0입니다. 그림 6.3의 경우 패딩이 0이므로 이미지에 추가되는 픽셀이 없습니다. 하지만 그림 6.6의 경우 스트라이드가 2이고 패딩이 1이므로 한 개의 픽셀이 이미지 주변에 추가됩니다. 패딩이 많을수록 출력 행렬이 커집니다.[10]

패딩이 두 개 추가된 이미지가 그림 6.7에 나와 있습니다. 필터의 크기가 클 때 패딩이 도움이 됩니다. 패딩 덕분에 이미지의 가장자리를 더 잘 스캔(scan)할 수 있기 때문입니다.

---

[10] 지면을 아끼기 위해 그림 6.6에서는 아홉 번의 합성곱 중에서 처음 두 번만 나타냈습니다.

그림 6.6 스트라이드가 2이고 패딩이 1인 합성곱

0	0	0	0	0	0	0	0
0	0	0	0	0	0	0	0
0	0	1	0	0	1	0	0
0	0	1	0	1	0	0	0
0	0	1	1	0	0	0	0
0	0	0	1	0	1	0	0
0	0	0	0	0	0	0	0
0	0	0	0	0	0	0	0

그림 6.7 패딩이 2인 이미지

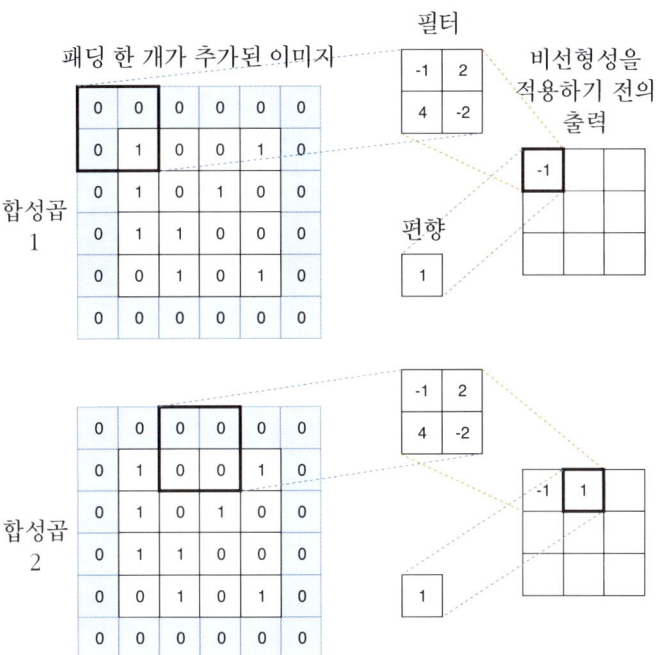

풀링(pooling)은 CNN에서 매우 자주 사용하는 기법입니다. 풀링도 필터가 이동 윈도 방식으로 적용되기 때문에 합성곱과 매우 비슷하게 동작합니다. 하지만 입력 행렬이나 볼륨에 훈련 가능한 필터를 적용하는 것이 아니라 풀링 층은 고정된 연산, 일반적으로 최댓값이나 평균을 계산합니다. 합성곱과 비슷하게 풀링에도 필터 크기와 스트라이드 하이퍼파라미터가 있습니다. 필터 크기가 2이고 스트라이드가 2인 최대 풀링(max pooling)의 예가 그림 6.8에 나와 있습니다.

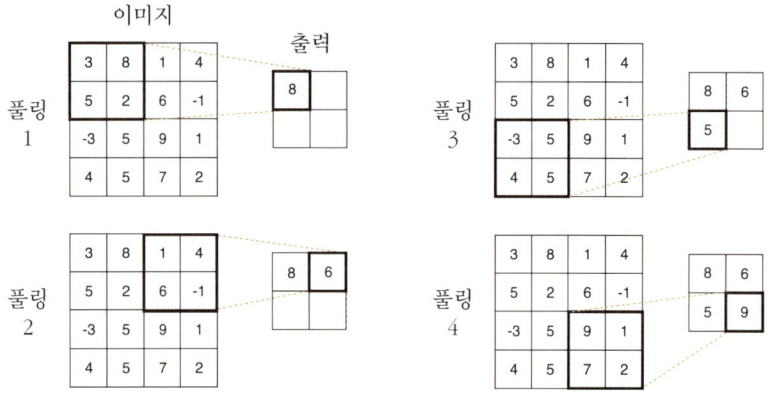

그림 6.8 필터 크기가 2이고 스트라이드가 2인 풀링

일반적으로 풀링 층은 합성곱 층 다음에 오며, 합성곱의 출력을 입력으로 받습니다. 풀링이 볼륨에 적용되면 볼륨에 있는 각 행렬에 독립적으로 적용됩니다. 따라서 볼륨에 적용된 풀링 층의 출력은 입력의 깊이와 동일한 볼륨이 됩니다.

풀링은 하이퍼파라미터만 있고 학습되는 파라미터가 없습니다. 일반적으로 필터의 크기는 2 또는 3, 스트라이드는 2가 사용됩니다. 최대 풀링이 평균 풀링(average pooling)보다 인기가 많고 종종 더 나은 결과를 제공합니다.

일반적으로 풀링은 모델의 정확도 향상에 도움이 됩니다. 신경망의 파라미터 개수를 줄여 줌으로써 훈련 속도도 향상시킵니다(그림 6.8에서 볼 수 있듯이, 필터 크기가 2이고 스트라이드가 2이면 파라미터 개수가 16에서 4가 되므로 25%로 줄어듭니다).

6.2.2 순환 신경망

순환 신경망(recurrent neural networks, RNN)은 시퀀스에 레이블을 할당하거나, 시퀀스를 분류 또는 생성하기 위해 사용됩니다. 시퀀스는 각 행이 특성 벡터이고 행의 순서가 중요한 행렬입니다. 시퀀스에 레이블을 할당하려면 시퀀스에 있는 각 특성 벡터에 대해 하나의 클래스를 예측합니다. 시퀀스를 분류하려면 전체 시퀀스에 대해 하나의 클래스를 예측합니다. 시퀀스를 생성하는 경우 입력 시퀀스와 관련된 (길이가 다를 수 있는) 또 다른 시퀀스를 출력합니다.

RNN은 텍스트 처리에 종종 사용되는데, 문장과 텍스트는 태생적으로 단어와 구두점의 시퀀스 또는 문자의 시퀀스이기 때문입니다. 같은 이유로 음성 처리 분야에도 RNN이 사용됩니다.

RNN은 순환 구조를 포함하고 있으므로 피드포워드 신경망이 아닙니다. 순환 층 l의 각 유닛 u는 실수 값인 **상태**(state) $h_{l,u}$를 가집니다. 이 상태를 유닛의 메모리로 생각할 수 있습니다. RNN에서 층 l의 각 유닛 u는 두 개의 입력, 즉 이전 층 $l-1$의 상태 벡터와 같은 층 l에서 온 이전 타임스텝(timestep)의 상태 벡터를 받습니다.

이를 설명하기 위해 RNN의 첫 번째 순환 층과 두 번째 순환 층을 생각해 보죠. 첫 번째 (가장 왼쪽) 층은 특성 벡터를 입력으로 받습니다. 두 번째 층은 첫 번째 층의 출력을 입력으로 받습니다.

이 상황이 그림 6.9에 나와 있습니다. 위에서 언급했듯이 훈련 샘플은 각 행이 특성 벡터인 행렬입니다. 간단하게 설명하기 위해 이 행렬을 벡터의 시퀀스 $\mathbf{X} = [\mathbf{x}^1, \mathbf{x}^2, \ldots, \mathbf{x}^{t-1}, \mathbf{x}^t, \mathbf{x}^{t+1}, \ldots, \mathbf{x}^{length_\mathbf{X}}]$로 나타내겠습니다. 여기서 $length_\mathbf{X}$는 입력 시퀀스의 길이입니다. 입력 샘플 $\mathbf{X}$가 텍스트 문장이라면 특성 벡터 $\mathbf{x}^t (t = 1, \ldots, length_\mathbf{X})$는 문장에서 위치 t에 있는 단어를 나타냅니다.

그림 6.9에 나와 있듯이 RNN은 입력 샘플의 특성 벡터를 타임스텝 순서대로 순차적으로 읽습니다. 인덱스 t가 타임스텝을 나타냅니다. 각 타임스텝 t에서 층 l의 유닛 u에 대한 상태 $h_{l,u}^t$를 업데이트하려면, 먼저 같은 층의 이전 타임스텝 $t-1$에서 생성한 상태 벡터 $\mathbf{h}_l^{t-1}$와 입력 특성 벡터의 선형 조합을 계산합니다. 이 두 벡터의 선형 조합은 파라미터 벡터 $\mathbf{w}_{l,u}, \mathbf{u}_{l,u}$와 파라미터 $b_{l,u}$를 사용해 계산됩니다. 그다음에 활성화 함수 g_1를 선형 조합의 결과에 적용하여 $h_{l,u}^t$의 값

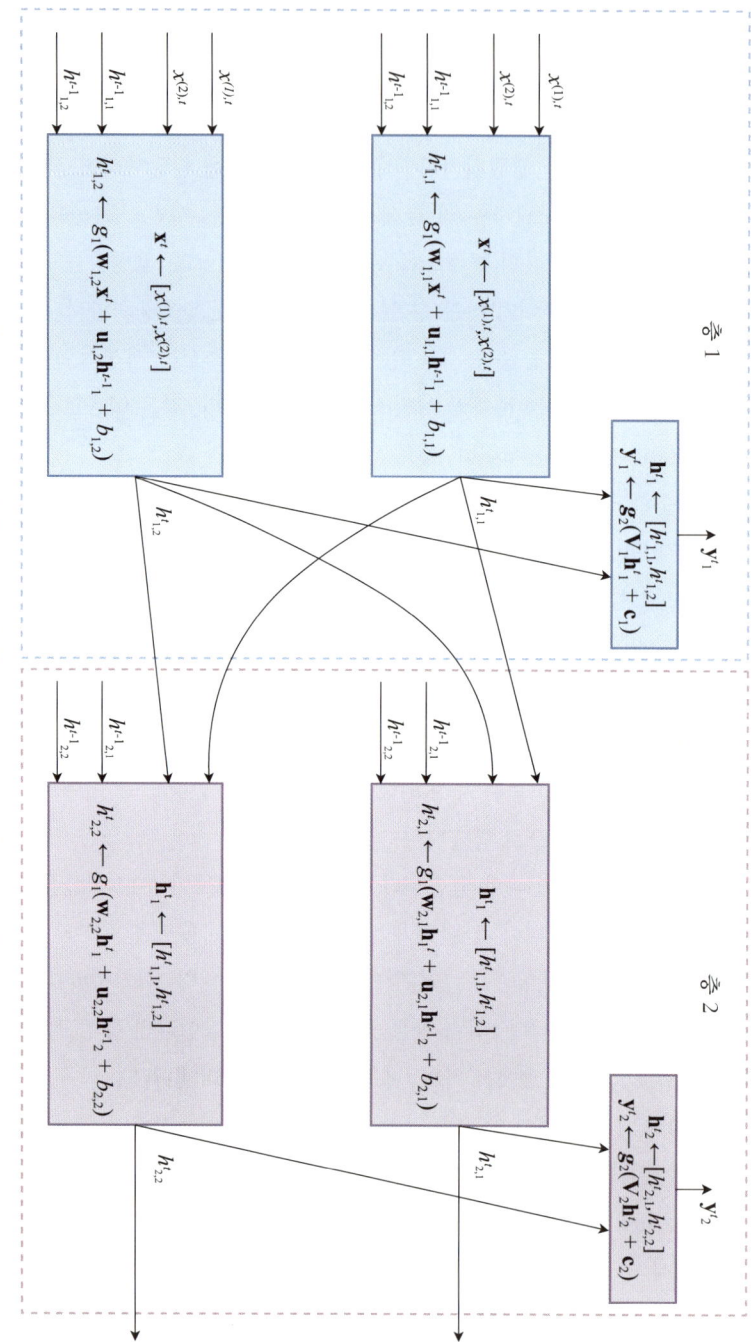

그림 6.9 RNN에 있는 처음 두 개의 층. 입력 특성 벡터는 2차원이고 각 층의 유닛은 두 개입니다.

을 구합니다. 일반적으로 함수 g_1에는 $tanh$를 사용합니다. 출력 $\mathbf{y}_l^t$는 일반적으로 전체 층 l에 대해 동시에 계산되는 벡터입니다. $\mathbf{y}_l^t$를 구하려면 벡터를 입력으로 받아 동일한 차원의 다른 벡터를 반환하는 활성화 함수 g_2를 사용합니다. 파라미터 행렬 $\mathbf{V}_l$와 파라미터 벡터 $\mathbf{c}_l$를 사용해 상태 벡터 $\mathbf{h}_l^t$의 선형 조합을 계산한 후 함수 g_2를 적용합니다. 분류에서는 일반적으로 g_2에 **소프트맥스 함수**(softmax function)를 사용합니다.[11]

$$\boldsymbol{\sigma}(\mathbf{z}) \stackrel{\text{def}}{=} [\sigma^{(1)}, \ldots, \sigma^{(D)}], \text{ 여기서 } \sigma^{(j)} \stackrel{\text{def}}{=} \frac{\exp\left(z^{(j)}\right)}{\sum_{k=1}^{D} \exp\left(z^{(k)}\right)}$$

소프트맥스 함수는 이진 분류에 적용하는 시그모이드 함수를 다차원 출력으로 일반화한 것입니다. 이 함수는 $\sum_{j=1}^{D} \sigma^{(j)} = 1$이며, 모든 j에 대해 $\sigma^{(j)} > 0$입니다.

데이터 분석가는 행렬 $\mathbf{V}_l$과 벡터 $\mathbf{h}_l^t$를 곱하여 벡터 $\mathbf{c}_l$와 동일 차원의 벡터가 되도록 $\mathbf{V}_l$의 차원을 선택합니다. 이 선택은 훈련 데이터에 있는 출력 레이블 $\mathbf{y}$의 차원에 따라 다릅니다(지금까지는 1차원 레이블만 보았지만 이후 장에서 다차원 레이블을 볼 수 있습니다).

$\mathbf{w}_{l,u}$, $\mathbf{u}_{l,u}$, $b_{l,u}$, $\mathbf{V}_{l,u}$, $\mathbf{c}_l$의 값은 경사 하강법과 역전파를 사용해 훈련 데이터로부터 계산됩니다. RNN 모델을 훈련하기 위해 **BPTT**(backpropagation through time)라는 특별한 역전파 기법을 사용합니다.

하이퍼볼릭 탄젠트와 소프트맥스 모두 그레이디언트 소실 문제가 있습니다. RNN이 하나 또는 두 개의 순환 층만 가지더라도 입력은 순차적이므로 역전파가 시간에 따라 네트워크를 거슬러 올라가야 합니다.[12] 그레이디언트 계산 관점에서 보면 입력 시퀀스가 길수록 거슬러 올라갈 네트워크가 길어진다는 의미입니다. 즉, 그레이디언트 소실 문제가 더욱 심화됩니다.

RNN의 또 다른 문제는 장기 의존성(long-term dependency)을 처리하는 것입니다. 입력 시퀀스의 길이가 길어질수록 시퀀스 앞에 있는 특성 벡터는 잊혀

---

11 (옮긴이) 그림 6.9의 $g_2(\mathbf{V}_2 \mathbf{h}_2^t + \mathbf{c}_2)$는 출력 층에 해당합니다. 이 그림에서는 첫 번째 층에서도 출력 $\mathbf{y}_l^t$를 만들지만 일반적으로는 마지막 순환 층의 출력만 사용합니다. RNN 모델을 만들고 훈련하는 예제는 《대규모 언어 모델, 핵심만 빠르게》(인사이트, 2025)의 3장을 참고하세요.
12 (옮긴이) (다른 많은 자료에서처럼) 원문은 시간에 따라 네트워크를 '펼친다(unfold)'라고 되어 있지만 실제로 물리적으로 무언가가 펼쳐지는 것은 아닙니다. 오해를 피하고 이해하기 쉽게 '거슬러 올라간다'라고 옮겼습니다.

지는 경향이 있습니다. 네트워크의 메모리 역할을 하는 유닛의 상태가 최근에 읽은 상태 벡터에 영향을 더 많이 받기 때문입니다. 따라서 텍스트 처리나 음성 처리에서 긴 문장 안에 멀리 떨어져 있는 단어 사이의 인과 관계가 손실될 수 있습니다.

실무에서 사용되는 가장 효과적인 순환 신경망은 **게이트 RNN**(gated RNN)입니다. 대표적인 예로 **LSTM**(long short-term memory)와 **GRU**(gated recurrent unit) 신경망이 있습니다.

RNN에서 게이트 유닛을 사용하는 이점은 컴퓨터 메모리의 비트처럼 신경망이 나중을 위해 유닛에 정보를 저장할 수 있다는 것입니다. 실제 메모리와 차이점은 유닛에 저장된 정보를 읽고, 쓰고, 삭제하는 것이 (0, 1) 사이의 값을 갖는 활성화 함수로 제어된다는 것입니다. 훈련된 신경망은 특성 벡터의 입력 시퀀스를 읽고 앞쪽의 타임스텝 t에서 특성 벡터에 대한 특정 정보를 유지할지 결정합니다. 모델은 앞쪽의 특성 벡터에 대한 정보를 나중에 사용해 입력 시퀀스 마지막 부분의 특성 벡터를 처리할 수 있습니다. 예를 들어 입력 텍스트가 단어 she로 시작한다면, 언어 처리 RNN 모델이 문장 뒤에 나오는 단어 their를 올바르게 이해하기 위해 성별에 관한 정보를 저장할 수 있습니다.

유닛은 어떤 정보를 저장할지, 언제 읽고, 쓰고, 지울지에 대한 결정을 내립니다. 이런 결정은 데이터로부터 학습되며, 게이트 개념을 통해서 구현됩니다. 몇 가지 게이트 유닛 구조가 있습니다. 하나의 메모리 셀(memory cell)과 하나의 망각 게이트(forget gate)를 가진 **최소 게이트 유닛**(minimal gated unit, MGU)은 간단하지만 효과적인 게이트입니다.

이제 RNN의 첫 번째 층(특성 벡터의 시퀀스를 입력받는 층)을 예로 들어 MGU 유닛 이면의 수학을 살펴보겠습니다.[13] 층 l에 있는 최소 게이트 유닛 u는 두 개의 입력, 즉 동일 층에 있는 모든 유닛으로부터 오는 이전 스텝의 메모리 셀 값인 벡터 $\mathbf{h}_l^{t-1}$와 특성 벡터 $\mathbf{x}^t$를 받습니다. 이 두 벡터를 다음과 같이 사용합니다(다음 연산은 유닛 안에서 순서대로 실행됩니다).

---

13 (옮긴이) GRU와 MGU에 대한 완전한 수식은 위키백과(*https://bit.ly/44YIp27*)를 참고하세요.

$$\tilde{h}_{l,u}^t \leftarrow g_1(\mathbf{w}_{l,u}\mathbf{x}^t + \mathbf{u}_{l,u}\mathbf{h}_l^{t-1} + b_{l,u})$$
$$\Gamma_{l,u}^t \leftarrow g_2(\mathbf{m}_{l,u}\mathbf{x}^t + \mathbf{o}_{l,u}\mathbf{h}^{t-1} + a_{l,u})$$
$$h_{l,u}^t \leftarrow \Gamma_{l,u}^t \tilde{h}_{l,u}^t + (1 - \Gamma_{l,u}^t)h_l^{t-1}$$
$$\mathbf{h}_l^t \leftarrow [h_{l,1}^t, \ldots, h_{l,size_l}^t]$$
$$\mathbf{y}_l^t \leftarrow \boldsymbol{g}_3(\mathbf{V}_l\mathbf{h}_l^t + \mathbf{c}_{l,u})$$

여기서 g_1은 하이퍼볼릭 탄젠트 함수이고, g_2는 게이트 함수로 $(0, 1)$ 사이 값을 갖는 시그모이드 함수입니다. 게이트 $\Gamma_{l,u}$가 0에 가까우면, 메모리 셀은 이전 타임스텝의 값 h_l^{t-1}을 유지합니다. 반대로 $\Gamma_{l,u}$가 1에 가까우면, 메모리 셀의 값은 새로운 값 $\tilde{h}_{l,u}^t$로 덮어 써집니다(위에서 세 번째 식을 참고하세요). 표준 RNN과 마찬가지로 g_3는 일반적으로 소프트맥스 함수입니다.

게이트 유닛은 입력을 받아 일정 시간 동안 저장합니다. 이는 입력에 항등함수(identity function)($f(x) = x$)를 적용하는 것과 같습니다. 항등 함수의 도함수는 상수이므로 게이트 유닛을 사용하는 신경망이 BPTT로 훈련될 때 그레이디언트가 소실되지 않습니다.

다른 중요한 RNN 확장으로는 **양방향** RNN(bi-directional RNN), **어텐션**(attention)을 사용한 RNN, **시퀀스-투-시퀀스** RNN(sequence-to-sequence RNN)이 있습니다. 특히 시퀀스-투-시퀀스 RNN은 신경망 기계 번역 모델과 텍스트-투-텍스트 변환을 위한 모델을 만드는 데 널리 사용됩니다. RNN을 일반화한 것이 **재귀 신경망**(recursive neural network)입니다.

7장

The Hundred-Page Machine Learning Book

문제 해결

7.1 커널 회귀

지금까지 선형 회귀에 대해 알아보았습니다. 하지만 데이터가 직선 형태가 아니면 어떻게 해야 할까요? 이런 경우에는 다항 회귀가 도움이 될 수 있습니다. 예를 들어, 1차원 데이터 $\{(x_i, y_i)\}_{i=1}^{N}$가 있다고 가정해 보죠. 이 데이터로 2차 곡선 $y = w_1 x_i + w_2 x_i^2 + b$를 훈련시킬 수 있습니다. 경사 하강법으로 평균 제곱 오차(MSE) 비용 함수를 최소화하는 파라미터 w_1, w_2, b의 값을 찾을 수 있습니다. 1차원이나 2차원 공간에서는 이 함수가 데이터에 잘 맞는지 쉽게 확인할 수 있습니다. 하지만 입력이 $D > 3$인 D차원 특성 벡터라면 올바른 다항식을 찾는 것이 매우 어렵습니다.

커널 회귀(kernel regression)는 비모수 방법입니다. 즉, 학습되는 파라미터가 없다는 의미입니다. (kNN처럼) 이 모델은 데이터 자체를 기반으로 합니다. 간단하게 나타내면, 커널 회귀에서는 다음과 같은 모델을 찾습니다.

$$f(x) = \frac{1}{N}\sum_{i=1}^{N} w_i y_i, \text{ 여기서 } w_i = \frac{Nk(\frac{x_i-x}{b})}{\sum_{l=1}^{N} k(\frac{x_l-x}{b})} \quad (7.1)$$

함수 $k(\cdot)$를 **커널**(kernel)이라고 부릅니다. 커널은 유사도 함수의 역할을 수행합니다. x가 x_i와 비슷할 때 계수 w_i의 값이 높아지고, 비슷하지 않을 때 낮아집니다. 커널은 여러 형태가 있으며, 가장 널리 사용되는 것은 가우스 커널(Gaussian kernel)입니다.

$$k(z) = \frac{1}{\sqrt{2\pi}} \exp\left(\frac{-z^2}{2}\right)$$

b는 검증 세트로 튜닝할 하이퍼파라미터입니다(특정 b 값으로 만든 모델을 검증 세트에서 실행하고 MSE를 계산하여 튜닝합니다). b가 회귀 직선의 형태에 미치는 영향을 그림 7.1에서 볼 수 있습니다.

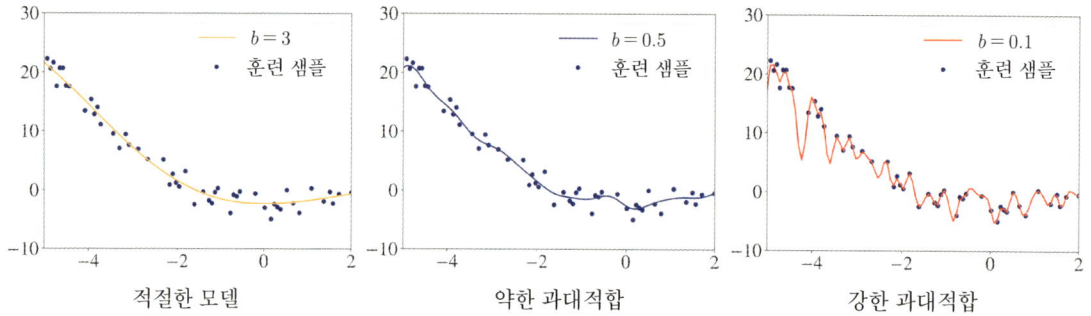

적절한 모델   약한 과대적합   강한 과대적합

그림 7.1 세 개의 b 값을 적용한 가우스 커널로 만든 커널 회귀의 예

입력이 다차원 특성 벡터라면, 식 (7.1)에 있는 $x_i - x$와 $x_l - x$를 유클리드 거리 $\|\mathbf{x}_i - \mathbf{x}\|$와 $\|\mathbf{x}_l - \mathbf{x}\|$로 각각 바꿔야 합니다.

7.2 다중 분류

많은 분류 문제를 두 개의 클래스를 사용해 정의할 수 있지만, 일부는 세 개 이상의 클래스로 정의되므로 머신러닝 알고리즘을 조정해야 합니다.

다중 분류(multiclass classification)에서 레이블은 C개의 클래스 중 하나일 수 있습니다. 즉, $y \in \{1, \ldots, C\}$입니다. SVM처럼 많은 머신러닝 알고리즘은 이진 분류를 다룹니다. 하지만 일부 알고리즘은 다중 분류 문제를 처리하도록 확장될 수 있습니다. ID3와 다른 결정 트리 알고리즘을 간단히 다음과 같이 바꿀 수 있습니다. 모든 $c \in \{1, \ldots, C\}$에 대해

$$f_{ID3}^S \stackrel{\text{def}}{=} \Pr(y_i = c|\mathbf{x}) = \frac{1}{|\mathcal{S}|} \sum_{\{y \,|\, (\mathbf{x},y) \in \mathcal{S}, y=c\}} y$$

여기서 $\mathcal{S}$는 예측을 만드는 리프 노드입니다.

6장에서 보았듯이, 로지스틱 회귀는 시그모이드 함수를 소프트맥스 함수로 바꾸어 다중 분류 문제에 확장될 수 있습니다.

kNN 알고리즘도 다중 분류로 확장하기 쉽습니다. 입력 $\mathbf{x}$에 대한 가장 가까운 k개의 이웃을 찾아 판단할 때 샘플 k개 중에서 가장 많은 클래스를 반환하면 됩니다.

SVM은 태생적으로 다중 분류 문제로 확장될 수 없습니다. 또한 어떤 알고리즘들은 이진 분류 문제에서 더 효율적으로 구현될 수 있습니다. 그렇다면 이진 분류 알고리즘을 다중 분류 문제에 사용하려면 어떻게 해야 할까요? 일반적으로 **OvR**(one versus rest) 방법을 사용합니다. 이 아이디어는 다중 분류 문제를 C개의 이진 분류 문제로 변환하고 C개의 분류기를 훈련하는 것입니다. 예를 들어, 세 개의 클래스 $y \in \{1, 2, 3\}$이 있다고 가정하면, 원본 데이터셋을 세 벌 복사하여 다음과 같이 수정합니다. 첫 번째 복사본에서는 1이 아닌 모든 레이블을 0으로 바꿉니다. 두 번째 복사본에서는 2가 아닌 모든 레이블을 0으로 바꿉니다. 세 번째 복사본에서는 3이 아닌 모든 레이블을 0으로 바꿉니다. 이제 세 개의 이진 분류 문제가 되며, 레이블 1과 0, 2와 0, 3과 0을 구별하도록 모델을 훈련해야 합니다.

세 개의 모델이 준비되면 새로운 입력 특성 벡터 $\mathbf{x}$를 분류할 때 각각의 모델을 입력에 적용하여 세 개의 예측을 얻습니다. 그런 다음 0이 아닐 거라 가장 높이 확신하는 예측을 선택합니다. 로지스틱 회귀에서는 모델이 레이블이 아니라 (0과 1 사이의) 점수를 반환하므로 레이블이 양성일 확률로 해석할 수 있습니다. 또한 이 점수를 예측에 대한 확신의 정도로 해석할 수 있습니다. SVM의 경우 입력 $\mathbf{x}$에서 결정 경계까지의 거리 d를 확신의 정도로 생각할 수 있습니다.

$$d \stackrel{\text{def}}{=} \frac{\mathbf{w}^*\mathbf{x} + b^*}{\|w\|}$$

이 거리가 커질수록 예측에 대한 확신이 더 커집니다. 대부분의 머신러닝 알고리즘은 다중 분류 알고리즘으로 변환될 수 있거나, 어떤 점수를 반환하는 경우 OvR 전략을 사용할 수 있습니다.

7.3 단일 클래스 분류

이따금 한 클래스의 샘플만 가지고 있고 이 클래스의 샘플을 다른 모든 것과 구분하는 모델을 훈련시켜야 할 때가 있습니다.

단일 클래스 분류(one-class classification)(또는 **단항 분류**(unary classification)나 **클래스 모델링**(class modeling))는 특정 클래스의 샘플만 들어 있는 훈련 세트로 훈련하여 다른 모든 샘플 사이에서 해당 클래스의 샘플을 식별합니다. 이는 모든 클래스의 샘플이 들어 있는 훈련 세트로 두 개 이상의 클래스를 구분하는 전통적인 분류 문제와 다르며 더 어렵습니다. 전형적인 단일 클래스 분류 문제는 컴퓨터 보안 네트워크에서 정상 트래픽을 분류하는 것입니다. 이 경우 공격이나 침입으로 발생하는 트래픽의 샘플이 거의 없습니다. 하지만 정상 트래픽 샘플은 많습니다. 단일 클래스 분류 알고리즘은 이상치 탐지(outlier detection), 비정상 탐지(anomaly detection), 특이치 탐지(novelty detection)에 사용할 수 있습니다.

몇 가지 단일 클래스 알고리즘이 있습니다. 실무에서 가장 널리 사용되는 알고리즘은 **단일 클래스 가우스**(one-class Gaussian), **단일 클래스 k-평균**(one-class k-means), **단일 클래스 kNN**(one-class kNN), **단일 클래스 SVM**(one-class SVM)입니다.

단일 클래스 가우스의 핵심 아이디어는 데이터가 가우스 분포, 조금 더 정확하게는 **다변량 정규 분포**(multivariate normal distribution, MND)에서 온 것처럼 모델링하는 것입니다. MND의 확률 밀도 함수는 다음과 같습니다.

$$f_{\mu,\Sigma}(\mathbf{x}) = \frac{\exp\left(-\frac{1}{2}(\mathbf{x}-\boldsymbol{\mu})^\top \boldsymbol{\Sigma}^{-1}(\mathbf{x}-\boldsymbol{\mu})\right)}{\sqrt{(2\pi)^D |\boldsymbol{\Sigma}|}}$$

여기서 $f_{\mu,\Sigma}(\mathbf{x})$는 입력 특성 벡터 $\mathbf{x}$에 상응하는 확률 밀도를 반환합니다. 확률

밀도를 샘플 **x**가 MND로 모델링한 확률 분포로부터 생성되었을 가능도로 해석할 수 있습니다. $\boldsymbol{\mu}$(벡터)와 $\boldsymbol{\Sigma}$(행렬)는 학습해야 할 파라미터입니다. (로지스틱 회귀 문제의 해결 방법과 비슷하게) **최대 가능도**(maximum likelihood) 함수를 최적화하여 두 파라미터의 최적 값을 찾습니다. $|\boldsymbol{\Sigma}| \stackrel{\text{def}}{=} \det \boldsymbol{\Sigma}$는 행렬 $\boldsymbol{\Sigma}$의 **행렬식**(determinant)입니다. $\boldsymbol{\Sigma}^{-1}$는 $\boldsymbol{\Sigma}$의 역행렬을 의미합니다.

행렬식과 역행렬을 처음 들었더라도 걱정하지 마세요. 이들은 행렬 이론이라는 수학 분야에서 벡터와 행렬에 대해 흔히 사용되는 표준 연산입니다. 이 연산에 대해 알고 싶다면 이런 개념을 잘 설명하고 있는 위키피디아 문서를 참고하세요.

벡터 $\boldsymbol{\mu}$의 값은 가우스 분포 곡선의 중심 위치를 결정합니다. $\boldsymbol{\Sigma}$의 값은 곡선의 형태를 결정합니다. 훈련 세트가 2차원 특성 벡터로 구성되어 있는 경우 단일 클래스 가우스 모델의 예가 그림 7.2에 나와 있습니다.

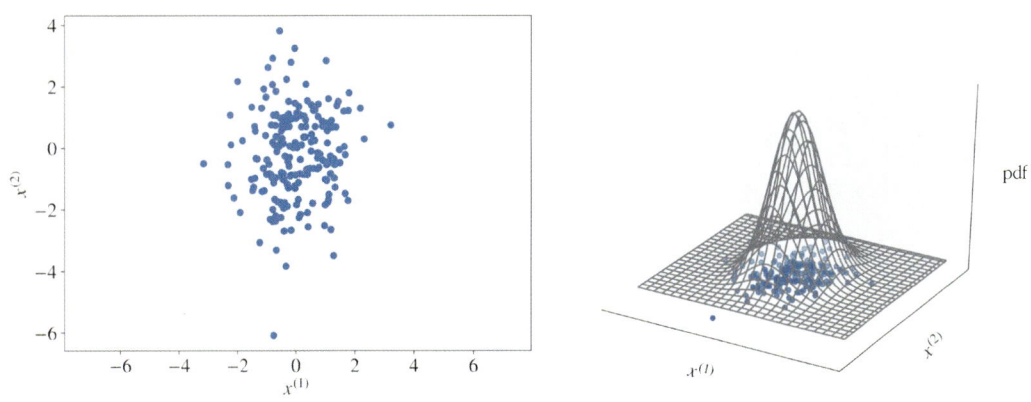

그림 7.2 단일 클래스 가우스 방법으로 푼 단일 클래스 분류(왼쪽: 2차원 특성 벡터, 오른쪽: 왼쪽 샘플의 가능도를 최대화한 MND 곡선)

데이터로부터 학습된 $\boldsymbol{\mu}$와 $\boldsymbol{\Sigma}$를 파라미터로 가진 모델이 준비되면, $f_{\boldsymbol{\mu},\boldsymbol{\Sigma}}(\mathbf{x})$를 사용해 입력 **x**의 가능도를 예측합니다. 가능도가 어떤 임곗값 이상일 때만 샘플이 클래스에 속한다고 예측합니다. 그렇지 않으면 이상치로 분류합니다. 임곗값은 실험적으로 찾거나 경험을 바탕으로 '합리적으로 추측(educated guess)'할 수 있습니다.

데이터의 형태가 더 복잡할 때는 여러 개의 가우스 분포를 조합하는(가우스 혼합(Gaussian Mixture)이라 부릅니다) 고급 알고리즘을 사용할 수 있습니다. 이런 경우 데이터로부터 학습할 파라미터가 더 많습니다. 가우스 분포마다 μ 와 Σ가 하나씩 있고, 여러 개의 가우스 분포를 하나의 pdf로 합치기 위한 파라미터가 하나씩 추가됩니다. 9장에서 가우스 혼합 모델을 군집(clustering)에 적용하는 방법을 알아보겠습니다.

 단일 클래스 k-평균과 단일 클래스 kNN은 단일 클래스 가우스와 비슷한 원리를 바탕으로 합니다. 즉, 데이터로부터 어떤 모델을 만들고 임곗값을 정의하여 새로운 특성 벡터가 다른 샘플과 비슷한지를 결정합니다. 단일 클래스 k-평균은 모든 훈련 샘플을 k-평균(k-means) 군집 알고리즘을 사용해 클러스터(cluster)로 모읍니다. 새로운 샘플 $\mathbf{x}$가 관측되면, $\mathbf{x}$와 각 클러스터의 중심 사이의 최소 거리로 거리 $d(\mathbf{x})$를 계산합니다. $d(\mathbf{x})$가 특정 임곗값보다 작으면 $\mathbf{x}$가 클래스에 속합니다.

 단일 클래스 SVM은 방식에 따라 1) (특성 공간에 있는) 원점으로부터 모든 훈련 샘플을 분리하고 초평면에서 원점까지의 거리를 최대화합니다. 2) 또는 초구(hyper-sphere)의 부피를 최소화하는 식으로 데이터 주변에 구형 경계를 만듭니다. 단일 클래스 kNN 알고리즘에 대한 설명과 단일 클래스 k-평균과 단일 클래스 SVM에 대한 상세 내용은 참고 자료를 읽어 보세요.

7.4 다중 레이블 분류

데이터셋에 있는 샘플을 설명하기 위해 한 개 이상의 레이블이 필요한 경우가 있습니다. 이런 경우를 **다중 레이블 분류**(multi-label classification)라고 합니다.

 예를 들어, 그림 7.3처럼 하나의 이미지를 표현하기 위해 "침엽수", "산", "도로"와 같이 여러 개의 레이블을 동시에 할당할 수 있습니다.

 가능한 레이블 값의 개수가 많지만 태그(tag)처럼 모두 같은 성질이라면 각각의 샘플을 한 개의 레이블을 가진 여러 개의 샘플로 변환할 수 있습니다. 새로운 샘플은 레이블만 제외하고 모두 동일한 특성 벡터를 가집니다. 이렇게 하

그림 7.3 "침엽수", "산", "도로"로 레이블이 할당된 이미지(사진 출처: Cate Lagadia)

면 다중 분류 문제가 됩니다. OvR 전략을 사용하여 이 문제를 풀 수 있습니다. 일반적인 다중 분류 문제와 유일한 차이는 임곗값 하이퍼파라미터가 새로 추가된 것입니다. 어떤 레이블에 대한 예측 점수가 이 임곗값보다 크면, 이 레이블이 해당 입력 특성 벡터에 대한 예측이 됩니다. 이 경우 하나의 특성 벡터에 대해 여러 개의 레이블이 예측될 수 있습니다. 임곗값은 검증 세트를 사용해 선택합니다.

태생적으로 다중 클래스를 지원하는 알고리즘(결정 트리, 로지스틱 회귀, 신경망 등)은 다중 레이블 문제에 적용할 수 있습니다. 이런 알고리즘은 클래스에 대한 점수를 반환하므로 임곗값을 설정하고 모델이 반환한 점수가 이 임곗값보다 크다면 하나의 특성 벡터에 여러 개의 레이블을 할당할 수 있습니다.

신경망 알고리즘은 **이진 크로스 엔트로피**(binary cross-entropy) 비용 함수를 사용해 다중 레이블 모델을 훈련시킬 수 있습니다. 이 경우 신경망의 출력 층은 레이블당 하나의 유닛을 가집니다. 출력 층의 각 유닛은 시그모이드 활성화 함수를 사용합니다. 따라서 각각의 레이블 l은 이진입니다($y_{i,l} \in \{0, 1\}$). 여기서 $l = 1, \ldots, L$이고, $i = 1, \ldots, N$입니다. 샘플 $\mathbf{x}_i$가 레이블 l을 가질 확률 $\hat{y}_{i,l}$을 예측하는 이진 크로스 엔트로피는 다음과 같이 정의됩니다.

$$-(y_{i,l} \ln(\hat{y}_{i,l}) + (1 - y_{i,l}) \ln(1 - \hat{y}_{i,l}))$$

최소화할 목적 함수는 단순히 모든 훈련 샘플과 이 샘플들의 모든 레이블에 대한 이진 크로스 엔트로피의 평균입니다.

가능한 레이블 값의 개수가 작은 경우 다른 방식으로 다중 레이블을 다중 분류 문제로 바꿀 수 있습니다. 다음과 같은 문제를 생각해 보죠. 이미지에 할당할 레이블이 두 종류입니다. 첫 번째 레이블은 가능한 값이 $\{photo, painting\}$ 두 개입니다. 두 번째 레이블은 가능한 값이 $\{portrait, paysage, other\}$ 세 개입니다. 다음처럼 두 개의 원본 클래스를 조합한 가짜 클래스를 새로 만들 수 있습니다.

가짜 클래스	진짜 클래스 1	진짜 클래스 2
1	photo	portrait
2	photo	paysage
3	photo	other
4	painting	portrait
5	painting	paysage
6	painting	other

샘플은 동일하지만 다중 레이블을 하나의 가짜 레이블인 1에서 6까지로 바꾸었습니다. 가능한 클래스 조합이 너무 많지 않을 때는 실제로 이 방법이 잘 동작합니다. 그렇지 않은 경우에는 늘어난 클래스 집합에 대처하기 위해 더 많은 훈련 데이터가 필요합니다.

각 레이블을 독립적으로 예측하는 이전 방법에 비해 이 방식의 장점은 레이블 사이의 상관관계를 유지한다는 점입니다. 레이블 사이의 상관관계는 많은 문제에서 중요할 수 있습니다. 예를 들어, 어떤 이메일이 우선순위가 높은 이메일인지 아닌지와 스팸인지 아닌지를 동시에 예측하는 경우 $[spam, priority]$와 같은 예측 결과를 피하고 싶을 것입니다.

7.5 앙상블 학습

3장에서 살펴본 기본 알고리즘에는 제약 사항이 있습니다. 알고리즘의 단순성 때문에 이따금 문제를 해결하기에 충분히 정확한 모델을 만들 수 없는 경우가 있습니다. 신경망을 사용할 수도 있지만 심층 신경망은 실제로 엄청나게 많은 레이블이 있는 데이터를 필요로 하며, 이를 충분히 확보하기 어려운 경우가 많습니다. 간단한 학습 알고리즘의 성능을 끌어올리는 또 다른 방법으로 **앙상블 학습**(ensemble learning)이 있습니다.

앙상블 학습은 하나의 학습 패러다임으로, 매우 정확한 하나의 모델을 훈련하는 대신 정확도가 낮은 모델을 많이 훈련하는 데 초점을 맞춥니다. 그런 다음 이런 약한 모델(weak model)의 예측을 결합하여 매우 정확한 **메타 모델**(meta-model)을 만듭니다.

정확도가 낮은 모델은 일반적으로 **약한 학습기**(weak learner)로 훈련됩니다. 약한 학습기는 복잡한 모델을 만들 수 없는 학습 알고리즘입니다. 따라서 일반적으로 훈련 속도와 추론 속도가 빠릅니다. 가장 널리 사용되는 약한 학습기는 결정 트리 알고리즘입니다. 결정 트리를 앙상블에 사용할 때는 보통 훈련 세트를 몇 번 분할한 후 멈춥니다. 이렇게 만들어진 트리는 얕으며 정확하지 않습니다. 앙상블 학습의 핵심 아이디어는 모든 트리가 동일하지 않고 무작위 추측보다 조금 낫다면, 이런 트리를 많이 연결하여 매우 높은 정확도를 얻을 수 있다는 것입니다.

입력 x에 대한 예측을 얻기 위해 일종의 가중 투표(weighted voting)를 사용해 약한 모델의 예측을 결합합니다. 가중 투표 방식은 알고리즘에 따라 다르지만, 모든 알고리즘에서 사용하는 아이디어는 동일합니다. 약한 모델의 투표 결과가 스팸 메시지라고 예측한다면, x에 "spam" 레이블을 할당합니다.

두 가지 주요 앙상블 학습 방법으로는 **부스팅**(boosting)과 **배깅**(bagging)이 있습니다.

7.5.1 부스팅과 배깅

부스팅은 원본 훈련 데이터와 약한 학습기를 사용하여 여러 개의 모델을 반복적으로 만드는 방법입니다. 약한 학습기가 이전 모델의 오류를 수정하기 위해 새로운 모델을 추가하므로 각기 다른 모델이 만들어집니다. 최종 **앙상블 모델**(ensemble model)은 반복적으로 구축된 여러 개의 약한 모델을 조합한 것입니다.

배깅은 훈련 데이터의 (조금씩 다른) 복사본을 만들고, 약한 학습기를 복사된 훈련 데이터에 적용하여 여러 개의 약한 모델을 만들어 연결합니다. 배깅의 아이디어를 기반으로 하며, 널리 사용되고 성능도 좋은 머신러닝 알고리즘으로 **랜덤 포레스트**(random forest)가 있습니다.

7.5.2 랜덤 포레스트

기본적인 배깅 알고리즘은 다음과 같이 작동합니다. 훈련 세트로부터 B개의 랜덤한 표본 $\mathcal{S}_b(b=1,\ldots,B)$를 만들고, 각 표본 $\mathcal{S}_b$를 훈련 세트로 사용해 결정 트리 모델 f_b를 만듭니다. 표본 $\mathcal{S}_b$를 만들기 위해 **중복을 허용한 샘플링**(sampling with replacement)을 수행합니다. 이는 빈 집합으로 시작해서 훈련 세트로부터 랜덤하게 한 샘플을 선택하고 이 샘플을 복사해 $\mathcal{S}_b$에 넣는다는 의미입니다. 원본 샘플은 원본 훈련 세트에 그대로 유지됩니다. $|\mathcal{S}_b| = N$이 될 때까지 랜덤하게 샘플을 뽑습니다.

훈련이 끝난 후 B개의 결정 트리가 만들어집니다. 회귀의 경우 새로운 샘플 **x**에 대한 예측은 B개의 예측을 평균하여 구합니다.

$$y \leftarrow \hat{f}(\mathbf{x}) \stackrel{\text{def}}{=} \frac{1}{B} \sum_{b=1}^{B} f_b(\mathbf{x})$$

분류의 경우는 다수결 투표를 통해 구합니다.

랜덤 포레스트는 기본 배깅 방식과 한 가지가 다릅니다. 학습 과정 중에서 트리를 분할할 때 랜덤하게 특성의 부분집합을 선택하는 식으로 조금 다른 트리 알고리즘을 사용합니다. 이렇게 하는 이유는 트리 사이의 상관관계를 피하기 위해서입니다. 한 개 또는 몇 개의 특성이 타깃을 예측하는 데 매우 뛰어난 역할을 한다면 많은 트리들이 샘플을 분할할 때 이 특성을 선택할 것입니다. 이로 인해 랜덤 포레스트 안에 상관관계가 높은 트리가 포함되게 됩니다. 상관관계가 높은 트리들은 예측의 정확도 향상에 도움이 되지 않습니다. 앙상블 모델의 성능이 높은 이유는 좋은 모델들은 같은 예측을 만들고, 나쁜 모델들은 서로 다른 예측을 하기 때문입니다. 상관관계가 있으면 나쁜 모델들이 같은 예측을 하게 만들 가능성이 높아져 다수결 투표나 평균 계산에 해를 끼칠 수 있습니다.

튜닝할 가장 중요한 하이퍼파라미터는 트리 개수 B와 각 분할에서 랜덤하게 선택할 특성의 개수입니다.

랜덤 포레스트는 가장 널리 사용되는 앙상블 알고리즘 중 하나입니다. 이 알고리즘이 효과적인 이유는 무엇일까요? 원본 데이터셋으로부터 샘플링한 여러 표본을 사용해 최종 모델의 **분산**(variance)을 줄이기 때문입니다. 분산이 작다는 것은 과대적합이 낮다는 의미라는 것을 기억하세요. 과대적합은 모델이 데이터셋에 있는 작은 변동을 설명하려고 할 때 일어납니다. 이는 모델링하려는 어떤 현상의 (모든 가능한 샘플이 들어 있는) 모집단으로부터 적은 수의 샘플을 추출하여 데이터셋을 구성했기 때문입니다. 훈련 세트를 샘플링할 때 운이 없다면 원치 않는 (하지만 피할 수 없는) 왜곡(잡음, 이상치, 과다 대표된 샘플, 과소 대표된 샘플)이 포함될 수 있습니다. 훈련 세트에서 중복으로 여러 번 랜덤 샘플링을 수행함으로써 이런 인위적인 요소의 영향을 줄일 수 있습니다.

7.5.3 그레이디언트 부스팅

부스팅의 아이디어를 기반으로 하는 또 다른 효과적인 앙상블 학습 알고리즘으로 **그레이디언트 부스팅**(gradient boosting)이 있습니다. 먼저 회귀를 위한 그레이디언트 부스팅을 살펴보죠. 강한 회귀 모델을 만들기 위해 (ID3에서 했던 것처럼) 동일한 예측만 만드는 상수 모델(constant model) $f = f_0$로 시작하겠습니다.

$$f = f_0(\mathbf{x}) \stackrel{\text{def}}{=} \frac{1}{N} \sum_{i=1}^{N} y_i$$

그런 다음 훈련 세트에 있는 각 샘플 $i = 1, \ldots, N$의 레이블을 다음과 같이 수정합니다.

$$\hat{y}_i \leftarrow y_i - f(\mathbf{x}_i) \tag{7.2}$$

여기서 $\hat{y}_i$는 **잔차**(residual)라 부르며, 샘플 $\mathbf{x}_i$의 새로운 레이블이 됩니다.

원본 레이블 대신 잔차를 사용한 훈련 세트로 새로운 결정 트리 모델 f_1을 만듭니다. 부스팅 모델은 이제 $f \stackrel{\text{def}}{=} f_0 + \alpha f_1$와 같이 정의됩니다. 여기서 α는 학습률(learning rate, 하이퍼파라미터)입니다.

그런 다음 식 (7.2)를 사용해 잔차를 다시 계산하고, 훈련 데이터에 있는 레이블을 다시 바꿉니다. 그런 후 새로운 결정 트리 모델 f_2를 훈련하여 부스팅 모델을 $f \stackrel{\text{def}}{=} f_0 + \alpha f_1 + \alpha f_2$로 재정의합니다. 이 과정이 사전에 정의된 최대 M개의 트리에 도달할 때까지 계속됩니다.

직관적으로 생각했을 때 어떤 일이 벌어지고 있는 걸까요? 잔차를 계산하여 현재 모델 f가 훈련 샘플의 타깃을 얼마나 잘 (또는 나쁘게) 예측하는지 알 수 있습니다. 그다음에 현재 모델의 오차를 고치기 위해 또 다른 트리를 훈련합니다(그래서 실제 레이블이 아니라 잔차를 사용합니다). 기존의 모델에 새로운 트리를 일정한 가중치 α를 적용하여 추가합니다. 따라서 모델에 추가된 개별 트리는 이전 트리가 만든 오차를 부분적으로 수정합니다. 최대 M개의 트리가 합쳐질 때까지 이 과정이 계속됩니다.

왜 이 알고리즘을 그레이디언트 부스팅이라고 부를까요? 4장에서 선형 회귀에서 했던 것과 달리 그레이디언트 부스팅에서는 어떤 그레이디언트도 계산하지 않습니다. 그레이디언트 부스팅과 경사 하강법 간의 유사점을 이해하려면 선형 회귀에서 그레이디언트를 계산한 이유를 떠올려 보세요. MSE 비용 함수가 최솟값에 도달하려면 파라미터 값을 어디로 이동시켜야 할지 결정하기 위해 그레이디언트를 계산했습니다. 그레이디언트는 방향을 가리키지만 이 방향으로 얼마나 멀리 가야 하는지는 알려 주지 않습니다. 따라서 반복마다 작은 스텝 α를 사용해 이동하고 그다음에 방향을 다시 평가합니다. 그레이디언트 부스팅에서도 동일한 작업이 일어납니다. 하지만 그레이디언트를 직접 계산하는 대신 그레이디언트의 대안으로 잔차를 사용합니다. 이 값은 오차(잔차)를 감소시키려면 모델이 어떻게 수정되어야 하는지를 알려 줍니다.

그레이디언트 부스팅에서 튜닝할 주요 하이퍼파라미터 세 개는 트리 개수, 학습률, 트리 깊이입니다. 세 하이퍼파라미터가 모두 모델의 성능에 영향을 미칩니다. 트리 깊이는 훈련 속도와 예측 속도에도 영향을 미칩니다. 깊이가 얕을수록 훈련 속도와 예측 속도가 더 빨라집니다.

또한 잔차 기반의 훈련은 전체 모델 f를 평균 제곱 오차에 대해서 최적화한다는 것을 증명할 수 있습니다. 배깅과의 차이점은 다음과 같습니다. 부스팅은 분산이 아니라 편향(또는 과소적합)을 줄입니다. 따라서 부스팅은 과대적합될 수 있습니다. 하지만 트리 깊이와 개수를 튜닝하면 과대적합을 대부분 피할 수 있습니다.

분류를 위한 그레이디언트 부스팅도 비슷하지만 과정이 조금 다릅니다. 이진 분류의 경우를 생각해 보죠. M개의 회귀 결정 트리가 있다고 가정해 봅시다. 로지스틱 회귀와 비슷하게 결정 트리 앙상블의 예측은 시그모이드 함수를 사용해 모델링됩니다.

$$\Pr(y=1|\mathbf{x},f) \stackrel{\text{def}}{=} \frac{1}{1+e^{-f(\mathbf{x})}}$$

여기서 $f(\mathbf{x}) \stackrel{\text{def}}{=} \sum_{m=1}^{M} f_m(\mathbf{x})$이고, f_m는 회귀 트리입니다.

또한 로지스틱 회귀처럼 $L_f = \sum_{i=1}^{N} \ln[\Pr(y_i=1|\mathbf{x}_i,f)]$를 최대화하는 f를 찾기 위해 최대 가능도 함수를 적용합니다. 여기에서도 수치 오버플로를 피하기 위해 가능도의 곱이 아니라 로그 가능도의 합을 최대화합니다.

이 알고리즘은 초기 상수 모델 $f = f_0 = \ln \frac{p}{1-p}$로 시작합니다. 여기서 $p = \frac{1}{N} \sum_{i=1}^{N} y_i$입니다(이런 초기화가 시그모이드 함수에 최적입니다.[1] 그런 다음 반복 m마다 새로운 트리 f_m이 모델에 추가됩니다. 최상의 f_m을 찾기 위해서 먼저 $i = 1, \ldots, N$에 대한 현재 모델의 편도함수 g_i를 계산합니다.

$$g_i = \frac{dL_f}{df}$$

---

[1] (옮긴이) f_0를 시그모이드 함수에 대입하면 p가 됩니다. 즉, 양성 클래스의 비율을 그레이디언트 부스팅의 초깃값으로 사용합니다.

f는 이전 반복 $m-1$에서 만들어진 앙상블 분류기 모델입니다. g_i를 계산하려면 모든 i에 대해서 f에 대한 $\ln[\Pr(y_i=1|\mathbf{x}_i,f)]$의 편도함수를 구해야 합니다. $\ln[\Pr(y_i=1|\mathbf{x}_i,f)] \overset{\text{def}}{=} \ln\left[\frac{1}{1+e^{-f(\mathbf{x}_i)}}\right]$ 입니다. 이 방정식의 오른쪽 항을 f에 대해 미분하면 $\frac{1}{e^{f(\mathbf{x}_i)}+1}$ 이 됩니다.

그런 다음 훈련 세트의 원본 레이블 y_i를 편도함수 g_i로 바꾸고, 변환된 이 훈련 세트로 새로운 트리 f_m을 만듭니다. 최적의 업데이트 스텝 ρ_m는 다음과 같이 찾습니다.

$$\rho_m \leftarrow \arg\max_{\rho} L_{f+\rho f_m}$$

반복 m이 끝난 후에 새로운 트리 f_m을 추가하여 앙상블 모델 f를 업데이트합니다.

$$f \leftarrow f + \alpha \rho_m f_m$$

$m=M$이 될 때까지 반복하고 멈춘 다음 앙상블 모델 f를 반환합니다.

그레이디언트 부스팅은 가장 강력한 머신러닝 알고리즘 중 하나입니다. 매우 정확한 모델을 만들 뿐만 아니라 수백만 개의 샘플과 특성이 있는 대규모 데이터셋을 다룰 수 있기 때문입니다. 일반적으로 정확도 측면에서 랜덤 포레스트보다 성능이 뛰어나지만, 순차적으로 모델을 만드는 특징 때문에 훈련 속도가 매우 느릴 수 있습니다.

7.6 시퀀스 레이블링

시퀀스는 매우 자주 관측되는 구조적인 데이터입니다. 사람은 단어와 문장의 시퀀스로 소통하며, 작업을 순차적으로 실행합니다. 유전자, 음악, 비디오, 움직이는 자동차나 주가와 같은 연속적인 과정은 모두 순차적입니다.

시퀀스 레이블링(sequence labeling)은 시퀀스의 각 원소에 자동으로 레이블을 할당하는 문제입니다. 시퀀스 레이블링에서 레이블이 있는 순차적인 훈련 샘플은 리스트의 쌍인 $(\mathbf{X},\mathbf{Y})$입니다. 여기서 $\mathbf{X}$는 타임 스텝마다 하나씩 있는 특성 벡터의 리스트이고, $\mathbf{Y}$는 동일 길이의 레이블 리스트입니다. 예를 들어, $\mathbf{X}$

는 ["big", "beautiful", "car"]와 같은 문장에 포함된 단어를 나타낼 수 있습니다. **Y**는 ["adjective", "adjective", "noun"]과 같은 해당 단어의 품사 리스트가 될 수 있습니다. 기호로 표시하면 샘플 i에서 $\mathbf{X}_i = [\mathbf{x}_i^{(1)}, \mathbf{x}_i^{(2)}, \ldots, \mathbf{x}_i^{(size_i)}]$입니다. 여기서 $size_i$는 샘플 i의 시퀀스 길이입니다. $\mathbf{Y}_i = [y_i^{(1)}, y_i^{(2)}, \ldots, y_i^{(size_i)}]$이고 $y_i \in \{1, 2, \ldots, C\}$입니다.

RNN을 사용해 시퀀스에 레이블을 할당할 수 있다는 것을 이미 보았습니다. 각 타임 스텝 t에서 입력 특성 벡터를 받고, 마지막 순환 층이 (이진 레이블링의 경우) 하나의 레이블 $y_{last}^{(t)}$ 또는 (다중 클래스 또는 다중 레이블의 경우) $\mathbf{y}_{last}^{(t)}$를 출력합니다.

하지만 RNN이 시퀀스 레이블링을 위한 유일한 모델은 아닙니다. **조건부 무작위장**(conditional random field, CRF)이란 모델은 정보가 풍부한 특성 벡터에 대해서 실무에서 우수한 성능을 보이는 매우 효과적인 모델입니다. 예를 들어, **개체명 추출**(named entity extraction)이란 작업을 가정해 보죠. "I go to San-Francisco"와 같은 문장 속의 단어에 $\{location, name, company\_name, other\}$ 클래스 중 하나를 레이블로 할당하는 모델을 만들어야 합니다. (단어를 표현하는) 특성 벡터가 '대문자로 시작하는지 여부'와 '지역 목록에서 찾을 수 있는지 여부' 같은 이진 특성을 가지고 있다면 이런 특성은 단어 San과 Francisco를 $location$으로 분류하는 데 매우 큰 도움이 될 것입니다.

수작업으로 특성을 만드는 것은 높은 수준의 도메인 지식을 필요로 하는 노동 집약적인 작업입니다.

CRF는 흥미로운 모델이며, 로지스틱 회귀를 시퀀스에 일반화한 것으로 볼 수 있습니다. 하지만 실제로 시퀀스 레이블링 작업에서는 양방향 심층 게이트 RNN이 더 뛰어납니다. CRF는 훈련 속도도 많이 느려서 (수십만 개의 샘플을 가진) 대규모 훈련 세트에 적용하기 어렵습니다. 또한 대규모 훈련 세트에서는 심층 신경망이 잘 맞습니다.

7.7 시퀀스-투-시퀀스 학습

시퀀스-투-시퀀스 학습(sequence-to-sequence learning, 보통 줄여서 seq2seq 학습이라고 부릅니다)은 시퀀스 레이블링 문제의 일반화입니다. seq2seq에서는 X_i와 Y_i의 길이가 다를 수 있습니다. seq2seq 모델의 예는 기계 번역(예를 들어, 입력은 영어 문장이고, 출력은 이에 상응하는 프랑스어 문장인 경우), 대화형 인터페이스(입력은 사용자가 타이핑한 질문이고, 출력은 기계가 만든 대답인 경우), 텍스트 요약, 맞춤법 검사 등의 애플리케이션에서 찾을 수 있습니다.

전부는 아니지만 많은 seq2seq 학습 문제를 해결하는 데 현재는 신경망이 최상입니다. seq2seq 학습에 사용되는 네트워크는 모두 **인코더**(encoder)와 **디코더**(decoder) 두 부분으로 구성됩니다.

seq2seq 네트워크에서 인코더는 순차 입력을 받는 신경망입니다. RNN일 수 있지만 CNN이나 다른 구조도 가능합니다. 인코더의 역할은 입력을 읽고 (RNN의 상태와 비슷한) 어떤 종류의 상태를 생성하는 것입니다. 이를 입력의 의미에 대한 (기계가 다룰 수 있는) 수치적 표현으로 볼 수 있습니다. 이미지, 텍스트, 비디오와 같은 어떤 객체의 의미는 보통 실수로 구성된 벡터나 행렬로 표현됩니다. 머신러닝에서는 이 벡터(또는 행렬)를 입력의 **임베딩**(embedding)이라 합니다.

디코더는 임베딩을 입력으로 받아 출력 시퀀스를 생성하는 또 다른 신경망입니다. 이미 예상했겠지만 임베딩은 인코더로부터 전달됩니다. 출력 시퀀스를 만들기 위해 디코더는 시퀀스 시작에 해당하는 (일반적으로 모두 0으로 채워진) 입력 특성 벡터 $\mathbf{x}^{(0)}$를 받고, 첫 번째 출력 $\mathbf{y}^{(1)}$을 생성합니다. 그다음에 임베딩과 입력 $\mathbf{x}^{(0)}$를 연결하여 상태를 업데이트하고 출력 $\mathbf{y}^{(1)}$를 다음 입력 $\mathbf{x}^{(1)}$으로 사용합니다. $\mathbf{y}^{(t)}$의 차원은 $\mathbf{x}^{(t)}$의 차원과 같을 수 있지만 반드시 그래야 하는 것은 아닙니다. 6장에서 보았듯이 RNN의 각 층은 동시에 여러 출력을 생성할 수 있습니다. 한 출력은 레이블 $\mathbf{y}^{(t)}$을 생성하는 데 사용하고, 차원이 같지 않은 다른 출력을 $\mathbf{x}^{(t)}$로 사용할 수 있습니다.

인코더와 디코더는 모두 훈련 데이터를 사용해 동시에 훈련됩니다. 디코더 출력의 오차는 역전파를 통해 인코더로 전파됩니다.

전통적인 seq2seq 구조는 그림 7.4에 나와 있습니다. **어텐션**(attention) 구조를 사용하면 더 정확한 예측을 얻을 수 있습니다. 어텐션 메커니즘을 구현하려면 인코더의 정보(RNN에서 이 정보는 모든 인코더 타임 스텝으로부터 얻은 마지막 순환 층의 상태 벡터 리스트입니다)와 디코더의 현재 상태를 결합하여 레이블을 생성하기 위해 추가적인 파라미터가 필요합니다. 이는 게이트 유닛과 양방향 RNN보다 장기 의존성을 훨씬 잘 유지시켜 줍니다.

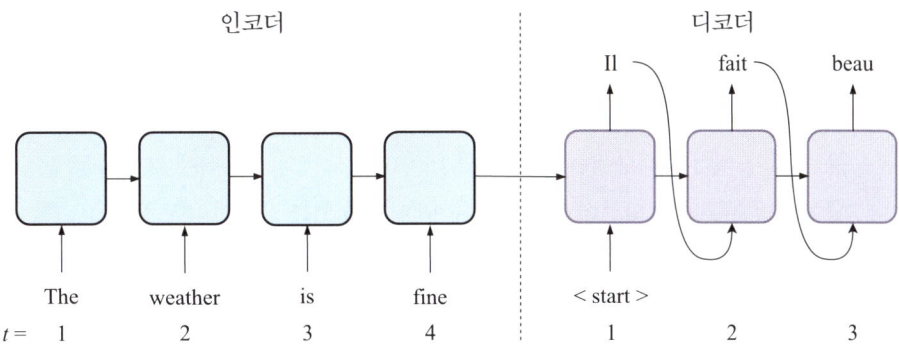

그림 7.4 전통적인 seq2seq 구조. 일반적으로 인코더의 마지막 층의 상태인 임베딩이 푸른색의 서브 네트워크에서 보라색의 서브네트워크로 전달됩니다.

어텐션을 사용한 seq2seq 구조는 그림 7.5에 나와 있습니다.

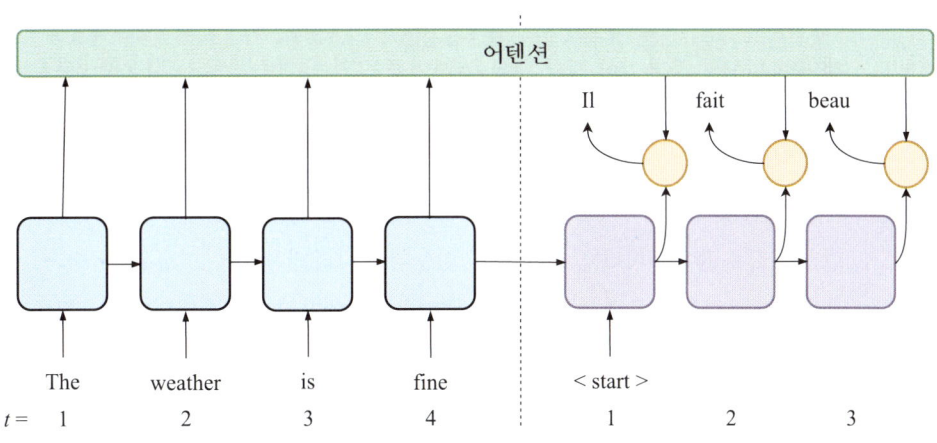

그림 7.5 어텐션을 사용한 seq2seq 구조

seq2seq 학습은 비교적 새로운 연구 분야라 주기적으로 새로운 구조가 발견되어 공개됩니다. 이런 구조는 튜닝할 하이퍼파라미터와 구조에 대한 결정 사항이 많기 때문에 훈련하기 매우 어렵습니다. 이 책의 위키에서 최신 자료와 튜토리얼, 코드 샘플을 참고하세요.[2]

7.8 능동 학습

능동 학습(active learning)은 흥미로운 지도 학습 패러다임으로, 일반적으로 레이블이 있는 샘플을 구하는 비용이 많이 드는 경우에 적용됩니다. 의료나 금융 분야가 여기에 해당됩니다. 환자의 데이터나 고객의 데이터에 레이블을 할당하려면 전문가의 의견이 필요합니다. 레이블이 있는 샘플이 비교적 적고, 레이블이 없는 샘플이 많은 데이터로 훈련을 시작하고, 모델의 품질에 가장 많이 기여하는 샘플에만 레이블을 할당합니다.

능동 학습에는 여러 가지 전략이 있습니다. 여기에서는 다음 두 가지 전략을 살펴보겠습니다.

1. 데이터 밀도와 불확실성 기반
2. 서포트 벡터 기반

데이터 밀도와 불확실성 기반 전략은 레이블이 있는 기존 샘플을 사용해 훈련된 현재 모델 f를 레이블이 없는 남은 샘플에 적용합니다(또는 계산 시간을 절약하기 위해 남은 샘플 중 랜덤하게 선택한 일부에 적용합니다). 레이블이 없는 각 샘플 $\mathbf{x}$에 대해 중요도 점수 $density(\mathbf{x}) \cdot uncertainty_f(\mathbf{x})$를 계산합니다. 밀도는 $\mathbf{x}$ 주변에 얼마나 많은 샘플이 있는지를 나타냅니다. 반면 $uncertainty_f(\mathbf{x})$는 $\mathbf{x}$에 대한 모델 f의 예측이 얼마나 불확실한지를 나타냅니다. 시그모이드 함수를 사용한 이진 분류에서는 예측 점수가 0.5에 가까울수록 예측의 불확실성이 커집니다. SVM에서는 샘플이 결정 경계에 가까울수록 예측의 불확

---

2 (옮긴이) 어텐션 메커니즘과 트랜스포머를 활용한 대규모 언어 모델에 대한 소개와 실습은 《대규모 언어 모델, 핵심만 빠르게》(인사이트, 2025)를 참고하세요.

실성이 커집니다.

다중 분류에서는 일반적으로 **엔트로피**(entropy)를 사용해 불확실성을 측정합니다.

$$\mathrm{H}_f(\mathbf{x}) = - \sum_{c=1}^{C} \Pr(y^{(c)}; f(\mathbf{x})) \ln \left[\Pr(y^{(c)}; f(\mathbf{x})) \right]$$

여기서 $\Pr(y^{(c)}; f(\mathbf{x}))$는 모델 f가 $\mathbf{x}$를 분류할 때 클래스 $y^{(c)}$에 할당한 확률 점수입니다. 각각의 $y^{(c)}$에 대해 $\Pr(y^{(c)}; f(\mathbf{x})) = \frac{1}{C}$이면 모델의 불확실성이 가장 크며, 엔트로피는 최대가 됩니다. 반면 어떤 $y^{(c)}$에서 $\Pr(y^{(c)}; f(\mathbf{x})) = 1$이면 클래스 $y^{(c)}$에 대한 모델의 확신이 가장 크며 엔트로피는 최솟값 0이 됩니다.

샘플 $\mathbf{x}$에 대한 밀집도는 $\mathbf{x}$와 k 최근접 이웃 사이의 거리 평균으로 얻을 수 있습니다(k는 하이퍼파라미터입니다).

레이블이 없는 샘플의 중요도 점수를 얻고 나면 가장 높은 점수를 가진 샘플을 골라 전문가에게 레이블을 할당해 달라고 요청합니다. 그런 다음 레이블이 할당된 새 샘플을 훈련 세트에 추가하고 모델을 다시 만들어 어떤 종료 기준이 만족될 때까지 이 과정을 반복합니다. 종료 조건은 (가용한 예산을 기반으로 전문가에게 요청할 최대 횟수와 같이) 사전에 선택되거나 어떤 측정 지표에 따라 모델의 성능이 얼마나 개선되었는지에 따라 결정될 수 있습니다.

서포트 벡터 기반 능동 학습 전략에서는 레이블이 있는 데이터로 SVM 모델을 만듭니다. 그런 다음 두 클래스를 분할하는 초평면에 가장 가깝게 놓여 있는 레이블이 없는 샘플에 레이블을 할당해 달라고 전문가에게 요청합니다. 어떤 샘플이 초평면에 가장 가깝게 놓여 있다면, 불확실성이 가장 크고, (찾고자 하는) 진정한 초평면이 놓일 가능성 있는 범위를 줄이는 데 가장 많이 기여할 것입니다.

어떤 능동 학습 전략에서는 전문가에게 레이블을 요청하는 비용을 고려합니다. 다른 전략에서는 전문가에게 의견을 물을지를 학습합니다. QBC(query by committee) 전략은 각기 다른 방법으로 여러 개의 모델을 훈련한 다음, 모델들의 의견이 가장 일치하지 않은 샘플에 대해 전문가

에게 레이블을 할당해 달라고 요청합니다. 일부 전략은 모델의 분산이나 편향을 가장 많이 줄일 수 있는 샘플을 선택하여 레이블을 요청하는 방식을 사용합니다.

7.9 준지도 학습

준지도 학습(semi-supervised learning, SSL)에서도 데이터셋 중 일부분에만 레이블을 할당합니다. 대부분 남은 샘플에는 레이블이 없습니다. 목표는 레이블이 있는 샘플을 추가하지 않고 레이블이 없는 많은 수의 샘플을 활용해 모델의 성능을 향상시키는 것입니다.

역사적으로 이 문제를 해결하려는 시도가 여러 번 있었지만, 그중 어떤 것도 보편적으로 인정받거나 실무에서 자주 사용되지 않았습니다. 예를 들어, 자주 언급되는 SSL 방법 중 하나는 **자기 학습**(self-learning)입니다. 자기 학습에서는 레이블이 있는 샘플을 사용해 초기 모델을 만듭니다. 그런 다음 모델을 레이블이 없는 모든 샘플에 적용하여 레이블을 할당합니다. 레이블이 없는 샘플 x에 대해 예측의 신뢰 점수가 (실험적으로 구한) 어떤 임곗값보다 크다면 이 레이블이 할당된 샘플을 훈련 세트에 추가합니다. 그런 다음 모델을 다시 훈련하고 종료 조건이 만족될 때까지 계속 반복합니다. 예를 들어, 모델의 정확도가 마지막 m 반복 동안 향상되지 않으면 종료할 수 있습니다.

위 방법은 레이블이 있는 초기 데이터셋만 사용했을 때보다 모델을 조금 향상시킬 수 있지만, 일반적으로 성능이 크게 향상되지는 않습니다. 실제로 모델의 품질이 감소할 수도 있습니다. 데이터가 샘플링된 (일반적으로 알 수 없는) 통계적 분포의 성질에 따라 달라집니다.

반면 최근 신경망의 발전은 몇 가지 놀라운 결과를 이뤄냈습니다. 예를 들어, MNIST[3] 같은 일부 데이터셋에서 클래스당 10개의 샘플(총 100개의 레이블이 있는 샘플)을 가지고 수행한 준지도 학습 방식으로 훈련한 모델이 거의 완벽한 성능을 달성했습니다. MNIST는 70,000개의 샘플이 있습니다(60,000개는 훈련

---

[3] 컴퓨터 비전에서 자주 사용되는 벤치마크 데이터로 0에서 9까지 손글씨 숫자 이미지로 구성되어 있습니다.

용이고, 10,000개는 테스트용입니다). 이런 놀라운 성능을 달성한 신경망 구조는 바로 **래더 네트워크**(ladder network)입니다. 래더 네트워크를 이해하려면 **오토인코더**(autoencoder)를 먼저 알아야 합니다.

오토인코더는 인코더-디코더 구조를 가진 피드포워드 신경망입니다. 이 모델은 입력을 재구성하도록 훈련됩니다. 따라서 훈련 샘플은 $(\mathbf{x}, \mathbf{x})$ 쌍으로 주어집니다. 모델 $f(\mathbf{x})$의 출력 $\hat{\mathbf{x}}$가 가능한 한 입력 $\mathbf{x}$와 닮은 것이 좋습니다.

중요한 점은 오토인코더의 구조가 모래시계 같다는 것입니다. 오토인코더는 D차원의 입력 벡터에 대한 임베딩을 만드는 **병목 층**(bottleneck layer)을 가지고 있습니다. 이 임베딩 층의 유닛 개수는 일반적으로 D보다 훨씬 적습니다. 디코더의 목표는 임베딩으로부터 입력 특성 벡터를 재구성하는 것입니다. 이론적으로 MNIST 이미지를 성공적으로 인코딩하기 위한 병목 층의 유닛은 10개면 충분합니다. 전형적인 오토인코더의 형태는 그림 7.6에 나와 있습니다. 비용 함수는 일반적으로 (특성이 실수일 때) 평균 제곱 오차 또는 (이진 특성이거나 디코더의 마지막 층의 유닛이 시그모이드 활성화 함수를 사용할 때) 이진 크로스 엔트로피입니다. 평균 제곱 오차 비용 함수는 다음과 같습니다.

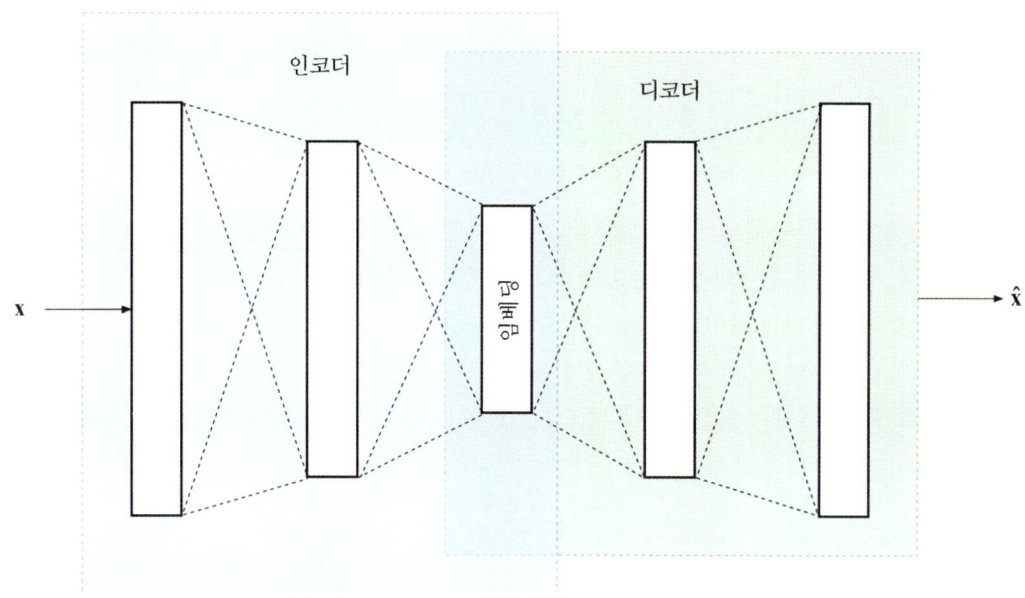

그림 7.6 오토인코더

$$\frac{1}{N}\sum_{i=1}^{N}\|\mathbf{x}_i - f(\mathbf{x}_i)\|^2$$

여기서 $\|\mathbf{x}_i - f(\mathbf{x}_i)\|$는 두 벡터 사이의 유클리드 거리입니다.

잡음 제거 오토인코더(denoising autoencoder)는 훈련 샘플 $(\mathbf{x}, \mathbf{x})$에서 왼쪽에 있는 $\mathbf{x}$의 특성에 랜덤한 변동을 주는 식으로 입력을 오염시킵니다. 샘플이 0 과 1 사이 값으로 표현되는 흑백 픽셀 이미지라면 보통 **가우스 잡음**(Gaussian noise)을 특성에 추가합니다. 입력 특성 벡터 $\mathbf{x}$의 특성 j에 대해 잡음 값 $n^{(j)}$를 **가우스 분포**(Gaussian distribution)에서 샘플링합니다.

$$n^{(j)} \sim \mathcal{N}(\mu, \sigma^2)$$

여기서 $\sim$ 기호는 '~에서 샘플링되었다'라는 의미입니다. $\mathcal{N}(\mu, \sigma^2)$는 평균이 μ이고 표준 편차가 σ인 가우스 분포를 나타냅니다. 이 pdf는 다음과 같이 정의됩니다.

$$f_{\boldsymbol{\theta}}(z) = \frac{1}{\sigma\sqrt{2\pi}} \exp\left(-\frac{(z-\mu)^2}{2\sigma^2}\right)$$

위 식에서 π는 상수이고, $\boldsymbol{\theta} \stackrel{\text{def}}{=} [\mu, \sigma]$는 하이퍼파라미터입니다. 특성 $x^{(j)}$의 새로운 오염된 값은 $x^{(j)} + n^{(j)}$입니다.

래더 네트워크는 업그레이드된 잡음 제거 오토인코더입니다. 인코더와 디코더는 동일한 개수의 층을 가집니다. 병목 층을 사용해 레이블을 예측합니다(소프트맥스 활성화 함수를 사용합니다). 이 신경망은 몇 개의 비용 함수를 가집니다. 인코더의 각 층 l과 이에 상응하는 디코더의 층 l에 대해 비용 함수 C_d^l는 두 층의 출력 간의 차이에 (유클리드 거리의 제곱으로) 벌칙을 부과합니다. 훈련 과정에서 레이블이 있는 샘플을 사용할 때 또 다른 비용 함수 C_c가 레이블 예측의 오차에 벌칙을 부과합니다(음의 로그 가능도 비용 함수가 사용됩니다). 두 비용 함수를 합친 (배치에 있는 모든 샘플에 대해 평균한) $C_c + \sum_{l=1}^{L} \lambda_l C_d^l$가 미니배치 경사 하강법과 역전파로 최적화됩니다. 각 층 l에 대한 하이퍼파라미터 λ_l는 분류와 인코딩-디코딩 비용 사이의 트레이드오프를 결정합니다.

래더 네트워크에서는 입력을 잡음으로 오염시키는 것뿐만 아니라 (훈련 중에) 인코더 층의 출력도 오염시킵니다. 훈련된 모델을 새로운 입력 x에 적용하여 레이블을 예측할 때는 입력을 오염시키지 않습니다.

신경망과 관련이 없는 다른 준지도 학습 기법도 있습니다. 그중에 하나는 레이블이 있는 데이터를 사용해 모델을 만든 다음, 군집 기법(9장 참고)을 사용해 레이블이 없는 샘플과 레이블이 있는 샘플을 함께 클러스터링합니다. 새로운 샘플에 대해서 클러스터에 있는 다수 클래스를 예측으로 출력합니다.

S3VM이란 기법은 SVM을 사용합니다. 레이블이 없는 샘플에 대해 가능한 레이블마다 하나의 SVM 모델을 만듭니다. 그런 다음 가장 큰 마진을 가진 모델을 선택합니다. S3VM에 관한 논문에서는 가능한 모든 레이블을 열거하지 않고도 이 문제를 풀 수 있는 방법을 설명하고 있습니다.

7.10 원샷 학습

이 장을 마무리하면서 두 가지 중요한 지도 학습 패러다임을 언급하지 않을 수 없습니다. 그중 하나가 바로 **원샷 학습**(one-shot learning)입니다. 안면 인식에 일반적으로 적용되는 원샷 학습에서는 두 사진 속의 사람이 같은 사람인지를 인식하는 모델을 구축합니다. 모델에게 서로 다른 사람을 찍은 두 사진을 전달하면 두 사람을 다른 사람으로 인식해야 합니다.

이 문제를 해결하기 위해 고전적인 방식으로 두 개의 이미지를 입력으로 받고 참(두 사진 속의 사람이 같음) 또는 거짓(두 사진 속의 사람이 다름)을 예측하는 이진 분류기를 만들 수 있습니다. 하지만 실제로는 일반적인 신경망보다 두 배나 큰 신경망을 만들어야 합니다. 두 사진의 임베딩을 만들기 위해 각각의 네트워크가 필요하기 때문입니다. 이런 신경망을 훈련하는 것은 매우 도전적인 문제입니다. 신경망의 크기 때문만이 아니라 음성 샘플보다 양성 샘플을 구하기가 훨씬 어렵기 때문입니다. 즉, 매우 불균형한 데이터셋을 가진 문제입니다.

이 문제를 효과적으로 해결하는 한 방법은 **샴 신경망**(siamese neural network, SNN)을 훈련하는 것입니다. SNN은 CNN, RNN, MLP 등 어떤 종류의 신경망으로도 구현할 수 있습니다. 이 신경망은 한 번에 하나의 이미지를 입력으로 받습니다. 즉, 신경망의 크기가 두 배로 커지지 않습니다. 하나의 사진을 입력받는 신경망을 특별한 방법으로 훈련시켜 "same_person"/"not_same"을 분류하는 이진 분류기를 만듭니다.

SNN을 훈련하기 위해 **삼중항 손실**(triplet loss) 함수를 사용합니다. 예를 들어, 세 개의 얼굴 사진 이미지 A(앵커(anchor)), 이미지 P(양성), 이미지 N(음성)이 있다고 가정해 보죠. A와 P는 같은 사람을 찍은 다른 사진입니다. N은 다른 사람의 사진입니다. 이제 훈련 샘플 i는 (A_i, P_i, N_i)가 됩니다.

신경망 모델 f가 얼굴 사진을 입력으로 받아 해당 사진의 임베딩을 출력한다고 가정해 보죠. 샘플 i의 삼중항 손실은 다음과 같이 정의됩니다.

$$\max(\|f(A_i) - f(P_i)\|^2 - \|f(A_i) - f(N_i)\|^2 + \alpha, 0) \qquad (7.3)$$

비용 함수는 삼중항 손실의 평균입니다.

$$\frac{1}{N} \sum_{i=1}^{N} \max(\|f(A_i) - f(P_i)\|^2 - \|f(A_i) - f(N_i)\|^2 + \alpha, 0)$$

여기서 α는 양수 하이퍼파라미터입니다. 직관적으로 신경망이 A와 P에 대해 비슷한 임베딩 벡터를 출력하면 $\|f(A) - f(P)\|^2$는 낮습니다. 다른 사람의 사진에 대한 임베딩이 다르면 $\|f(A_i) - f(N_i)\|^2$이 높아집니다. 모델이 의도된 대로 작동한다면 작은 값에서 큰 값을 빼므로 $m = \|f(A_i) - f(P_i)\|^2 - \|f(A_i) - f(N_i)\|^2$는 항상 음수가 될 것입니다. α를 높게 지정하면 m이 더 작아지도록 강제할 수 있습니다. 이를 통해 모델이 동일한 두 얼굴을 인식하고 다른 두 얼굴을 구별하는 방법을 학습할 수 있습니다. m이 충분히 작지 않다면 α 때문에 비용 함수는 양수가 되고, 모델 파라미터는 역전파를 통해 조정될 것입니다.

N 이미지를 무작위로 고르는 대신 훈련 에포크를 몇 번 진행한 후에 현재 모델을 사용해 A, P와 비슷한 후보 N을 찾는 방법이 삼중 샘플을 학습시키는 데 더 효과적입니다. N을 위해 랜덤한 샘플을 사용하면 훈련 속도가 크게 느려집

니다. 신경망이 랜덤하게 고른 두 사진의 차이를 쉽게 파악할 수 있어 평균 삼중항 손실이 대부분 낮아지고 파라미터가 충분히 빠르게 업데이트되지 않습니다.

SNN을 만들려면 먼저 신경망의 구조를 결정해야 합니다. 예를 들어, 입력이 이미지인 경우 일반적으로 CNN을 선택합니다. 샘플이 주어지면 평균 삼중항 손실을 계산하기 위해 모델을 A, P, N에 연속적으로 적용합니다. 그런 다음 식 (7.3)을 사용해 샘플의 손실을 계산합니다. 이를 배치에 있는 모든 삼중 샘플에 대해 반복하여 비용을 계산합니다. 그리고 경사 하강법과 역전파를 통해 비용을 신경망으로 전파시켜 파라미터를 업데이트합니다.

원샷 학습에 대한 일반적인 오해는 훈련을 위해 객체마다 하나의 샘플만 필요하다는 것입니다. 실제로 개인 식별 모델이 정확하려면 개인당 한 개 이상의 샘플이 필요합니다. 이런 모델이 자주 적용되는 얼굴 기반 인증 애플리케이션 때문에 원샷이라 불립니다. 예를 들어, 이 모델을 사용해 핸드폰의 잠금을 풀 수 있습니다. 모델이 좋다면 휴대폰에 사진 하나만 있으면 여러분을 인식하고 다른 사람은 여러분이 아니라고 인식할 것입니다. 모델을 사용해 두 사진 A와 $\hat{A}$가 같은 사람인지 결정하려면 $\|f(A) - f(\hat{A})\|^2$가 하이퍼파라미터 τ보다 작은지를 확인하면 됩니다.

7.11 제로샷 학습

마지막으로 **제로샷 학습**(zero-shot learning, ZSL)에 대해 소개합니다. 비교적 새로운 연구 분야라서 아직 크게 실용적이라고 입증된 알고리즘이 없습니다. 따라서 기본적인 아이디어만 소개하고 참고 자료에 다양한 알고리즘에 대한 링크를 남겨 놓겠습니다. 제로샷 학습은 객체에 레이블을 할당하는 모델을 훈련합니다. 가장 많이 사용되는 애플리케이션은 이미지에 레이블을 할당하는 방법을 학습하는 경우입니다.

하지만 일반적인 분류와 달리 모델은 훈련 데이터에 없는 레이블을 예측합니다. 어떻게 이게 가능할까요?

여기서 트릭은 임베딩을 사용해 입력 **x**를 표현하는 것뿐만 아니라 출력 y도

나타내는 것입니다. 임의의 영어 단어에 대해서 다음과 같은 성질을 가진 임베딩 벡터를 생성할 수 있는 모델이 있다고 가정해 보죠. 단어 y_i가 단어 y_k와 비슷한 의미를 가진다면 이 두 단어의 임베딩 벡터가 비슷할 것입니다. 예를 들어, y_i가 Paris이고 y_k가 Rome이면 두 단어의 임베딩이 비슷할 것입니다. 반면, y_k가 potato이면 y_i와 y_k의 임베딩은 비슷하지 않을 것입니다. 이런 임베딩 벡터를 **단어 임베딩**(word embedding)이라 부르며, 일반적으로 코사인 유사도 지표를 사용해 비교합니다.[4]

단어 임베딩의 각 차원은 단어의 의미에 대한 특정 속성을 나타냅니다. 예를 들어, 단어 임베딩이 (일반적으로는 50차원에서 300차원 사이이지만) 4개의 차원을 가지고 있다면 이 네 차원은 동물성, 추상성, 신맛, 노란색과 같은 특성을 나타낼 수 있습니다(이상하지만 예를 든 것뿐입니다). 따라서 단어 bee는 [1, 0, 0, 1]과 같은 임베딩을 가질 수 있고, 단어 yellow는 [0, 1, 0, 1], 단어 unicorn은 [1, 1, 0, 0]과 같을 것입니다. 임베딩의 값은 특정 훈련 방법을 대용량 텍스트 말뭉치(corpus)에 적용하여 얻습니다.

이제 분류 문제로 다시 돌아가 보죠. 훈련 세트에 있는 샘플 i에 대한 레이블 y_i를 샘플의 단어 임베딩으로 바꾸고 단어 임베딩을 예측하는 다중 레이블 모델을 훈련합니다. 새로운 샘플 $\mathbf{x}$에 대한 레이블을 얻으려면 모델 f를 $\mathbf{x}$에 적용하여 임베딩 $\hat{y}$를 얻습니다. 그런 다음 코사인 유사도를 사용해 $\hat{y}$와 가장 비슷한 단어 임베딩을 가진 단어를 모든 영어 단어에서 찾습니다.

어떻게 이것이 가능할까요? "zebra"(얼룩말)를 예로 들어 보죠. 흰색이고[5] 포유류이며 줄무늬가 있습니다. 이번에는 "clownfish"(흰동가리)를 예로 들어 보죠. 오렌지색이고 포유류가 아니며 줄무늬가 있습니다. "tiger"(호랑이)는 오렌지색이고 포유류이며 줄무늬가 있습니다. 이 세 특성이 단어 임베딩에 있다면 CNN이 사진에서 동일한 특성을 탐지하는 방법을 학습할 수 있습니다. 레이블 "tiger"가 훈련 데이터에 없더라도 얼룩말이나 흰동가리와 같은 다른 객체가 있다면 CNN이 객체의 레이블을 예측하기 위해 포유류, 오렌지색, 줄무늬 개념을

---

4 10장에서 데이터로부터 단어 임베딩을 학습하는 방법을 소개합니다.
5 (옮긴이) 사실 얼룩말의 피부는 검은색입니다.

학습할 가능성이 높습니다. 이 모델에 호랑이 사진을 보여주면 이런 특성이 이미지에서 올바르게 인식되고 예측된 임베딩에 가장 가까운 영어 사전의 단어 임베딩은 "tiger"가 될 것입니다.

8장

The Hundred-Page Machine Learning Book

특수 기법

이 장에서는 특정 실무 상황에서 유용하게 사용할 수 있는 기법을 소개합니다. 이 장의 제목이 '특수 기법'인 이유는 소개하는 기술이 복잡하기 때문이 아니라 아주 특정한 상황에서 사용되기 때문입니다. 대부분의 실무에서는 이런 기법을 사용할 필요가 없겠지만, 이따금 매우 유용할 수 있습니다.

8.1 불균형한 데이터셋 다루기

실무에서 종종 훈련 데이터에 일부 클래스의 샘플이 적어 해당 클래스를 잘 대표하지 못하는 경우가 있습니다. 예를 들면, 분류기가 전자상거래의 정상 거래와 사기 거래를 구분하는 경우입니다. 이런 경우 정상 거래는 매우 많습니다. 소프트 마진 SVM을 사용하면 잘못 분류된 샘플에 대해 비용 함수를 정의할 수 있지만, 훈련 데이터에는 항상 잡음이 있어 비용 함수에 영향을 끼치게 됩니다. 따라서 많은 정상 거래 샘플이 결정 경계에서 올바르지 않은 쪽에 놓이게 될 가능성이 높습니다.

SVM 알고리즘은 가능한 한 오분류 샘플을 피하기 위해 초평면을 이동시킵니다. 하지만 다수를 차지하는 클래스 샘플을 더 올바르게 분류하기 위해 소수인 사기 거래 샘플이 잘못 분류될 위험이 있습니다. 이런 상황이 그림 8.1a에

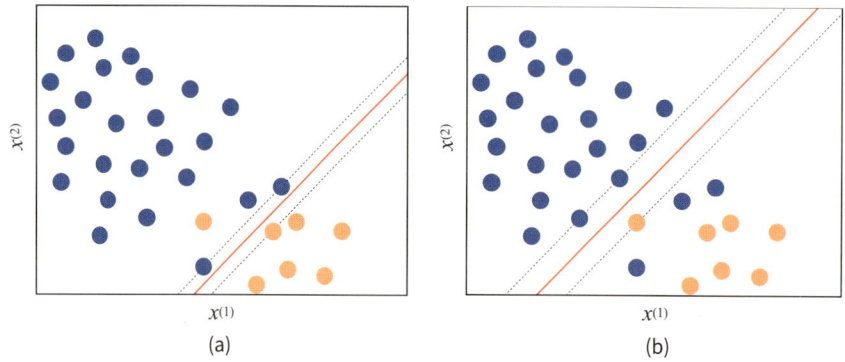

그림 8.1 불균형한 데이터셋의 예. (a) 두 클래스의 가중치가 동일한 경우, (b) 소수 클래스 샘플의 가중치가 더 높은 경우

표현되어 있습니다. 이런 문제는 **불균형한 데이터셋**(imbalanced dataset)에 적용하는 대부분의 학습 알고리즘에서 관찰됩니다.

소수 클래스의 샘플이 오분류되었을 때 비용을 높게 책정한다면 모델이 이런 샘플을 잘못 분류하지 않도록 더 노력할 것입니다. 하지만 이로 인해 그림 8.1b처럼 다수 클래스의 일부 샘플이 잘못 분류될 수 있습니다.

일부 SVM 구현에서는 클래스에 가중치를 부여할 수 있습니다. 학습 알고리즘이 이 정보를 고려하여 최상의 초평면을 찾습니다.

학습 알고리즘이 클래스 가중치를 지원하지 않는다면 **오버샘플링**(oversampling) 기법을 사용할 수 있습니다. 이 기법은 특정 클래스의 샘플을 여러 번 복사하여 해당 클래스의 중요도를 높입니다.

반대로 **언더샘플링**(undersampling)은 훈련 세트에서 다수 클래스의 샘플을 랜덤하게 제거합니다.

또는 소수 클래스의 샘플에서 랜덤하게 특성 값을 샘플링한 다음, 이를 합쳐 새로운 샘플을 만드는 식으로 합성 샘플을 만들 수 있습니다. 합성 샘플을 만들어 소수 클래스를 오버샘플링하는, 잘 알려진 두 알고리즘으로 **SMOTE**(synthetic minority oversampling technique)와 **ADASYN**(adaptive synthetic sampling method)이 있습니다.

SMOTE와 ADASYN은 여러 면에서 비슷하게 동작합니다. 소수 클래스의 샘플 $\mathbf{x}_i$에 대해 k개의 최근접 이웃(이 k개의 샘플 집합을 $\mathcal{S}_k$라 하겠습니다)을 선택한 다음, $\mathbf{x}_i + \lambda (\mathbf{x}_{zi} - \mathbf{x}_i)$로 합성 샘플 $\mathbf{x}_{new}$을 만듭니다. 여기서 $\mathbf{x}_{zi}$는 $\mathcal{S}_k$에서 랜덤하게 선택한 소수 클래스의 샘플입니다. 보간 하이퍼파라미터 λ는 [0, 1] 사이의 랜덤한 값입니다.

SMOTE와 ADASYN는 데이터셋에서 가능한 모든 $\mathbf{x}_i$를 랜덤하게 선택합니다. ADASYN에서 $\mathbf{x}_i$에 대해 생성된 합성 샘플의 수는 $\mathcal{S}_k$에 있는 소수 클래스가 아닌 샘플 개수에 비례합니다. 따라서 소수 클래스 샘플이 드문 영역에서 많은 합성 샘플이 생성됩니다.

일부 알고리즘은 불균형한 데이터셋 문제에 덜 민감합니다. 예를 들어, 결정 트리와 랜덤 포레스트, 그레이디언트 부스팅은 불균형한 데이터셋에서도 잘 동작하는 경우가 많습니다.

8.2 결합 모델

랜덤 포레스트 같은 앙상블 알고리즘은 일반적으로 동일한 성질의 모델을 결합합니다. 수백 개의 약한 모델을 결합하여 성능을 끌어올립니다. 이따금 다른 종류의 학습 알고리즘으로 강력한 모델을 만들어 결합하면 추가적으로 성능을 더 높일 수 있습니다. 이런 경우 일반적으로 두 개 또는 세 개의 모델을 사용합니다.

모델을 결합하는 일반적인 방법은 1) 평균, 2) 다수결 투표, 3) 스태킹입니다.

평균(averaging)은 회귀는 물론 분류 점수를 반환하는 분류 모델에서 사용할 수 있습니다. 단순하게 모든 **베이스 모델**(base model)을 입력 $\mathbf{x}$에 적용한 다음, 출력된 예측을 평균합니다. 평균 모델이 개별 알고리즘보다 더 나은지 보려면 어떤 측정 지표를 사용해 검증 세트에서 테스트합니다.

다수결 투표(majority vote)는 분류 모델에서 사용합니다. 모든 베이스 모델을 입력 $\mathbf{x}$에 적용한 다음, 모든 예측 중에 다수인 클래스를 반환합니다. 동률인 클래스가 나올 경우 클래스 하나를 랜덤하게 선택하거나 (오분류로 인한 비용이 크다면) 오류 메시지를 반환합니다.

스태킹(stacking)은 베이스 모델의 출력을 입력으로 사용하는 메타 모델(meta-model)을 만듭니다. 동일한 클래스 집합을 예측하는 분류 모델 f_1과 f_2를 연결한다고 가정해 보죠. 스태킹 모델을 위한 훈련 샘플 $(\hat{\mathbf{x}}_i, \hat{y}_i)$를 $\hat{\mathbf{x}}_i = [f_1(\mathbf{x}),$ $f_2(\mathbf{x})]$와 $\hat{y}_i = y_i$로 지정합니다.

일부 베이스 모델이 클래스뿐만 아니라 각 클래스에 대한 점수도 반환한다면 이 값을 특성으로 사용할 수도 있습니다.

스태킹 모델을 훈련할 때 훈련 세트의 샘플을 사용하고 교차 검증으로 스태킹 모델의 하이퍼파라미터를 튜닝하는 것이 좋습니다.

당연히 스태킹 모델이 각각의 베이스 모델보다 검증 세트에서 더 나은 성능을 내는지 확인해야 합니다.

여러 모델을 연결하면 더 나은 성능을 낼 수 있는 이유는 무엇일까요? 상관관계가 없는 강력한 모델의 결과가 일치한다면 올바른 결과일 가능성이 더 높기 때문입니다. 여기서 핵심은 상관관계가 없다는 것입니다. 베이스 모델은 다른 특성이나 다른 성질의 알고리즘을 결합하여 만드는 것이 이상적입니다. 예를 들어, SVM과 랜덤 포레스트 같은 경우입니다. 다른 종류의 결정 트리 알고리즘을 연결하거나, 다른 하이퍼파라미터를 가진 SVM을 여러 개 연결하는 것은 성능을 크게 향상시키지 못할 수 있습니다.

8.3 신경망 훈련

신경망 훈련에서 어려운 점은 데이터를 네트워크가 처리할 수 있는 입력으로 변환하는 일입니다. 입력이 이미지라면 모든 이미지의 크기를 조정해 동일한 차원이 되도록 맞춰야 합니다. 그다음에 픽셀을 [0, 1] 범위로 정규화합니다.

텍스트는 토큰화되어야 합니다(즉, 단어, 구두점, 기호와 같은 조각으로 분리해야 합니다). CNN과 RNN에서 각 토큰은 원핫 인코딩을 사용해 벡터로 변환됩니다. 따라서 텍스트는 원핫 벡터의 리스트가 됩니다. 토큰을 표현하는 또 다른 더 좋은 방법은 **단어 임베딩**(word embedding)입니다. 다층 퍼셉트론의 경우 텍스트를 벡터로 변환하기 위해 BoW 방식이 잘 맞을 수 있습니다. 특히 SMS 메시지와 트윗보다 큰 텍스트일 경우에 그렇습니다.[1]

---

1 (옮긴이) 긴 텍스트의 경우 BoW 표현이 풍부해지지만 텍스트가 짧으면 대부분 0으로 채워집니다.

신경망 구조를 선택하는 일은 어렵습니다. seq2seq 학습처럼 동일한 문제를 위한 다양한 구조가 있으며, 거의 매년 새로운 구조가 등장합니다. 키워드와 기간을 지정해 과학 논문을 검색할 수 있는 구글 학습 검색(Google Scholar)이나 마이크로소프트 아카데믹 검색 엔진을 사용해 문제에 맞는 최신 해결책을 검색해 보는 것이 좋습니다. 최신 구조가 아니더라도 괜찮다면 깃허브에 구현된 구조를 찾아 약간 수정한 후 자신의 데이터에 적용해 보는 것을 추천합니다.

실제로 데이터를 전처리, 정제, 정규화하고 대규모 데이터셋을 만드는 일에 비하면 오래된 구조 대신 최신 구조를 사용하여 얻는 이득은 덜 중요합니다. 최신 신경망 구조는 여러 연구소와 기업의 연구자들이 협업하여 만듭니다. 이런 모델은 직접 구현하기 매우 복잡하고 일반적으로 훈련에 많은 컴퓨팅 자원이 필요할 수 있습니다. 최신 논문의 결과를 재현하는 데 드는 시간이 그만한 가치가 없을 수 있습니다. 최신은 아니지만 안정된 모델을 사용해 해결책을 구축하고 더 많은 데이터를 수집하는 데 시간을 쓰는 게 나을 수 있습니다.

신경망 구조를 결정한 후에는 층 개수와 종류, 크기를 결정해야 합니다. 한 개나 두 개의 층을 가진 모델을 훈련하고 훈련 데이터에 잘 맞는지 (편향이 작은지) 확인하는 것이 좋습니다. 그렇지 않다면 모델이 훈련 데이터를 완전하게 학습할 때까지 점진적으로 층의 개수와 크기를 늘립니다. 모델이 검증 데이터에서 좋은 성능을 내지 못하면(분산이 크면) 모델에 규제를 추가해야 합니다. 규제를 추가한 후 모델이 훈련 데이터에 잘 맞지 않는다면 신경망의 크기를 조금 증가시킵니다. 선택한 측정 지표를 바탕으로 모델이 훈련 데이터와 검증 데이터에 충분히 모두 잘 맞을 때까지 계속 반복합니다.

8.4 고급 규제 기법

신경망에서는 L1과 L2 규제 외에도 신경망에 특화된 규제 기법을 사용할 수 있습니다. 여기에는 **드롭아웃**(dropout), **조기 종료**(early stopping), **배치 정규화**(batch-normalization) 등이 있습니다. 배치 정규화는 기술적으로 보면 규제 기법은 아니지만 모델을 규제하는 효과를 내는 경우가 많습니다.

드롭아웃 개념은 매우 간단합니다. 훈련 샘플을 신경망에 통과시킬 때마다 랜덤하게 일부 유닛을 계산에서 임시적으로 제외합니다. 제외되는 유닛의 비율이 클수록 규제 효과가 큽니다. 신경망 라이브러리를 사용하면 연속적인 두 층 사이에 드롭아웃 층을 추가하거나 층에서 제공하는 드롭아웃 매개변수를 활용할 수 있습니다. 드롭아웃 매개변수는 범위가 [0, 1]이며, 검증 데이터에서 튜닝하여 실험적으로 최적의 값을 찾습니다.

조기 종료는 에포크가 끝날 때마다 후보 모델을 저장하고 검증 세트에서 이 모델의 성능을 평가하는 식으로 신경망을 훈련하는 방법입니다. 4장에서 경사 하강법을 배울 때 보았듯이, 에포크 수가 증가하면서 손실이 감소합니다. 손실 감소는 모델이 훈련 데이터를 잘 학습한다는 의미입니다. 하지만 어떤 시점의 에포크 e가 지난 후에 모델이 과대적합되기 시작합니다. 훈련 세트에 대한 손실은 계속 감소하지만 검증 데이터에 대한 모델의 성능은 저하됩니다. 에포크가 끝날 때마다 모델을 파일에 저장한다면 검증 세트에 대한 성능이 줄어들기 시작할 때 훈련을 멈출 수 있습니다. 또는 고정된 횟수의 에포크만큼 훈련을 진행한 후에 마지막에 최상의 모델을 고를 수 있습니다. 에포크마다 저장된 모델을 **체크포인트**(checkpoint)라고 부릅니다. 일부 머신러닝 실무자들은 이 기법을 자주 사용합니다. 어떤 개발자들은 이런 방식을 피하기 위해 모델을 적절히 규제합니다.

배치 정규화는 각 층의 출력을 후속 층의 입력으로 전달하기 전에 표준화하는 기법입니다(배치 표준화라고 부르는 게 나을 수 있습니다). 실제로 배치 정규화는 정규화 효과는 물론 훈련 속도를 높이고 안정화시킵니다. 따라서 배치 정규화를 사용하는 것은 언제나 좋은 생각입니다. 신경망 라이브러리를 사용해 두 개의 층 사이에 배치 정규화 층을 추가할 수 있습니다.

신경망뿐만 아니라 사실상 어떤 학습 알고리즘에도 적용할 수 있는 또 다른 정규화 기법은 **데이터 증강**(data augmentation)입니다. 이 기법은 주로 이미지를 다루는 모델을 규제하는 데 사용됩니다. 원본 훈련 세트에 있는 샘플 이미지에 다양한 변환을 적용하여 합성 샘플을 만들 수 있습니다. 예를 들어, 조금 확대하거나, 회전, 뒤집기, 어둡게 하기 등입니다. 합성 샘플에는 원본 레이블

을 그대로 사용합니다. 이 방법은 실제로 모델의 성능을 향상시키는 데 도움이 되는 경우가 많습니다.[2]

8.5 다중 입력 다루기

실무에서 멀티모달(multimodal) 데이터를 다루는 경우가 많습니다. 예를 들어, 이미지와 텍스트를 입력으로 받고 텍스트가 이미지를 설명하는지 나타내는 이진 출력을 만들 수 있습니다.

멀티모달 데이터에 얕은 학습(shallow learning) 알고리즘을 적용하기는 어렵습니다. 하지만 불가능하지는 않습니다. 이미지에 얕은 모델 하나를 훈련시키고 텍스트에 또 다른 얕은 모델을 훈련시킬 수 있습니다. 그런 다음 앞서 언급한 모델 결합 방법을 사용할 수 있습니다.

문제를 두 개의 독립된 부분 문제로 나눌 수 없다면, 각각의 입력을 (적절한 특성 공학 방법을 적용해) 벡터화한 다음, 두 특성 벡터를 연결하여 하나의 긴 특성 벡터를 만들 수 있습니다. 예를 들어, 이미지 특성이 $[i^{(1)}, i^{(2)}, i^{(3)}]$이고 텍스트 특성이 $[t^{(1)}, t^{(2)}, t^{(3)}, t^{(4)}]$라면, 연결한 특성 벡터는 $[i^{(1)}, i^{(2)}, i^{(3)}, t^{(1)}, t^{(2)}, t^{(3)}, t^{(4)}]$가 됩니다.

신경망은 유연성이 더 높습니다. 각각의 입력 종류마다 하나의 서브네트워크를 만들 수 있습니다. 예를 들어, CNN 서브네트워크는 이미지를 처리하고, RNN 서브네트워크는 텍스트를 처리하도록 할 수 있습니다. 두 서브네트워크는 마지막 층에서 임베딩을 만듭니다. CNN은 이미지의 임베딩을 만들고, RNN은 텍스트의 임베딩을 만듭니다. 두 임베딩을 연결한 다음, 그 위에 소프트맥스나 시그모이드 활성화 함수를 사용하는 분류 층을 추가할 수 있습니다. 신경망 라이브러리는 손쉽게 여러 서브네트워크의 출력을 연결하거나 평균할 수 있는 도구를 제공합니다.[3]

---

[2] (옮긴이) 이미지와 텍스트 데이터에 대한 다양한 증강 기법은 《머신 러닝 Q & AI》(길벗, 2025)를 참고하세요.
[3] (옮긴이) 멀티모달 대규모 언어 모델에 대해서는 《핸즈온 LLM》(한빛미디어, 2025)을 참고하세요.

8.6 다중 출력 다루기

일부 문제에서는 하나의 입력에 대해 여러 개의 출력을 예측해야 합니다. 이전 장에서 다중 레이블 분류를 다루었습니다. 일부 다중 출력 문제는 다중 레이블 분류 문제로 변환할 수 있습니다. 특히 (태그와 같이) 동일한 성질의 레이블을 사용하거나 원본 레이블을 조합하여 가짜 레이블을 만들 수 있는 경우에 유용합니다.

하지만 일부 문제의 출력은 멀티모달이며 레이블 조합을 일일이 나열할 수 없습니다. 다음과 같은 예를 생각해 보죠. 이미지에 있는 객체를 탐지하여 객체가 위치한 좌표를 반환하는 모델을 만들어야 합니다. 또한 이 모델은 "person", "cat", "hamster"와 같이 객체를 설명하는 태그를 반환해야 합니다. 훈련 샘플은 이미지를 표현하는 특성 벡터일 것입니다. 레이블은 객체의 좌표 벡터와 원핫 인코딩된 태그 벡터가 될 것입니다.

이런 상황을 다루기 위해 인코더처럼 동작하는 서브네트워크를 만들 수 있습니다. 이 네트워크는 한 개 이상의 합성곱 층을 사용해 입력 이미지를 처리합니다. 인코더의 마지막 층은 이미지의 임베딩을 출력합니다. 그런 다음 임베딩 층 위에 두 개의 다른 서브네트워크를 추가합니다. 한 층은 임베딩 벡터를 입력으로 받아 객체의 좌표를 예측합니다. 이 첫 번째 서브네트워크는 좌표와 같은 양의 실수를 예측하기 위해 마지막 층에 ReLU 활성화 함수를 사용할 수 있으며, 비용 함수로 평균 제곱 오차 C_1를 사용할 수 있습니다. 두 번째 서브네트워크는 동일한 임베딩 벡터를 입력으로 받아 각 태그에 대한 확률을 예측합니다. 두 번째 서브네트워크는 마지막 층에 확률 출력에 적합한 소프트맥스 활성화 함수를 사용합니다. 비용 함수로는 평균 음의 로그 가능도 C_2(또는 **크로스 엔트로피**(cross-entropy)라고도 부릅니다)를 사용합니다.

당연히 좌표와 태그를 모두 정확히 예측해야 합니다. 하지만 두 비용 함수를 동시에 최적화하는 것은 불가능합니다. 한 비용 함수를 최적화하면 다른 비용 함수의 값이 높아질 수 있습니다. 그 대신 범위 (0, 1) 사이의 하이퍼파라미터 γ를 추가하여 결합 비용 함수 $\gamma C_1 + (1 - \gamma) C_2$를 정의할 수 있습니다. 그런 다음 다른 하이퍼파라미터처럼 검증 데이터에서 γ 값을 튜닝합니다.

8.7 전이 학습

전이 학습(transfer learning)은 얕은 학습에 없는 신경망의 고유한 장점입니다. 전이 학습에서는 어떤 데이터셋에서 훈련한 모델을 훈련에 사용한 데이터셋과 다른 데이터셋의 샘플을 예측하는 데 적용합니다. 이 두 번째 데이터셋은 검증이나 테스트를 위해 사용하는 홀드아웃 세트가 아닙니다. 이 데이터셋은 다른 현상을 나타낼 수 있습니다. 머신러닝 용어로 말하면, 다른 통계적 분포에서 온 데이터셋입니다.

예를 들어, 레이블이 있는 대규모 데이터셋을 사용해 야생 동물을 인식하도록(또는 레이블을 할당하도록) 모델을 훈련했다고 가정해 보죠. 시간이 흘러 가축을 인식하는 모델을 만들어야 하는 또 다른 문제가 생겼습니다. 얕은 학습 알고리즘에서는 선택지가 많지 않습니다. 가축에 대해 레이블을 가진 또 다른 대규모 데이터셋을 만들어야 합니다.

신경망의 경우 이 상황에 더 잘 대처할 수 있습니다. 전이 학습은 다음과 같이 동작합니다.

1. 원본 데이터셋(야생 동물)에서 심층 신경망 모델을 훈련시킵니다.
2. 두 번째 모델(가축)을 위해 훨씬 작은 데이터셋을 준비합니다.
3. 첫 번째 모델의 마지막 층 하나 또는 몇 개를 제거합니다. 일반적으로 이런 층이 분류나 회귀에 대한 작업을 수행하며 임베딩 층 다음에 등장합니다.
4. 삭제된 층을 새로운 문제에 적응시킬 새로운 층으로 교체합니다.
5. 첫 번째 모델에서 남은 층의 파라미터를 '동결'합니다.
6. 작은 데이터셋을 사용해 경사 하강법으로 새로운 층의 파라미터만 훈련시킵니다.

일반적으로 시각 문제를 위한 딥러닝 모델이 많이 공개되어 있습니다. 따라서 현재 당면한 문제에 적용할 수 있는 모델을 찾을 가능성이 높습니다. 이런 모델을 다운로드하고, 마지막 몇 개의 층을 제거하고(제거할 층의 개수도 하이퍼파라미터입니다), 새로운 층을 추가한 다음, 모델을 훈련시킬 수 있습니다.[4]

---

[4] (옮긴이) 사전훈련된 CNN 모델을 전이학습에 활용하는 방법은 《혼자 만들면서 배우는 딥러닝》(한빛미디어, 2025)을 참고하세요.

기존에 훈련된 모델이 없더라도 전이 학습이 여전히 도움이 될 수 있습니다. 예를 들어 주어진 문제를 위해 레이블이 있는 데이터셋을 만드는 것은 비용이 많이 들지만 레이블을 쉽게 얻을 수 있는 다른 데이터셋이 있는 경우입니다. 문서 분류 모델을 만든다고 가정해 보죠. 고용주로부터 받은 레이블 택소노미 (taxonomy)에는 수천 개의 범주가 있습니다. 이런 경우 비용을 들여 a) 범주를 읽고, 이해하고, 범주 사이의 차이를 기록해서 b) 많은 개수의 문서를 읽고 레이블을 할당해야 합니다.

많은 샘플에 레이블을 할당하는 일을 줄이기 위해 위키백과 문서를 데이터셋으로 사용하여 첫 번째 모델을 만들 수 있습니다. 위키백과 문서의 레이블은 위키백과 문서가 포함된 범주에서 자동으로 얻을 수 있습니다. 위키백과 범주를 예측하도록 첫 번째 모델을 훈련한 다음, 이 모델을 고용주의 택소노미에 있는 범주를 예측하도록 미세 튜닝할 수 있습니다. 이렇게 하면 고용주의 문제를 밑바닥부터 푸는 것보다 레이블이 있는 샘플이 훨씬 적게 필요할 것입니다.[5]

8.8 알고리즘 효율성

문제 해결에 사용할 수 있는 모든 알고리즘이 실용적인 것은 아닙니다. 일부 알고리즘은 너무 느립니다. 어떤 문제는 빠른 알고리즘으로 풀 수 있는 반면, 어떤 문제는 해결할 수 있는 빠른 알고리즘이 없습니다.

컴퓨터 과학의 하위 분야인 **알고리즘 분석**(analysis of algorithms)은 알고리즘의 복잡도를 결정하고 비교합니다. 입력 크기가 커지면서 알고리즘의 실행 시간이나 필요 공간이 얼마나 증가하는지에 따라 **대문자 O 표기법**(big O notation)을 사용해 알고리즘을 분류합니다.

예를 들어, 크기가 N인 집합 S에서 가장 멀리 떨어져 있는 1차원 샘플 두 개를 찾는 문제를 생각해 보죠. 이 문제를 풀기 위해 작성할 수 있는 알고리즘은 다음과 같습니다(이 절의 코드는 모두 파이썬 코드입니다).

---

[5] (옮긴이) 대규모 언어 모델을 분류를 위해 미세 튜닝하는 방법과 예제는 《대규모 언어 모델, 핵심만 빠르게!》(인사이트, 2025)를 참고하세요.

```
 1  def find_max_distance(S):
 2      result = None
 3      max_distance = 0
 4      for x1 in S:
 5          for x2 in S:
 6              if abs(x1 - x2) >= max_distance:
 7                  max_distance = abs(x1 - x2)
 8                  result = (x1, x2)
 9      return result
```

위의 알고리즘에서 집합 S에 있는 모든 샘플을 반복합니다. 첫 번째 루프의 반복마다 집합 S에 있는 모든 샘플을 다시 반복합니다. 따라서 위의 알고리즘은 N^2번 숫자를 비교합니다. 비교, 절댓값, 할당 연산에 단위 시간이 걸린다고 가정하면 이 알고리즘의 시간 복잡도(또는 간단히 복잡도)는 최대 $5N^2$입니다(각 반복마다, 한 번의 비교, 두 번의 절댓값 계산, 두 번의 할당 연산이 있습니다). 알고리즘의 복잡도를 최악의 경우에 대해 계산할 때는 대문자 O 표기법을 사용합니다. 위 알고리즘의 경우 대문자 O 표기법을 사용하면 알고리즘의 복잡도는 $O(N^2)$입니다. 5와 같은 상수는 무시합니다.

같은 문제를 위해 또 다른 알고리즘을 만들 수 있습니다.

```
10  def find_max_distance(S):
11      result = None
12      min_x = float("inf")
13      max_x = float("-inf")
14      for x in S:
15          if x < min_x:
16              min_x = x
17          if x > max_x:
18              max_x = x
19      result = (max_x, min_x)
20      return result
```

위 알고리즘은 S에 있는 모든 값을 한 번만 반복하므로 알고리즘의 복잡도는 $O(N)$입니다. 이 경우 두 번째 알고리즘이 첫 번째 알고리즘보다 더 효율적이라고 말합니다.

복잡도가 입력 크기의 다항식으로 표현되면 해당 알고리즘을 효율적이라고 말합니다. 따라서 $O(N)$과 $O(N^2)$은 모두 효율적입니다. N은 차수가 1인 다항식이고 N^2은 차수가 2인 다항식이기 때문입니다. 하지만 입력이 매우 크면 O(N^2) 알고리즘이 느려질 수 있습니다. 빅데이터 시대에 들어서면서 과학자들이 O($\log N$) 알고리즘을 찾는 경우도 많아졌습니다.

실용적인 관점에서 알고리즘을 구현할 때 가능하면 루프를 피해야 합니다. 예를 들어, 루프가 아니라 행렬과 벡터로 연산을 해야 합니다. 파이썬에서 **wx**를 계산하려면 다음과 같이 작성해야 합니다.

```
21  import numpy
22  wx = numpy.dot(w,x)
```

다음과 같이 작성해서는 안 됩니다.

```
23  wx = 0
24  for i in range(N):
25      wx += w[i]*x[i]
```

적절한 데이터 구조를 사용하세요. 집합에 있는 원소의 순서가 중요하지 않다면 list 대신 set을 사용하세요.[6] 파이썬에서 특정 샘플 **x**가 S에 속하는지 확인할 때 S가 set으로 정의되어 있다면 효율적입니다. S가 list로 정의되어 있다면 비효율적입니다.

효율적인 파이썬 코드를 작성하기 위해 사용할 수 있는 중요한 또 다른 데이터 구조는 dict입니다. 다른 언어에서는 사전 또는 해시맵(hashmap)이라고도 부릅니다. 이를 사용하면 키-값 쌍의 집합을 정의해 키에 대해 매우 빠른 검색을 수행할 수 있습니다.

라이브러리를 사용하는 것이 일반적으로 가장 안정적입니다. 연구용이거나 정말 필요한 경우에만 직접 코드를 작성하세요. 넘파이(numpy), 사이파이(scipy), 사이킷런(scikit-learn)과 같은 파이썬 과학 패키지는 숙련된 과학자와 엔지니어가 효율성을 고려하여 구축한 것입니다. 이런 라이브러리는 효율성을 최대화하기 위해 많은 도구가 C 언어로 작성되어 있습니다.

---

6 (옮긴이) 파이썬의 집합(set) 객체는 리스트(list)와 달리 원소의 순서가 없습니다. 따라서 인덱스로 참조할 수 없지만 원소의 존재 여부를 확인하거나 원소의 중복을 제거하는 데 유리합니다.

대규모 집합을 순회해야 한다면 전체 원소가 아니라 한 번에 하나의 원소를 반환하는 제너레이터(generator)를 사용하세요.

파이썬의 cProfile 패키지를 사용해 코드에서 비효율적인 부분을 찾으세요.

마지막으로 알고리즘 측면에서 코드를 향상시킬 수 없다면 코드 실행 속도를 더 높이기 위해 다음과 같은 도구를 고려해 볼 수 있습니다.

- 병렬 연산을 위한 multiprocessing 패키지
- 파이썬 코드를 빠르고 최적화된 기계어 코드로 컴파일하기 위한 PyPy, Numba 또는 이와 유사한 도구

9장

The Hundred-Page Machine Learning Book

비지도 학습

비지도 학습(unsupervised learning)에서는 레이블이 없는 데이터를 다룹니다. 이런 속성 때문에 많은 애플리케이션에서 문제를 일으킵니다. 모델에 기대하는 동작을 나타내는 레이블이 없다는 것은 모델의 품질을 판단하기 위한 안정적인 기준점이 없다는 의미입니다. 이 책에서는 비지도 학습 중에서 사람의 판단이 아니라 데이터 기반으로 평가할 수 있는 모델을 만드는 방법만 소개합니다.

9.1 밀도 추정

밀도 추정(density estimation)은 데이터셋이 샘플링된(알 수 없는) 분포에 대한 확률 밀도 함수(pdf)를 모델링하는 문제입니다. 이 방법은 많은 애플리케이션, 특히 특이치 탐지나 침입 탐지(intrusion detection)에 유용할 수 있습니다. 7장에서 이미 단일 클래스 분류 문제를 풀기 위해 pdf를 추정하는 방법을 알아보았습니다. 이를 위해 모델이 **모수 모델**(parametric model), 더 정확하게는 다변량 정규 분포(multivariate normal distribution, MND)라고 결정했습니다. 이 결정은 다소 임의적입니다. 데이터셋의 진짜 분포가 MND와 다르다면 모델이 완벽하지 않을 것이기 때문입니다. 또한 비모수 모델일 수도 있습니다. 커널 회귀에서는 **비모수 모델**(nonparametric model)을 사용했습니다. 밀도 추정에도 동일한 접근 방식을 사용할 수 있습니다.

$\{x_i\}_{i=1}^N$가 1차원 데이터셋이라고 가정해 보죠(다차원의 경우도 비슷합니다). 샘플이 알려지지 않은 확률 밀도 함수(pdf) f의 분포로부터 추출되었고, 모든 $i = 1, \ldots, N$에 대해 $x_i \in \mathbb{R}$입니다. f의 형태를 모델링하는 것이 목표입니다. f의 커널 모델 $\hat{f}_b$는 다음과 같이 정의됩니다.

$$\hat{f}_b(x) = \frac{1}{Nb} \sum_{i=1}^{N} k\left(\frac{x - x_i}{b}\right) \tag{9.1}$$

여기서 b는 모델의 편향과 분산 사이의 트레이드오프를 제어하는 하이퍼파라미터이고, k는 커널입니다. 7장에서처럼 가우스 커널을 사용하겠습니다.

$$k(z) = \frac{1}{\sqrt{2\pi}} \exp\left(\frac{-z^2}{2}\right)$$

f와 모델 $\hat{f}_b$의 차이를 최소화하는 b를 찾습니다. 이 차이를 측정하는 합리적인 방법은 MISE(mean integrated squared error)입니다.

$$\text{MISE}(b) = \mathbb{E}\left[\int_{\mathbb{R}} (\hat{f}_b(x) - f(x))^2 \, dx\right] \tag{9.2}$$

식 (9.2)와 같이 실제 pdf f와 이 함수를 모델링한 $\hat{f}_b$ 사이의 차이를 제곱합니다. 적분 $\int_{\mathbb{R}}$은 평균 제곱 오차에 있던 덧셈 기호 $\sum_{i=1}^{N}$에 대응되고, 기댓값 연산자 $\mathbb{E}$는 평균을 계산하는 $\frac{1}{N}$에 대응됩니다.

$(\hat{f}_b(x) - f(x))^2$처럼 손실이 연속적인 정의역을 가진 함수일 경우 덧셈을 적분으로 바꿔야 합니다. 기댓값 연산 $\mathbb{E}$는 훈련 세트 $\{x_i\}_{i=1}^N$의 모든 가능한 버전에 대해 b가 최적이길 원한다는 의미입니다. 이는 $\hat{f}_b$가 어떤 확률 분포의 유한한 표본에 대해 정의되지만 실제 pdf f는 무한한 정의역(집합 $\mathbb{R}$)에 대해 정의되기 때문에 중요합니다.

식 (9.2)의 우변을 다음과 같이 바꿔 쓸 수 있습니다.

$$\mathbb{E}\left[\int_{\mathbb{R}} \hat{f}_b^2(x) dx\right] - 2\mathbb{E}\left[\int_{\mathbb{R}} \hat{f}_b(x) f(x) dx\right] + \mathbb{E}\left[\int_{\mathbb{R}} f(x)^2 dx\right]$$

위 식의 세 번째 항은 b에 독립적이므로 무시할 수 있습니다. 첫 번째 항의 불편 추정량은 $\int_\mathbb{R} \hat{f}_b^2(x)dx$이고, 두 번째 항의 불편 추정량은 **교차 검증**을 통해 $-\frac{2}{N}\sum_{i=1}^{N} \hat{f}_b^{(i)}(x_i)$로 근사할 수 있습니다. 여기서 $\hat{f}_b^{(i)}$는 샘플 x_i를 제외한 훈련 세트로 계산한 커널 모델 f입니다.

$\sum_{i=1}^{N} \hat{f}_b^{(i)}(x_i)$ 항은 통계학에서 **LOO**(leave-one-out estimate)로 알려져 있습니다. LOO는 교차 검증의 한 형태로 각 폴드가 하나의 샘플로 구성됩니다. f가 pdf이므로 $\int_\mathbb{R} \hat{f}_b(x)f(x)dx$ 항(이를 a라 하겠습니다)은 함수 $\hat{f}_b$의 기댓값입니다. LOO의 추정량은 $\mathbb{E}[a]$의 불편 추정량임을 증명할 수 있습니다.

이제 b의 최적값 b^*를 찾기 위해 다음과 같은 비용함수를 최소화합니다.

$$\int_\mathbb{R} \hat{f}_b^2(x)dx - \frac{2}{N}\sum_{i=1}^{N} \hat{f}_b^{(i)}(x_i)$$

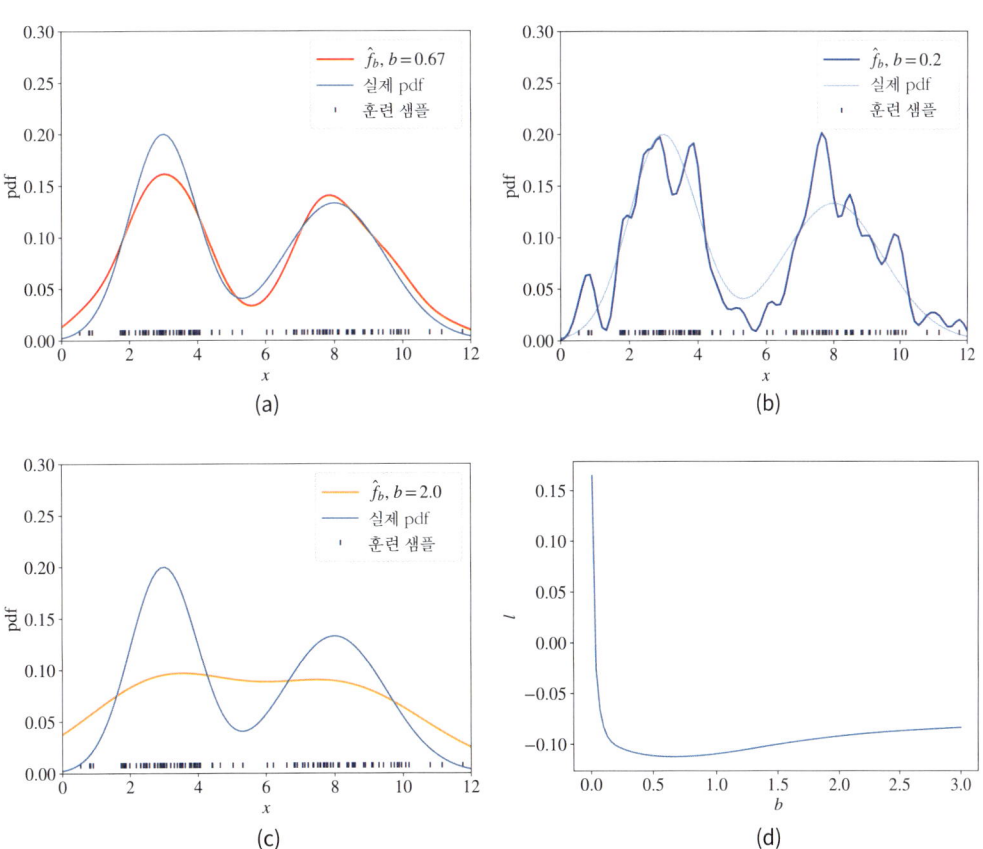

그림 9.1 커널 밀도 추정: (a) 적절한 모델, (b) 과대적합, (c) 과소적합, (d) 최상의 b를 찾기 위한 그리드 서치 곡선.

그리드 서치를 사용해 $b*$를 찾을 수 있습니다. D차원 특성 벡터 $\mathbf{x}$의 경우 식 (9.1)에 있는 오차 항 $x - x_i$을 유클리드 거리 $\|\mathbf{x} - \mathbf{x}_i\|$로 바꿀 수 있습니다. 그림 9.1에서 100개의 샘플로 구성된 데이터셋으로부터 세 개의 다른 b를 사용해 구한 동일한 pdf의 추정치와 그리드 서치 곡선을 볼 수 있습니다. 그리드 서치 곡선에서 가장 작은 값을 $b*$로 선택합니다.

9.2 군집

군집(clustering)은 레이블이 없는 데이터셋을 활용해 샘플에 레이블을 할당하는 문제입니다.[1] 데이터에 레이블이 없기 때문에 학습된 모델이 최적인지 아닌지 판단하기가 지도 학습보다 더 복잡합니다.

다양한 군집 알고리즘이 있지만 안타깝게도 주어진 데이터셋에 어떤 알고리즘이 가장 적합한지 판단하기는 쉽지 않습니다. 일반적으로 알고리즘의 성능은 데이터셋이 유래된 확률 분포의 알려지지 않은 성질에 따라 달라집니다. 이 장에서는 가장 유용하고 널리 사용되는 군집 알고리즘을 소개합니다.

9.2.1 k-평균

k-평균(k-means) 군집 알고리즘은 다음과 같이 동작합니다. 먼저 클러스터 개수인 k를 선택합니다. 그런 다음 특성 공간에서 **센트로이드**(centroid)라 부르는 k개의 특성 벡터를 랜덤하게 선택합니다.

그런 다음 각각의 샘플 $\mathbf{x}$와 모든 센트로이드 $\mathbf{c}$ 사이의 거리를 유클리드 거리와 같은 측정 방식을 사용해 계산합니다. 그런 후 각 샘플에 가장 가까운 센트로이드를 할당합니다(센트로이드 ID를 레이블처럼 사용합니다). 각각의 센트로이드에 대해 해당 센트로이드가 할당된 샘플의 특성 벡터를 평균합니다. 이 평균 특성 벡터가 새로운 센트로이드가 됩니다.

각 샘플과 센트로이드 사이의 거리를 다시 계산하고 할당을 수정합니다. 센트로이드를 다시 계산한 후 할당이 바뀌지 않을 때까지 앞의 과정을 반복합니

---

[1] (옮긴이) 군집 알고리즘에 따라 새로운 데이터의 레이블을 예측할 수 있습니다. 이 장에서 다루는 알고리즘 중 k-평균은 새로운 샘플에 레이블을 할당할 수 있습니다. 하지만 DBSCAN과 HDBSCAN은 훈련 샘플에만 레이블을 할당할 수 있습니다.

다. 이 모델의 결과는 센트로이드의 리스트입니다.

특성 공간에서 센트로이드의 초기 위치는 최종 위치에 영향을 미칩니다. 따라서 k-평균을 두 번 실행하면 다른 두 개의 모델이 만들어집니다. 어떤 k-평균 알고리즘은 데이터셋의 성질을 사용해 센트로이드를 초기화합니다.[2]

그림 9.2에 k-평균 알고리즘의 실행 결과가 나와 있습니다. 원은 2차원 특성 벡터이고, 사각형은 센트로이드를 나타냅니다. 배경색은 동일한 클러스터에 할당된 포인트 영역을 나타냅니다.

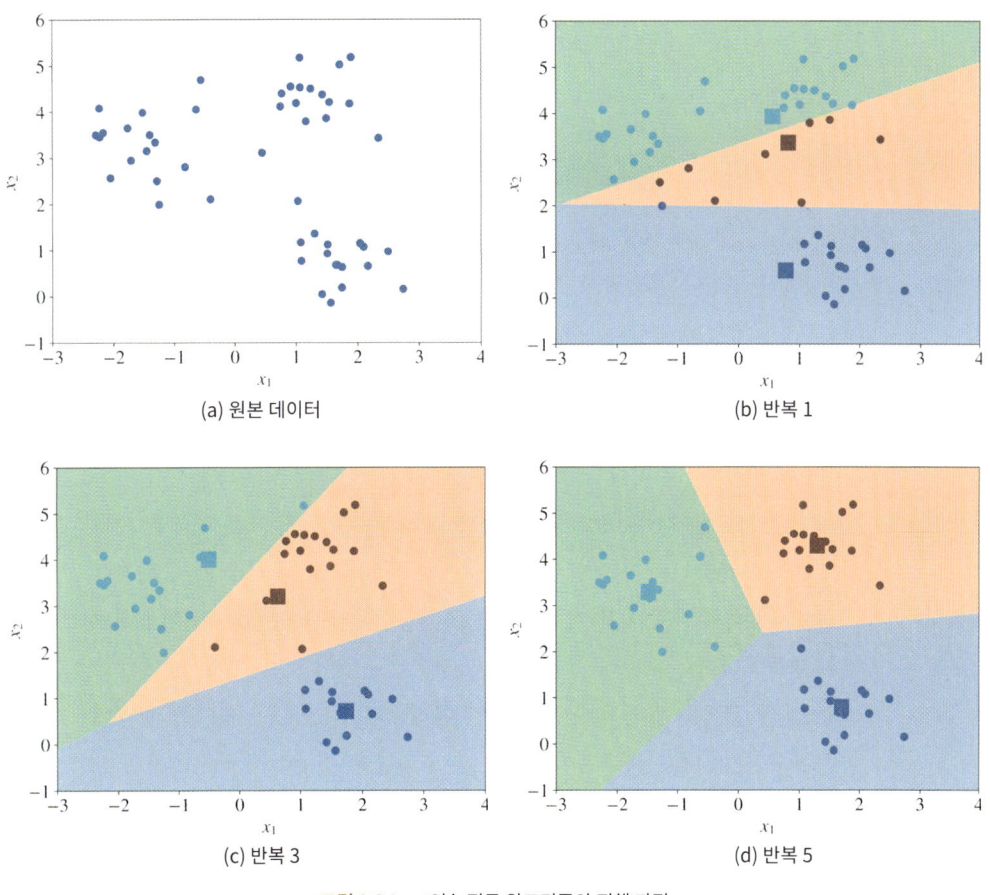

그림 9.2 $k=3$인 k-평균 알고리즘의 진행 과정

---

2 (옮긴이) k-평균++ 알고리즘은 센트로이드를 선택할 때 기존 센트로이드와의 거리에 비례하여 확률적으로 다음 센트로이드를 선택합니다.

클러스터 개수인 k 값은 하이퍼파라미터이므로 데이터 분석가가 튜닝해야 합니다. k를 선택하는 기법이 몇 가지 있지만 최적이라고 증명된 것은 없습니다. 대부분의 기법에서 분석가가 어떤 통계량을 참고하거나 시각적으로 클러스터 할당을 확인하고 합리적인 추측을 해야 합니다. 이 장에서 데이터를 확인하거나 추측하지 않고 합리적으로 좋은 k 값을 선택하는 한 가지 방법을 소개하겠습니다.

9.2.2 DBSCAN과 HDBSCAN

k-평균 또는 이와 유사한 알고리즘은 센트로이드 기반이지만 DBSCAN은 밀도 기반 군집(density-based clustering) 알고리즘입니다. DBSCAN에서는 필요한 클러스터 개수를 추측하지 않고 두 개의 파라미터 ε과 n을 정의합니다. 랜덤하게 데이터셋에서 샘플 **x** 하나를 선택하고 클러스터 1로 할당합니다. 그다음에 얼마나 많은 샘플이 **x**에서 ε보다 작거나 같은 거리에 있는지 헤아립니다. 이 개수가 n보다 크거나 같으면, ε 거리 안에 있는 모든 이웃(ε 이웃)을 동일한 클러스터 1에 할당합니다. 그런 다음 클러스터 1에 속한 각 샘플을 조사하여 각각의 ε 이웃을 찾습니다. 클러스터 1에 속한 샘플의 ε 이웃의 개수가 n보다 크거나 같다면 이런 ε 이웃도 클러스터에 추가하여 클러스터 1을 확장시킵니다. 이런 식으로 더 이상 추가할 샘플이 없을 때까지 클러스터 1을 확장시킵니다. 그런 다음 데이터셋에서 어떤 클러스터에도 속하지 않는 또 다른 샘플을 선택하여 새로운 클러스터에 할당합니다. 모든 샘플이 어떤 클러스터에 속하거나 이상치로 표시될 때까지 이를 계속합니다. 이상치는 ε 거리 안의 이웃이 n개보다 작은 샘플입니다.

DBSCAN의 장점은 임의의 모양을 가진 클러스터를 만들 수 있다는 것입니다. 반면 k-평균과 다른 센트로이드 기반 알고리즘은 초구(hypersphere) 모양의 클러스터를 만듭니다. DBSCAN의 단점은 두 개의 하이퍼파라미터가 있다는 것입니다. 두 하이퍼파라미터에 대해서 좋은 값을 선택하기 어려울 수 있습니다(특히 ε). 또한 ε이 고정되어 있어 다양한 밀도를 가진 클러스터를 효과적으로 다룰 수 없습니다.

HDBSCAN은 DBSCAN의 장점을 유지하면서 하이퍼파라미터 ε이 필요하지 않은 군집 알고리즘입니다. 이 알고리즘은 다양한 밀도의 클러스터를 만들 수 있습니다. HDBSCAN은 여러 아이디어를 독창적으로 조합한 것으로 전체 내용을 설명하는 것은 이 책의 범위를 벗어납니다.[3]

HDBSCAN은 중요한 하이퍼파라미터 n 하나만 가지고 있습니다. n은 클러스터에 넣을 샘플의 최소 개수입니다. 이 하이퍼파라미터는 비교적 직관적으로 선택하기 쉽습니다. HDBSCAN 구현은 매우 빠르기 때문에 수백만 개의 샘플을 효과적으로 다룰 수 있습니다. 최신 k-평균 구현이 HDBSCAN보다 훨씬 빠르지만 많은 작업에서 HDBSCAN의 결과 품질이 이런 단점을 상쇄할 가능성이 높습니다. 언제나 주어진 데이터에서 HDBSCAN를 먼저 시도해 보는 것이 좋습니다.

9.2.3 클러스터 개수 결정하기

가장 궁금한 것은 주어진 데이터에 얼마나 많은 클러스터가 있는지입니다. 특성 벡터가 1, 2, 3차원이면 데이터를 특성 공간에 배치하여 점구름(point cloud)을 확인할 수 있습니다. 각각의 구름이 잠재적인 클러스터입니다. 하지만 $D > 3$인 D차원 데이터의 경우 데이터를 확인하기 어렵습니다.[4]

합리적으로 클러스터 개수를 결정하는 한 가지 방법은 **예측 강도**(prediction strength) 개념을 기반으로 하는 것입니다. 이 아이디어는 지도 학습과 비슷하게 데이터를 훈련 세트와 테스트 세트로 나눕니다. 크기가 N_{tr}인 훈련 세트 $\mathcal{S}_{tr}$과 크기가 N_{te}인 테스트 세트 $\mathcal{S}_{te}$가 준비되면 k를 고정하고 $\mathcal{S}_{tr}$와 $\mathcal{S}_{te}$에서 군집 알고리즘 C를 실행하여 군집 결과 $C(\mathcal{S}_{tr}, k)$와 $C(\mathcal{S}_{te}, k)$를 얻습니다.

훈련 세트를 사용하여 만든 군집 $C(\mathcal{S}_{tr}, k)$를 A라고 하죠. A에 있는 군집을 일종의 영역으로 볼 수 있습니다. 샘플이 이 영역 중 하나에 속하면 그 샘플이 해당 클러스터에 속한 것입니다. 예를 들어, k-평균 알고리즘을 실행하면 그림 9.2와 같이 특성 공간을 k개의 다각형 영역으로 분리합니다.

$N_{te} \times N_{te}$인 **공동 소속 행렬**(co-membership matrix) $\mathbf{D}[A, \mathcal{S}_{te}]$를 다음과 같이

---

[3] (옮긴이) HDBSCAN의 작동 방식은 온라인 문서(*https://bit.ly/3GCpIsV*)를 참고하세요.
[4] 어떤 분석가는 여러 개의 2차원 그래프를 조사합니다. 각각의 그래프는 특정한 특성의 쌍만 담고 있습니다. 하지만 이런 방식은 주관성이 들어가며, 오류가 발생하기 쉽고, 과학적 방법이라기보다는 훈련된 직관이라 볼 수 있습니다.

정의합니다. 군집 A에서 테스트 세트의 샘플 $\mathbf{x}_i$와 $\mathbf{x}_{i'}$가 같은 클러스터에 속할 때 $\mathbf{D}[A, \mathcal{S}_{te}]^{(i,i')} = 1$이며 그 외에는 $D[A, \mathcal{S}_{te}]^{(i,i')} = 0$입니다.

잠시 우리가 무엇을 하고 있는지 생각해 보죠. 훈련 세트를 사용해 k개의 클러스터를 가진 군집 A를 만들었습니다. 그다음 테스트 세트에 있는 두 샘플이 같은 A 클러스터에 속하는지를 나타내는 공동 소속 행렬을 만들었습니다.

k 값이 적절한 클러스터 개수라면 군집 $C(\mathcal{S}_{te}, k)$에 있는 클러스터에 함께 속한 두 샘플은 군집 $C(\mathcal{S}_{tr}, k)$에 있는 클러스터에 함께 소속될 가능성이 높습니다. 반대로 k가 적절하지 않다면(너무 높거나 낮다면), 훈련 데이터 기반 군집과 테스트 데이터 기반 군집 사이에서 일관성이 부족할 것입니다.

그림 9.4는 그림 9.3에 나타난 데이터에 대한 군집 결과를 보여 줍니다. 그림 9.4a와 9.4b는 $C(\mathcal{S}_{tr}, 4)$와 $C(\mathcal{S}_{te}, 4)$의 클러스터 영역을 보여 줍니다. 그림 9.4c는 훈련 데이터로 만든 클러스터 영역 위에 그린 테스트 샘플을 보여 줍니다. 그림 9.4c에서 오렌지색 테스트 샘플이 훈련 데이터로 만든 군집 영역에서 더 이상 같은 클러스터에 속하지 않는 것을 볼 수 있습니다. 이로 인해 행렬 $\mathbf{D}[A, \mathcal{S}_{te}]$에 0이 많이 채워지게 되고, $k = 4$는 최상의 군집 개수가 아님을 시사합니다.

클러스터 개수 k에 대한 예측 강도는 다음과 같이 구합니다.

$$\mathrm{ps}(k) \stackrel{\text{def}}{=} \min_{j=1,\ldots,k} \frac{1}{|A_j|(|A_j|-1)} \sum_{i,i' \in A_j} \mathbf{D}[A, \mathcal{S}_{te}]^{(i,i')}$$

여기서 $A \stackrel{\text{def}}{=} C(\mathcal{S}_{tr}, k)$이고, A_j는 $C(\mathcal{S}_{tr}, k)$의 j번째 군집입니다. $|A_j|$는 클러스터 A_j에 있는 샘플 개수입니다.

군집 $C(\mathcal{S}_{tr}, k)$가 주어지면 각 테스트 클러스터에 대해서 해당 클러스터에 있는 샘플 쌍이 훈련 세트 센트로이드에 의해 동일한 클러스터에 할당된 비율을 계산합니다. 예측 강도는 k개의 테스트 클러스터에서 계산한 값 중 가장 작은 값이 됩니다.

실험에 따르면 $\mathrm{ps}(k)$가 0.8보다 큰 값 중에 가장 큰 k가 합리적인 클러스터 개수입니다. 그림 9.5는 2개, 3개, 4개의 클러스터를 가진 데이터에서 다양한 k 값의 예측 강도를 보여 줍니다.

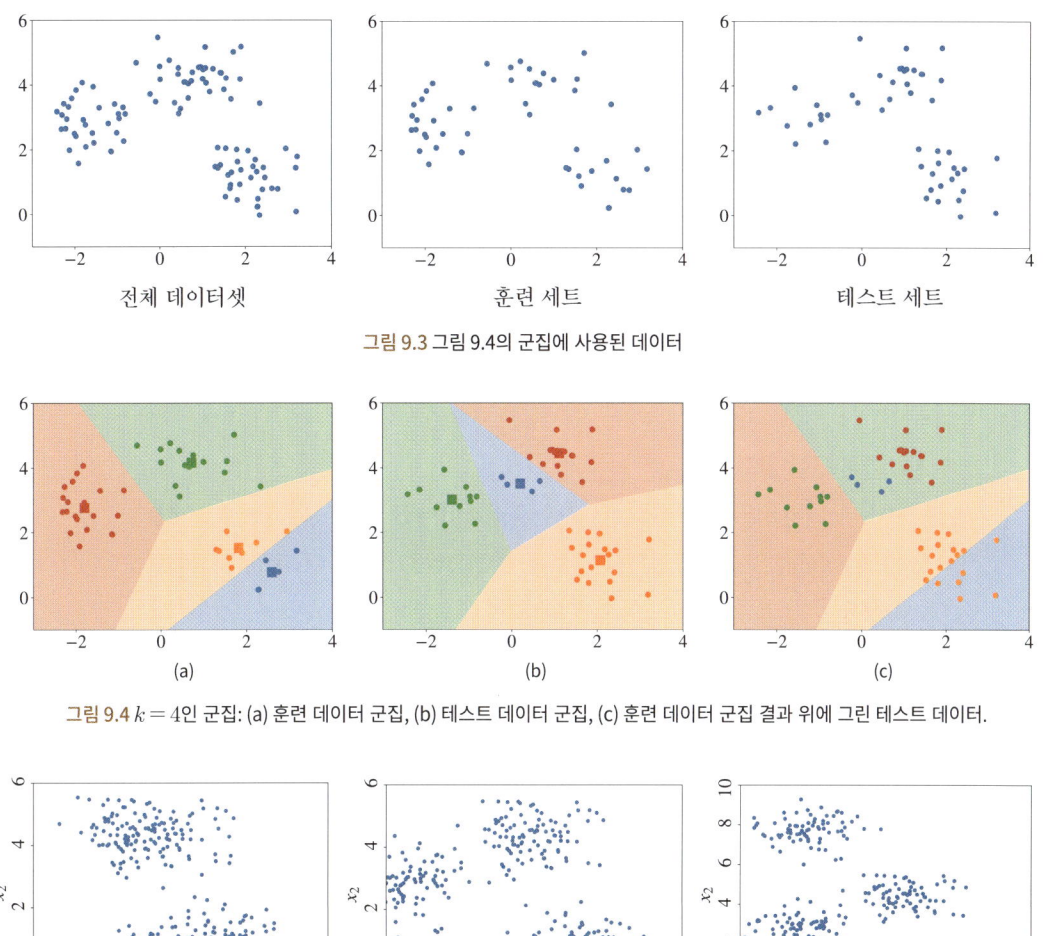

그림 9.3 그림 9.4의 군집에 사용된 데이터

그림 9.4 $k = 4$인 군집: (a) 훈련 데이터 군집, (b) 테스트 데이터 군집, (c) 훈련 데이터 군집 결과 위에 그린 테스트 데이터.

그림 9.5 각각 2개, 3개, 4개의 클러스터를 가진 데이터에 대해서 다양한 k 값의 예측 강도

초기 센트로이드 위치에 따라 다른 군집을 생성하는 k-평균과 같은 비결정적인 군집 알고리즘의 경우 동일한 k로 군집 알고리즘을 여러 번 실행하고 평균 예측 강도 $\mathrm{ps}(k)$를 계산하는 것이 좋습니다.

클러스터 개수를 추정하는 효과적인 또 다른 방법으로는 **갭 통계량**(gap statistic) 방법이 있습니다. 덜 자동화된 방법이지만 여전히 많이 사용되는 방법으로는 **엘보우 방법**(elbow method)과 **평균 실루엣 방법**(average silhouette method)이 있습니다.[5]

9.2.4 다른 군집 알고리즘

DBSCAN과 k-평균은 각 샘플이 하나의 클러스터에만 속할 수 있는 **하드 군집**(hard clustering) 알고리즘입니다. **가우스 혼합 모델**(Gaussian mixture model, GMM)에서는 각 샘플이 소속 점수에 따라 여러 클러스터에 속할 수 있습니다(HDBSCAN에서도 가능합니다). GMM 계산은 모델 기반 밀도 추정을 하는 것과 매우 비슷합니다. GMM에서는 다변량 정규 분포(MND) 하나가 아니라 여러 개의 MND를 가중 평균합니다.

$$f_X = \sum_{j=1}^{k} \phi_j f_{\boldsymbol{\mu}_j, \boldsymbol{\Sigma}_j}$$

여기서 $f_{\boldsymbol{\mu}_j, \boldsymbol{\Sigma}_j}$는 MND j이고, ϕ_j는 가중치입니다. 모든 $j = 1, \ldots, k$에 대한 파라미터 $\boldsymbol{\mu}_j, \boldsymbol{\Sigma}_j, \phi_j$의 값은 **최대 가능도**(maximum likelihood) 목적 함수를 최적화하기 위해 **기댓값 최대화**(expectation maximization, EM) 알고리즘을 사용하여 구합니다.

---

[5] (옮긴이) 갭 통계량은 랜덤한 데이터의 군집 결과와 비교하여 가장 큰 차이를 만드는 k를 선택하는 방법입니다. 클러스터에 속한 샘플과 해당 센트로이드 사이의 유클리드 거리 합은 k가 증가함에 따라 감소합니다. 엘보우 방법은 모든 클러스터에 대해 이 값을 더한 후 감소의 폭이 정체되는 지점의 k를 선택합니다. 실루엣 점수는 각 샘플이 자신이 속한 클러스터에 얼마나 잘 속해 있고 다른 클러스터와 얼마나 잘 분리되어 있는지를 나타내며, $-1 \sim 1$ 사이의 값을 가집니다. 모든 샘플의 실루엣 점수를 평균한 평균 실루엣 점수가 1에 가깝게 되는 k를 선택할 수 있습니다.

여기서도 간단히 설명하기 위해 1차원 데이터를 예로 들어 보죠. 또한 두 개의 클러스터, 즉 $k = 2$라고 가정해 보겠습니다. 이 경우 두 개의 가우스 분포가 있습니다.

$$f(x \mid \mu_1, \sigma_1^2) = \frac{1}{\sqrt{2\pi\sigma_1^2}} \exp - \frac{(x-\mu_1)^2}{2\sigma_1^2} \quad \text{와} \quad f(x \mid \mu_2, \sigma_2^2) = \frac{1}{\sqrt{2\pi\sigma_2^2}} \exp - \frac{(x-\mu_2)^2}{2\sigma_2^2} \quad (9.3)$$

여기서 $f(x \mid \mu_1, \sigma_1^2)$와 $f(x \mid \mu_2, \sigma_2^2)$는 $X = x$의 가능도를 정의하는 두 개의 pdf입니다.

EM 알고리즘을 사용하여 $\mu_1, \sigma_1^2, \mu_2, \sigma_2^2, \phi_1, \phi_2$를 추정합니다. 잠시 후에 보겠지만 파라미터 ϕ_1과 ϕ_2는 밀도 추정에 유용하며, 군집에는 덜 유용합니다.

EM은 다음과 같이 동작합니다. 처음에 $\mu_1, \sigma_1^2, \mu_2, \sigma_2^2$의 초깃값을 추측하고 $\phi_1 = \phi_2 = \frac{1}{2}$로 지정합니다(일반적으로 $j \in \{1, \ldots, k\}$인 ϕ_j를 $\frac{1}{k}$로 설정합니다).

EM 반복마다 다음 네 단계가 실행됩니다.

1. 모든 $i = 1, \ldots, N$에 대해 식 (9.3)을 사용해 x_i의 가능도를 계산합니다.

$$f(x_i \mid \mu_1, \sigma_1^2) \leftarrow \frac{1}{\sqrt{2\pi\sigma_1^2}} \exp - \frac{(x_i-\mu_1)^2}{2\sigma_1^2} \quad \text{와} \quad f(x_i \mid \mu_2, \sigma_2^2) \leftarrow \frac{1}{\sqrt{2\pi\sigma_2^2}} \exp - \frac{(x_i-\mu_2)^2}{2\sigma_2^2}$$

2. 베이즈 정리를 사용해 각 샘플 x_i가 클러스터 $j \in \{1, 2\}$에 속할 가능도 $b_i^{(j)}$를 계산합니다(다른 말로 하면, 이 샘플이 가우스 분포 j에서 추출될 가능도를 계산합니다).

$$b_i^{(j)} \leftarrow \frac{f(x_i \mid \mu_j, \sigma_j^2)\phi_j}{f(x_i \mid \mu_1, \sigma_1^2)\phi_1 + f(x_i \mid \mu_2, \sigma_2^2)\phi_2}$$

파라미터 ϕ_j는 파라미터 μ_j와 σ_j^2인 가우스 분포 j가 이 데이터셋을 생성할 가능성을 반영합니다. 처음에 $\phi_1 = \phi_2 = \frac{1}{2}$로 설정한 이유가 이것 때문입니다. 처음에는 두 개의 가우스 분포에 대한 가능성을 알지 못하므로 두 분포의 가능성을 절반으로 설정합니다.

3. 다음과 같이 μ_j와 $\sigma_j^2, j \in \{1, 2\}$의 새 값을 계산합니다.

$$\mu_j \leftarrow \frac{\sum_{i=1}^{N} b_i^{(j)} x_i}{\sum_{i=1}^{N} b_i^{(j)}} \quad \text{와} \quad \sigma_j^2 \leftarrow \frac{\sum_{i=1}^{N} b_i^{(j)} (x_i - \mu_j)^2}{\sum_{i=1}^{N} b_i^{(j)}} \tag{9.4}$$

4. 다음과 같이 $\phi_j, j \in \{1, 2\}$를 업데이트합니다.

$$\phi_j \leftarrow \frac{1}{N} \sum_{i=1}^{N} b_i^{(j)}$$

μ_j와 σ_j^2의 값이 많이 바뀌지 않을 때까지(또는 어떤 임곗값 ε 이하가 될 때까지) 단계 1 ~ 4가 반복됩니다. 그림 9.6이 이 과정을 보여 줍니다.

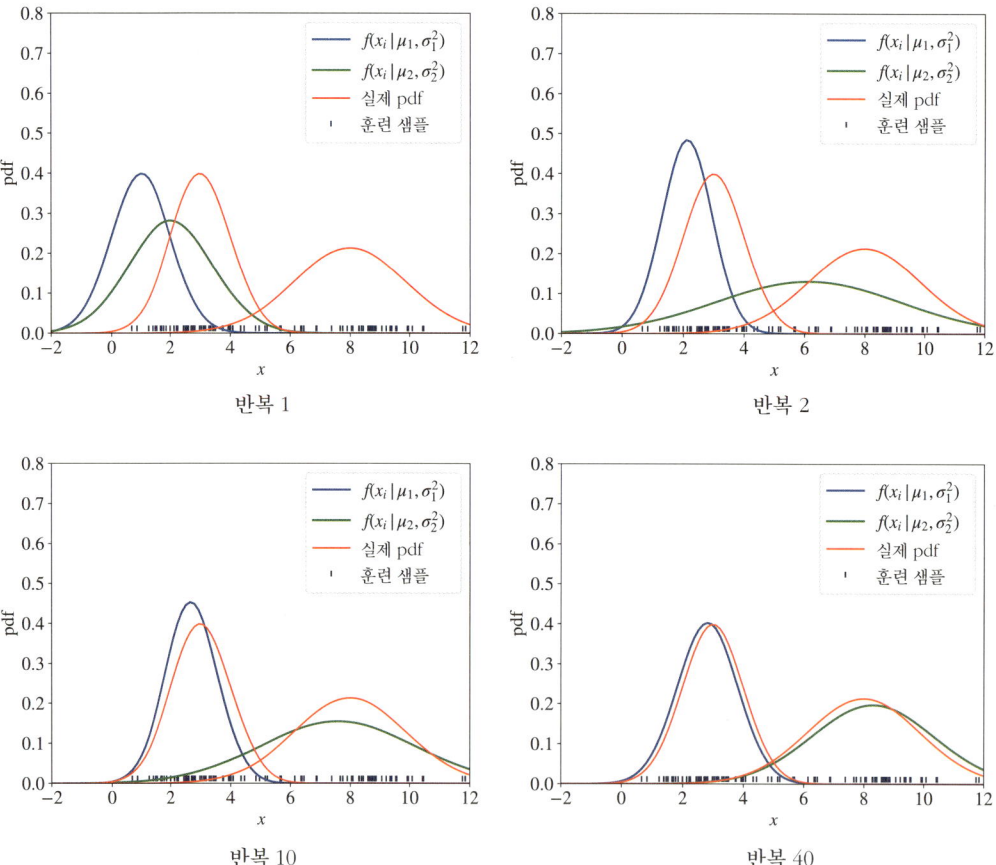

그림 9.6 두 개의 클러스터($k=2$)에 대해 EM 알고리즘을 사용한 가우스 혼합 모델의 추정 과정

EM이 k-평균 알고리즘과 매우 비슷하게 보일 수 있습니다. 랜덤한 클러스터로 시작한 다음, 클러스터에 할당된 데이터를 평균하여 클러스터의 파라미터를 반복적으로 업데이트합니다. GMM의 유일한 차이점은 샘플 x_i를 클러스터 j에 확률적으로 할당한다는 것입니다. 즉, x_i는 클러스터 j에 $b_i^{(j)}$의 확률로 소속됩니다. 이 때문에 식 (9.4)에서 (k-평균처럼) 평균을 하지 않고 가중치 $b_i^{(j)}$를 사용한 **가중 평균**(weighted average)으로 μ_j와 σ_j^2에 대한 새 값을 계산합니다.

각 클러스터에 대해 파라미터 μ_j와 σ_j^2를 훈련하고 나면 클러스터 j에 대한 샘플 x의 소속 점수는 $f(x \mid \mu_j, \sigma_j^2)$로 계산됩니다.

D차원 데이터($D > 1$)로의 확장도 간단합니다. 유일한 차이점은 분산 σ^2 대신에 다변량 정규 분포(MND)를 정의하는 공분산 행렬(covariance matrix) Σ를 사용한다는 것입니다.

원형의 클러스터를 만드는 k-평균과 달리 GMM의 클러스터는 약간 길쭉하고 회전된 타원 형태를 띱니다. 공분산 행렬의 값이 이런 성질을 결정합니다.

GMM에서 올바른 k를 선택하는 일반적인 방법은 없습니다. 데이터셋을 훈련 세트와 테스트 세트로 먼저 나누세요. 그런 다음 여러 k 값으로 각기 다른 모델 f_{tr}^k를 만듭니다. 마지막으로 테스트 세트에서 샘플의 가능도를 최대화하는 k를 선택하세요.

$$\arg\max_k \prod_{i=1}^{|N_{te}|} f_{tr}^k(\mathbf{x}_i)$$

여기서 $|N_{te}|$는 테스트 세트의 크기입니다.

다른 종류의 클러스터 알고리즘도 있습니다. **스펙트럴 군집**(spectral clustering)과 **계층적 군집**(hierarchical clustering)은 언급할 가치가 있습니다. 일부 데이터셋에서는 이런 방법이 더 적절할 수 있습니다. 하지만 대부분 k-평균, HDBSCAN, GMM으로 해결될 것입니다.

9.3 차원 축소

앙상블 알고리즘과 신경망 같은 최신 머신러닝 알고리즘은 수백만 개의 특성이 있는 고차원 샘플을 잘 다룹니다. 최신 컴퓨터와 GPU(graphical processing unit) 덕분에 과거에 비해 **차원 축소**(dimensionality reduction) 기법이 덜 사용됩니다. 차원 축소를 사용하는 가장 일반적인 경우는 데이터 시각화입니다. 사람은 최대 3차원 그래프만 이해할 수 있기 때문입니다.

차원 축소가 도움이 되는 또 다른 경우는 해석 가능한 모델을 만들어야 할 때입니다. 즉, 학습 알고리즘의 선택에 제약이 있는 경우입니다. 예를 들어, 결정 트리나 선형 회귀만 사용해야 하는 경우죠. 데이터 차원을 줄이고, 원본 샘플의 특성을 축소된 특성 공간의 새로운 특성으로 변환하면 더 간단한 알고리즘을 사용할 수 있습니다. 차원 축소는 중복되거나 상관관계가 높은 특성을 제거합니다. 또한 데이터에 있는 잡음도 줄입니다. 이 모든 것이 모델의 해석 가능성을 높여 줍니다.

널리 사용되는 세 가지 차원 축소 기법에는 **주성분 분석**(principal component analysis), **UMAP**(uniform manifold approximation and projection), **오토인코더**(autoencoder)가 있습니다.

오토인코더는 7장에서 이미 설명했습니다. 오토인코더에 있는 **병목 층**(bottleneck layer)이 만든 저차원 출력을 고차원 입력 특성 벡터의 차원을 축소한 벡터로 생각할 수 있습니다. 이 저차원 벡터는 입력 벡터가 담고 있는 중요한 정보를 표현합니다. 오토인코더는 병목 층의 출력을 기반으로 입력 특성 벡터를 재구성할 수 있기 때문입니다.

9.3.1 주성분 분석

주성분 분석(principal component analysis) 또는 PCA는 가장 오래된 차원 축소 기법 중 하나입니다. 주성분 분석의 이론은 2장에서 설명하지 않은 행렬 연산과 관련이 있습니다. 따라서 PCA에 관련된 수학에 대해서는 추가 읽기 자료를 참고하세요. 여기서는 개념을 소개하고 예를 들어 PCA 방법을 설명하겠습니다.

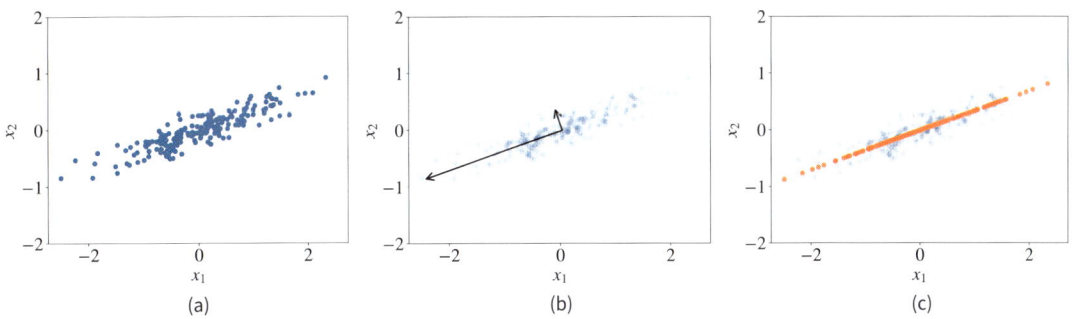

그림 9.7 PCA: (a) 원본 데이터, (b) 벡터로 표현된 두 개의 주성분, (c) 첫 번째 주성분에 투영된 데이터.

그림 9.7a와 같은 2차원 데이터셋이 있다고 가정해 보죠. 주성분은 새로운 좌표계를 정의하는 벡터입니다. 이 좌표계의 첫 번째 축은 데이터에서 가장 큰 분산의 방향을 가리킵니다. 두 번째 축은 첫 번째 축과 직각을 이루며 두 번째로 분산이 높은 방향입니다. 데이터가 3차원이라면 세 번째 축은 첫 번째와 두 번째 축과 직교하며 세 번째로 분산이 높은 방향이 되는 식입니다. 그림 9.7b에 두 개의 주성분이 화살표로 표시되어 있습니다. 화살표의 길이는 해당 방향의 분산의 크기를 나타냅니다.

데이터의 차원을 $D_{new} < D$로 낮추려면, 가장 큰 D_{new}개의 주성분을 선택하고 데이터 포인트를 이 주성분에 투영합니다. 2차원 데이터의 경우 $D_{new} = 1$로 선택하고 첫 번째 주성분에 데이터를 투영하여 그림 9.7c에 나타난 오렌지색 포인트를 얻을 수 있습니다.

각각의 오렌지색 포인트를 설명하기 위해서는 하나의 좌표만 필요합니다. 이 좌표는 첫 번째 주성분에 해당됩니다. 데이터가 매우 고차원일 때 첫 번째와 두 번째 주성분이 데이터에 있는 분산의 대부분을 설명하는 경우가 많습니다. 이를 통해 원본 데이터의 속성을 유지하면서 매우 고차원적인 데이터를 2D 또는 3D 그래프로 시각화할 수 있습니다.

9.3.2 UMAP

t-SNE와 **UMAP** 같이 시각화 목적을 위해 특별히 고안된 최신 차원 축소 알고리즘의 핵심 아이디어는 기본적으로 동일합니다. 먼저 두 샘플 사이의 유사도 지표를 설계합니다. 시각화를 위해서 유클리드 거리 외에도 이 유사도 지표는 샘

플 주변의 데이터 밀도와 같이 두 샘플의 국부적인 속성을 반영하는 경우가 많습니다.

UMAP의 유사도 지표 w는 다음과 같이 정의됩니다.

$$w(\mathbf{x}_i, \mathbf{x}_j) \stackrel{\text{def}}{=} w_i(\mathbf{x}_i, \mathbf{x}_j) + w_j(\mathbf{x}_j, \mathbf{x}_i) - w_i(\mathbf{x}_i, \mathbf{x}_j) w_j(\mathbf{x}_j, \mathbf{x}_i) \quad (9.5)$$

함수 $w_i(\mathbf{x}_i, \mathbf{x}_j)$는 다음과 같이 정의됩니다.

$$w_i(\mathbf{x}_i, \mathbf{x}_j) \stackrel{\text{def}}{=} \exp\left(-\frac{d(\mathbf{x}_i, \mathbf{x}_j) - \rho_i}{\sigma_i}\right)$$

여기서 $d(\mathbf{x}_i, \mathbf{x}_j)$는 두 샘플 사이의 유클리드 거리입니다. ρ_i는 $\mathbf{x}_i$에서 가장 가까운 이웃까지의 거리입니다. σ_i는 $\mathbf{x}_i$에서 가장 가까운 k번째 이웃까지의 거리입니다(k는 이 알고리즘의 하이퍼파라미터입니다).

식 (9.5)에 나와 있는 지표는 (0, 1) 사이의 값을 가지며 대칭입니다. 즉, $w(\mathbf{x}_i, \mathbf{x}_j) = w(\mathbf{x}_j, \mathbf{x}_i)$입니다.

w는 원본 고차원 공간에 있는 두 샘플의 유사도를 나타내고, w'은 새로운 저차원 공간에서 동일한 식 (9.5)로 계산된 유사도를 나타낸다고 가정해 보죠.

이 설명을 이어가려면 집합을 일반화한 **퍼지 집합**(fuzzy set)의 개념을 소개해야 합니다. 퍼지 집합 $\mathcal{S}$에 있는 각 원소 x에 대해 소속 함수 $\mu_{\mathcal{S}}(x) \in [0, 1]$이 있습니다. 이 함수는 집합 $\mathcal{S}$에 대한 x의 **소속 강도**(membership strength)를 정의합니다. $\mu_{\mathcal{S}}(x)$가 0에 가까우면 x가 퍼지 집합 $\mathcal{S}$에 약하게 소속되어 있다고 말합니다. 반대로 $\mu_{\mathcal{S}}(x)$가 1에 가까우면 x는 $\mathcal{S}$에 강하게 소속되어 있다고 말합니다. 모든 $x \in \mathcal{S}$에 대해 $\mu(x) = 1$이면 퍼지 집합 $\mathcal{S}$는 일반적인 비퍼지 집합과 같습니다.

왜 퍼지 집합의 개념이 필요한지 알아보죠.

w와 w'가 0과 1 사이의 범주를 가지기 때문에 $w(\mathbf{x}_i, \mathbf{x}_j)$를 어떤 퍼지 집합에 있는 샘플 쌍 $(\mathbf{x}_i, \mathbf{x}_j)$의 소속 강도로 볼 수 있습니다. w'에 대해서도 마찬가지입니다. 두 퍼지 집합의 유사도 개념을 **퍼지 집합 크로스 엔트로피**(fuzzy set cross-entropy)라고 하며, 다음과 같이 정의됩니다.

$$C_{w, w'} = \sum_{i=1}^{N} \sum_{j=1}^{N} \left[w(\mathbf{x}_i, \mathbf{x}_j) \ln\left(\frac{w(\mathbf{x}_i, \mathbf{x}_j)}{w'(\mathbf{x}'_i, \mathbf{x}'_j)}\right) + (1 - w(\mathbf{x}_i, \mathbf{x}_j)) \ln\left(\frac{1 - w(\mathbf{x}_i, \mathbf{x}_j)}{1 - w'(\mathbf{x}'_i, \mathbf{x}'_j)}\right) \right] \quad (9.6)$$

여기서 $\mathbf{x}'$는 원본 고차원 샘플 $\mathbf{x}$의 저차원 버전입니다.

식 (9.6)에서 알지 못하는 파라미터는 우리가 찾으려는 저차원 샘플 $\mathbf{x}'_i$입니다($i = 1, \ldots, N$). 경사 하강법으로 $C_{w,w'}$를 최소화하여 이를 계산할 수 있습니다.

그림 9.8에서 손글씨 숫자인 MNIST 데이터셋에 적용한 차원 축소 결과를 볼 수 있습니다. MNIST는 다양한 이미지 처리 시스템의 벤치마킹을 위해 널리 사용됩니다. 이 데이터셋은 70,000개의 레이블이 있는 샘플로 구성되어 있습니다. 이 그래프에 표현된 10개의 색깔은 10개의 클래스에 해당합니다. 각각의 포인트는 데이터셋에 있는 특정 샘플을 나타냅니다. 여기서 보듯이 UMAP이 시각적으로 샘플을 잘 분리합니다(이 알고리즘은 레이블을 참고하지 않는다는 것을 기억하세요). UMAP은 PCA보다는 조금 느리지만 오토인코더보다는 빠릅니다.

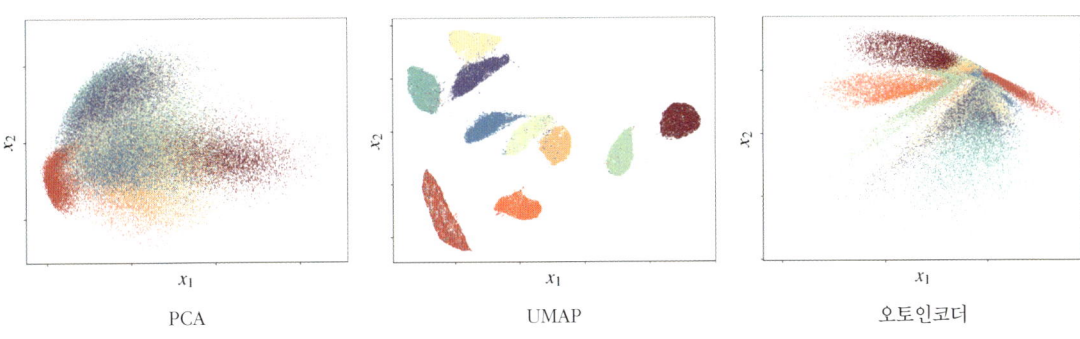

그림 9.8 세 가지 기법을 사용한 MNIST 데이터셋의 차원 축소

10장

다른 학습 방법

10.1 메트릭 학습

두 특성 벡터의 유사도를 측정하는 데 가장 널리 사용되는 지표는 **유클리드 거리**(Euclidean distance)입니다. 이 지표는 합리적으로 보이지만 선형 회귀에서 제곱 오차를 선택했던 것처럼 임의적인 면이 있습니다. 어떤 데이터셋에서 한 유사도 지표가 다른 지표(예를 들어 **코사인 유사도**(cosine similarity))보다 더 잘 동작할 수 있다는 사실은 그중 어느 것도 완벽하지 않다는 것을 의미합니다.

자신의 데이터셋에 잘 맞는 지표를 만들 수도 있으며, 이렇게 만든 지표를 k-평균이나 KNN처럼 측정 지표를 필요로 하는 학습 알고리즘과 통합할 수도 있습니다. 모든 가능성을 시도해 보지 않고 어떤 공식이 가장 좋은 지표인지 알 수 있을까요? 이미 짐작했겠지만 측정 지표를 데이터로부터 학습할 수 있습니다.

두 특성 벡터 $\mathbf{x}$와 $\mathbf{x}'$ 사이의 유클리드 거리는 다음과 같습니다.

$$d(\mathbf{x}, \mathbf{x}') = \|\mathbf{x} - \mathbf{x}'\| \stackrel{\text{def}}{=} \sqrt{(\mathbf{x} - \mathbf{x}')^2} = \sqrt{(\mathbf{x} - \mathbf{x}')(\mathbf{x} - \mathbf{x}')}$$

이 지표를 조금 수정해 파라미터를 추가한 다음, 이 파라미터를 데이터로부터 학습할 수 있습니다. 다음처럼 바꾸어 보죠.

$$d_{\mathbf{A}}(\mathbf{x}, \mathbf{x}') = \|\mathbf{x} - \mathbf{x}'\|_{\mathbf{A}} \stackrel{\text{def}}{=} \sqrt{(\mathbf{x} - \mathbf{x}')^\top \mathbf{A}(\mathbf{x} - \mathbf{x}')}$$

여기서 $\mathbf{A}$는 $D \times D$ 행렬입니다. $D = 3$이라고 가정해 보죠. $\mathbf{A}$가 다음과 같은 항등 행렬(identity matrix)이라면 $d_\mathbf{A}$는 유클리드 거리가 됩니다.

$$\mathbf{A} \stackrel{\text{def}}{=} \begin{bmatrix} 1 & 0 & 0 \\ 0 & 1 & 0 \\ 0 & 0 & 1 \end{bmatrix}$$

만약 다음처럼 일반적인 대각 행렬이라면 차원마다 중요도가 달라집니다(이 경우 두 번째 차원이 이 지표를 계산하는 데 가장 중요합니다).

$$\mathbf{A} \stackrel{\text{def}}{=} \begin{bmatrix} 2 & 0 & 0 \\ 0 & 8 & 0 \\ 0 & 0 & 1 \end{bmatrix}$$

더 일반적으로 두 변수를 갖는 함수를 메트릭(metric)이라 부르려면 다음 세 가지 조건을 만족해야 합니다.

1. $d(\mathbf{x}, \mathbf{x}') \geq 0$ 비음수
2. $d(\mathbf{x}, \mathbf{x}') \leq d(\mathbf{x}, \mathbf{z}) + d(\mathbf{z}, \mathbf{x}')$ 삼각부등식
3. $d(\mathbf{x}, \mathbf{x}') = d(\mathbf{x}', \mathbf{x})$ 대칭

처음 두 조건을 만족하기 위해 행렬 $\mathbf{A}$는 양의 준정부호 행렬(positive semidefinite)이어야 합니다. 양의 준정부호 행렬은 음수가 아닌 실수의 개념을 행렬에 일반화한 것입니다. 모든 양의 준정부호 행렬 $\mathbf{M}$은 다음을 만족합니다.

$$\mathbf{z}^\top \mathbf{M} \mathbf{z} \geq 0$$

벡터 $\mathbf{z}$의 차원은 $\mathbf{M}$의 행과 열의 개수와 같습니다.

위의 속성은 양의 준정부호 행렬의 정의를 따릅니다. $\mathbf{A}$가 양의 준정부호 행렬일 때 두 번째 조건을 만족하는지에 대한 증명은 책의 위키 페이지를 참고하세요.

세 번째 조건을 만족시키려면 $(d(\mathbf{x}, \mathbf{x}') + d(\mathbf{x}', \mathbf{x}))/2$을 사용하면 됩니다.

레이블이 없는 집합 $\mathcal{X} = \{\mathbf{x}_i\}_{i=1}^N$이 있다고 가정해 보죠. 메트릭 학습 문제를 위해 훈련 데이터를 구축하려면 수동으로 두 개의 세트를 만들어야 합니다. (주관적인 관점에서) $\mathbf{x}_i$와 $\mathbf{x}_k$가 비슷하다면 샘플 쌍 $(\mathbf{x}_i, \mathbf{x}_k)$가 첫 번째 집합 $\mathcal{S}$

에 속합니다. $\mathbf{x}_i$와 $\mathbf{x}_k$가 비슷하지 않다면 샘플 쌍 $(\mathbf{x}_i, \mathbf{x}_k)$는 두 번째 집합 $\mathcal{D}$에 속합니다.

데이터로부터 파라미터 행렬 $\mathbf{A}$를 훈련하기 위해 다음 최적화 문제를 푸는 양의 준정부호 행렬 $\mathbf{A}$를 찾아야 합니다.

$$\min_{\mathbf{A}} \sum_{(\mathbf{x}_i, \mathbf{x}_k) \in \mathcal{S}} \|\mathbf{x} - \mathbf{x}'\|_{\mathbf{A}}^2 \quad \text{단,} \sum_{(\mathbf{x}_i, \mathbf{x}_k) \in \mathcal{D}} \|\mathbf{x} - \mathbf{x}'\|_{\mathbf{A}} \geq c$$

여기서 c는 양의 상수입니다(어떤 값도 가능합니다).

$\mathbf{A}$가 양의 준정부호 행렬이 되도록 경사 하강법 알고리즘을 수정하여 이 최적화 문제의 해를 찾습니다. 이 알고리즘에 대한 설명은 책의 범위를 넘어서므로 추가 자료를 참고하세요.

샴 신경망(siamese networks)과 **삼중항 손실**(triplet loss)을 사용한 **원샷 학습**(one-shot learning)은 메트릭 학습 문제로 볼 수 있습니다. 동일한 사람의 사진 쌍이 집합 $\mathcal{S}$에 속하고, 랜덤한 사진의 쌍은 $\mathcal{D}$에 속합니다.

비선형과 커널 기반을 포함하여 메트릭을 학습하는 다른 방법이 많습니다. 하지만 이 책에서 소개한 방법과 원샷 학습에 적용하는 것만으로도 대부분의 실제 애플리케이션에서는 충분합니다.

10.2 순위 학습

순위 학습(learning to rank)은 지도 학습 문제로, 쿼리에 대한 검색 엔진의 반환 결과를 최적화하는 데 종종 사용됩니다. 크기가 N인 훈련 세트에 레이블을 가진 샘플 $\mathcal{X}_i$가 있고, $\mathcal{X}_i$는 순서가 있는 문서 집합입니다(레이블이 문서의 순서입니다). r_i는 이 집합의 크기입니다. 특성 벡터는 집합에 있는 각 문서입니다. 순위 학습의 목표는 문서의 순서를 매길 수 있는 어떤 값을 출력하는 순위 함수 f를 찾는 것입니다. 각각의 훈련 샘플에 대해서 이상적인 함수 f는 레이블로 제공된 문서의 순서와 동일한 값을 출력할 것입니다.

각 샘플 $\mathcal{X}_i (i = 1, \ldots, N)$는 레이블을 가진 특성 벡터의 집합 $\mathcal{X}_i = \{(\mathbf{x}_{i,j}, y_{i,j})\}_{j=1}^{r_i}$입니다. 특성 벡터 $\mathbf{x}_{i,j}$에 있는 특성은 문서 $j = 1, \ldots, r_i$를 나타냅니다.

예를 들어, $x_{i,j}^{(1)}$는 문서가 얼마나 최신인지를 나타내고, $x_{i,j}^{(2)}$는 쿼리의 단어를 문서 제목에서 찾을 수 있는지를 나타내고, $x_{i,j}^{(3)}$는 문서의 크기를 나타내는 식입니다. 레이블 $y_{i,j}$는 순위 $(1, 2, \ldots, r_i)$이거나 점수일 수 있습니다. 예를 들어, 점수가 낮을수록 문서의 순위가 높아야 합니다.

이 문제를 푸는 방법에는 세 가지 접근법, 즉 **포인트별**(pointwise), **쌍별**(pairwise), **리스트별**(listwise) 접근법이 있습니다.

포인트별 접근법은 각 훈련 샘플을 문서마다 하나씩 여러 개의 샘플로 변환합니다. 이렇게 하면 일반적인 지도 학습 문제인 회귀나 분류 문제가 됩니다. 포인트별 방법의 각 샘플 $(\mathbf{x}, y)$에서 $\mathbf{x}$는 문서의 특성 벡터이고, y는 ($y_{i,j}$가 점수라면) 원본 점수 또는 순위로부터 얻은 합성 점수입니다(순위가 높을수록 이 점수는 낮습니다). 이런 경우 어떤 지도 학습 알고리즘도 사용할 수 있습니다. 구해진 해는 일반적으로 최적은 아닙니다. 각 문서가 독립적이라고 간주되기 때문입니다. 반면 레이블 $y_{i,j}$에 있는 원본 순위는 전체 문서에서의 위치를 최적화할 수 있습니다. 예를 들어 검색 결과에서 한 위키백과 페이지에 높은 순위를 부여했다면 동일한 쿼리에 대해 또 다른 위키백과 페이지에 높은 순위를 부여하지 않습니다.

쌍별 접근법에서도 문서가 독립적이라고 간주합니다. 하지만 이 경우 문서 쌍을 동시에 고려합니다. 문서 쌍 $(\mathbf{x}_i, \mathbf{x}_k)$이 주어지면 $(\mathbf{x}_i, \mathbf{x}_k)$를 입력으로 받아 $\mathbf{x}_i$가 $\mathbf{x}_k$보다 순위가 높아야 하는 경우 1에 가까운 값을 출력하는 모델 f를 만듭니다. 그렇지 않다면 f는 0에 가까운 값을 출력합니다. 테스트 시에는 레이블이 없는 샘플 $\mathcal{X}$에 대한 최종 순위를 $\mathcal{X}$에 있는 모든 문서 쌍에 대한 예측을 집계하여 구합니다. 쌍별 접근법이 포인트별 접근법보다 낫지만 여전히 완벽하지 않습니다.

LambdaMART와 같은 최첨단 순위 학습 알고리즘은 리스트별 접근법을 구현하고 있습니다. 이 알고리즘은 순위의 품질을 반영하는 지표를 최적화합니다. 정밀도와 재현율을 포함해 검색 엔진 결과 순위를 평가하는 데는 여러 가지 방법이 있습니다. 인기가 많은 지표인 **MAP**(mean average precision)는 정밀도와 재현율을 모두 사용합니다.

MAP를 정의하기 위해 평가자(구글은 이런 사람들을 랭커(ranker)라고 부릅니다)에게 쿼리에 대한 검색 결과를 검토하여 각각의 결과에 관련성을 레이블로 할당해 달라고 요청합니다. 레이블은 이진 값(관련성이 있으면 1, 관련성이 없으면 0)이거나 일정 범위 안의 값(가령 1에서 5까지)일 수 있습니다. 높은 값일수록 검색 쿼리에 대한 문서의 관련성이 높습니다. 평가자는 100개의 쿼리 결과에 대해 이런 관련성 레이블을 할당합니다. 이제 이 집합에서 순위 모델을 테스트합니다. 쿼리에 대한 모델의 **정밀도**는 다음과 같이 계산됩니다.

$$\text{정밀도} = \frac{|\{\text{관련된 문서}\} \cap \{\text{추출된 문서}\}|}{|\{\text{추출된 문서}\}|}$$

여기서 |·| 기호는 개수를 의미합니다. **평균 정밀도**(average precision) AveP는 쿼리 q에 대해 검색 엔진이 반환한 문서의 집합에 대해 다음과 같이 정의됩니다.

$$\text{AveP}(q) = \frac{\sum_{k=1}^{n}(P(k) \cdot \text{rel}(k))}{|\{\text{추출된 문서}\}|}$$

여기서 n은 추출된 문서의 개수입니다. $P(k)$는 쿼리에 의해 반환된 상위 k개 검색 결과에 대해 계산된 정밀도입니다. $\text{rel}(k)$는 지시 함수(indicator function)로, k 순위의 항목이 (랭커에 의해) 관련된 문서이면 1, 그렇지 않으면 0입니다. 마지막으로 크기가 Q인 검색 쿼리 집합에 대한 MAP는 다음과 같이 계산합니다.

$$\text{MAP} = \frac{\sum_{q=1}^{Q} \text{AveP}(q)}{Q}$$

이제 다시 LambdaMART로 돌아가 보죠. 이 알고리즘은 그레이디언트 부스팅을 사용해 순위 함수 $h(\mathbf{x})$를 훈련합니다. 그다음에 (동일한 검색 쿼리에 대해) 문서 $\mathbf{x}_i$가 문서 $\mathbf{x}_k$보다 높은 순위에 있어야 하는지 예측하는 이진 모델 $f(\mathbf{x}_i, \mathbf{x}_k)$을 하이퍼파라미터 α를 가진 시그모이드 함수로 정의합니다.

$$f(\mathbf{x}_i, \mathbf{x}_k) \stackrel{\text{def}}{=} \frac{1}{1 + \exp(h(\mathbf{x_i}) - h(\mathbf{x_k}))\alpha}$$

비용 함수는 모델 f를 사용해 계산된 **크로스 엔트로피**(cross-entropy)입니다. 그레이디언트 부스팅에서 여러 개의 회귀 트리를 결합하여 비용을 최소화하여 함수 f를 만듭니다. 다시 말해 그레이디언트 부스팅은 현재 모델이 훈련 데이터에서 만든 오차를 줄이기 위해 모델에 트리를 추가합니다. 분류 문제를 위해서는 비용 함수의 도함수를 계산해 훈련 샘플의 실제 레이블을 이 도함수로 바꿉니다. 한 가지를 제외하면 LambdaMART는 이와 비슷하게 동작합니다. 이 알고리즘은 실제 그레이디언트를 MAP와 같이 성능 지표에 의존하는 또 다른 요소와 그레이디언트의 조합으로 바꿉니다. 이 요소는 측정 값이 향상되도록 원본 그레이디언트를 증가시키거나 감소시킵니다.

이는 매우 기발한 아이디어입니다. 성능 지표를 직접 최적화하는 지도 학습 알고리즘은 많지 않습니다. 성능 지표를 최적화하는 것이 우리가 실제로 원하는 바이지만, 전형적인 지도 학습 알고리즘에서는 성능 지표가 아니라 비용 함수를 최적화합니다(보통 이런 지표는 미분 가능하지 않기 때문입니다). 비용 함수를 최적화하는 모델을 찾으면 성능 지표를 향상시키기 위해 하이퍼파라미터를 조정합니다. 이에 반해 LambdaMART는 성능 지표를 직접 최적화합니다.

남은 질문은 모델 f의 예측을 기반으로 어떻게 결과의 순위 목록을 만드는지입니다. 이 모델은 첫 번째 입력이 두 번째 입력보다 순위가 높아야 하는지를 예측합니다. 이는 계산적으로 어려운 문제입니다. 쌍별 비교를 순위 리스트로 변환할 수 있는 여러 알고리즘이 있습니다.

가장 간단한 방법은 기존의 **정렬**(sorting) 알고리즘을 사용하는 것입니다. 정렬 알고리즘은 숫자 배열을 정렬합니다. (가장 간단한 정렬 알고리즘은 버블 정렬(bubble sort)입니다. 보통 컴퓨터 관련 학과에서 가르칩니다.) 일반적으로 정렬 알고리즘은 반복적으로 배열에 있는 숫자 쌍을 비교합니다. 그다음에 비교 결과를 바탕으로 리스트에서 숫자의 위치를 바꿉니다. 정렬 알고리즘에 함수 f를 도입하여 이런 비교를 실행하면, 정렬 알고리즘이 숫자가 아니라 문서를 정렬할 것입니다.[1]

---

1 (옮긴이) 검색 엔진의 결과를 대규모 언어 모델을 사용해 재조정하는 리랭킹(ReRanking)에 대해서는 《핸즈온 LLM》(한빛미디어, 2025)을 참고하세요.

10.3 추천 학습

추천 학습(learning to recommend)은 추천 시스템을 구축하기 위한 접근법입니다. 보통 사용자의 콘텐츠 소비 이력을 바탕으로 사용자가 좋아할 만한 새로운 콘텐츠를 추천하고자 할 때 사용합니다. 예를 들어, 넷플릭스에서의 영화 추천 또는 아마존에서의 책 추천이 이에 해당합니다.

전통적으로 **콘텐츠 기반 필터링**(content-based filtering)과 **협업 필터링**(collaborative filtering)이라는 두 가지 접근법이 사용됩니다.

콘텐츠 기반 필터링은 사용자가 소비한 콘텐츠 속성을 기반으로 사용자의 선호 콘텐츠를 학습합니다. 예를 들어, 뉴스 사이트의 사용자가 과학과 기술에 관한 기사를 자주 읽는다면, 이 사용자에게 과학과 기술에 관한 기사를 더 추천합니다. 더 일반적으로 사용자마다 훈련 세트를 만들고 뉴스 기사를 특성 벡터 $\mathbf{x}$로, 사용자가 이 뉴스 기사를 읽었는지 여부는 레이블 y로 데이터셋에 추가할 수 있습니다. 그다음 각 사용자의 모델을 만들고 사용자가 새로운 콘텐츠를 읽을지 여부를 예측합니다.

콘텐츠 기반 방법은 제한 사항이 많습니다. 예를 들어, 사용자가 **필터 버블**(filter bubble)에 갇힐 수 있습니다. 시스템이 사용자가 이미 소비한 콘텐츠와 매우 비슷한 콘텐츠만 항상 제안하는 경우입니다. 사용자의 관점과 다르거나 이를 확장하는 정보로부터 완전히 고립될 수 있습니다. 실용적인 측면에서 보면, 사용자는 만족스럽지 않은 추천을 더 이상 따르지 않을 수 있습니다.

협업 필터링은 큰 장점을 가지고 있습니다. 한 사용자에 대한 추천이 다른 사용자의 소비나 평가를 기반으로 계산됩니다. 예를 들어, 두 사용자가 동일한 10편의 영화를 높게 평가했다면 사용자 1은 사용자 2의 취향을 기반으로 추천된 새로운 영화를 좋아할 가능성이 높습니다. 그 반대도 마찬가지입니다. 이 방법의 단점은 추천 아이템의 콘텐츠가 무시된다는 것입니다.

협업 필터링에서는 사용자의 선호 정보가 행렬로 구성됩니다. 행은 사용자를 나타내고 열은 사용자가 평가하거나 소비한 콘텐츠에 해당됩니다. 이 행렬은 매우 크고 **희소**(sparse)합니다. 이는 대부분의 셀(cell)이 0이라는 의미입니다. 대부분의 사용자가 전체 콘텐츠에서 매우 적은 부분만 소비하거나 평가하기 때문입니다. 이런 희소한 데이터를 기반으로 의미 있는 추천을 만들기는 매우 어렵습니다.

대부분의 실제 추천 시스템은 콘텐츠 기반 필터링과 협업 필터링 모델에서 구한 추천을 결합하는 하이브리드 방식을 사용합니다.

콘텐츠 기반 모델은 분류 또는 회귀 모델을 사용해 만들 수 있으며, 콘텐츠 특성을 기반으로 사용자가 해당 콘텐츠를 좋아할지 여부를 예측합니다. 특성은 책이나 뉴스 기사의 단어, 가격, 콘텐츠의 최신성, 저자 아이디 등이 될 수 있습니다.

두 가지 효과적인 추천 시스템 학습 알고리즘으로 **행렬 분해 방법**(factorization machines, FM)과 **잡음 제거 오토인코더**(denoising autoencoders, DAE)가 있습니다.

10.3.1 행렬 분해 방법

행렬 분해 방법(factorization machine)은 비교적 새로운 학습 알고리즘입니다. 이 알고리즘은 희소한 데이터셋을 위해 고안되었습니다. 먼저 문제를 정의해 보죠.

그림 10.1은 레이블을 가진 희소한 특성 벡터의 예를 보여 줍니다. 각각의 특성 벡터는 특정 사용자와 영화에 대한 정보를 나타냅니다. 파란색 영역에 있는 특성은 사용자를 나타냅니다. 녹색 영역에 있는 특성은 영화를 나타냅니다. 사용자와 영화는 원핫 벡터로 인코딩됩니다. 노란색 영역에 있는 특성은 파란색 영역의 사용자가 각 영화를 평가한 점수를 정규화한 것입니다. 특성 x_{99}는 사용자가 시청한 영화 중에 오스카 상을 받은 영화의 비율을 나타냅니다. 특성 x_{100}은 파란색 영역의 사용자가 녹색 영역의 영화를 평가하기 전에 시청한 영화의 비율을 나타냅니다. 타깃 y는 파란색 영역의 사용자가 녹색 영역의 영화에 부여한 점수입니다.

추천 시스템의 사용자는 수백만 명일 수 있습니다. 따라서 그림 10.1의 행렬은 수억 개의 열을 가질 수 있습니다. 특성 개수도 얼마나 많은 콘텐츠가 있는지와 특성 공학을 얼마나 창의적으로 수행하는지에 따라 수백만 개가 될 수 있습니다. 특성 x_{99}와 x_{100}는 특성 공학을 통해 수작업으로 만든 것입니다. 여기서

	사용자				영화				사용자가 평가한 영화						
	Ed	Al	Zak	...	It	Up	Jaws	Her	...	It	Up	Jaws	Her	...	
	x_1	x_2	x_3	...	x_{21}	x_{22}	x_{23}	x_{24}	...	x_{40}	x_{41}	x_{42}	x_{43}	...	x_{99} x_{100}	y
$\mathbf{x}^{(1)}$	1	0	0	...	1	0	0	0	...	0.2	0.8	0.4	0	...	0.3 0.8	1	$y^{(1)}$
$\mathbf{x}^{(2)}$	1	0	0	...	0	1	0	0	...	0.2	0.8	0.4	0	...	0.3 0.8	3	$y^{(2)}$
$\mathbf{x}^{(3)}$	1	0	0	...	0	0	1	0	...	0.2	0.8	0.4	0	...	0.3 0.8	2	$y^{(3)}$
$\mathbf{x}^{(4)}$	0	1	0	...	0	0	1	0	...	0	0	0.7	0.1	...	0.35 0.78	3	$y^{(4)}$
$\mathbf{x}^{(5)}$	0	1	0	...	0	0	0	1	...	0	0	0.7	0.1	...	0.35 0.78	1	$y^{(5)}$
$\mathbf{x}^{(6)}$	0	0	1	...	1	0	0	0	...	0.8	0	0	0.6	...	0.5 0.77	4	$y^{(6)}$
...	...	...	...	...	...	...	...	...	...	...	...	...	...	...	... ...	...
$\mathbf{x}^{(D)}$	0	0	0	...	0	0	1	0	...	0	0	1	0	...	0.95 0.85	5	$y^{(D)}$

그림 10.1 희소 특성 벡터 **x**와 이에 상응하는 레이블 y의 예

는 설명을 위해 두 개의 특성만 만들었습니다.

  이런 희소한 데이터셋으로 회귀나 분류 모델을 훈련하면 일반화가 잘 되지 않습니다. 행렬 분해 방법은 이 문제를 다른 방식으로 접근합니다. 행렬 분해 모델은 다음과 같이 정의됩니다.

$$f(\mathbf{x}) \stackrel{\text{def}}{=} b + \sum_{i=1}^{D} w_i x_i + \sum_{i=1}^{D} \sum_{j=i+1}^{D} (\mathbf{v}_i \mathbf{v}_j) x_i x_j$$

여기서 b와 $w_i (i = 1, ..., D)$는 선형 회귀에서 사용하는 것과 비슷한 스칼라 파라미터입니다. 벡터 $\mathbf{v}_i$는 k차원의 **팩터**(factor)입니다. k는 하이퍼파라미터로 일반적으로 D보다 훨씬 작습니다. $\mathbf{v}_i \mathbf{v}_j$는 i번째 팩터와 j번째 팩터의 점곱입니다. 여기서 볼 수 있듯이 희소성 때문에 특성 간의 상호작용을 잘 반영하지 못하는 하나의 긴 파라미터 벡터를 찾는 대신 특성 간의 상호작용 $x_i x_j$에 적용하는 파라미터를 추가하여 모델을 구성합니다. 하지만 각 상호작용을 위한 파라미터 $w_{i,j}$를 만들면 엄청난 수의 파라미터[2]를 모델에 추가하게 됩니다. 그 대신

---

2 정확히 말하면 $D(D-1)$개의 파라미터 $w_{i,j}$를 추가합니다.

$w_{i,j}$를 $\mathbf{v}_i\mathbf{v}_j$로 분해하여 $Dk \ll D(D-1)$개의 파라미터만 모델에 추가합니다.[3]

문제에 따라 (회귀의 경우) 제곱 오차 손실 또는 힌지 손실을 손실 함수로 사용할 수 있습니다. $y \in \{-1, +1\}$이고 힌지 손실이나 로지스틱 손실을 사용하는 분류 문제에서 예측은 $y = \text{sign}(f(x))$로 만듭니다. 로지스틱 손실은 다음과 같이 정의됩니다.[4]

$$loss(f(\mathbf{x}), y) = \frac{1}{\ln 2} \ln(1 + e^{-yf(\mathbf{x})})$$

경사 하강법을 사용해 평균 손실을 최적화할 수 있습니다. 그림 10.1의 예에서 레이블은 {1, 2, 3, 4, 5} 중에 하나이므로 이것은 다중 분류 문제입니다. OvR(one-versus-rest) 전략을 사용해 이 다중 분류 문제를 5개의 이진 분류 문제로 전환할 수 있습니다.

10.3.2 잡음 제거 오토인코더

7장에서 언급했듯이 **잡음 제거 오토인코더**(denoising autoencoders)는 병목 층을 통해 입력을 재구성하는 신경망입니다. 입력은 잡음으로 오염되었지만 출력에는 잡음이 없어야 하므로 잡음 제거 오토인코더는 추천 모델을 만드는 데 이상적인 도구입니다.

아이디어는 간단합니다. 사용자가 좋아할 수 있는 새로운 영화는 전체 선호 영화 집합에서 어떤 오염 과정을 통해 제거한 것처럼 볼 수 있습니다. 잡음 제거 오토인코더의 목표는 제거된 항목을 재구성하는 것입니다.

잡음 제거 오토인코더를 위한 훈련 세트를 준비하려면 그림 10.1의 훈련 세트에서 파란색 특성과 녹색 특성을 제거합니다. 이렇게 하면 일부 샘플이 중복되므로 고유한 샘플만 남깁니다.

훈련 시에 0이 아닌 노란색 특성 중 일부를 랜덤하게 선택해 0으로 바꿉니다. 그런 다음 손상된 입력을 재구성하도록 오토인코더를 훈련합니다.

예측 시에는 먼저 사용자의 특성 벡터를 만듭니다. 여기에는 오염되지 않은

---

[3] ≪ 기호는 훨씬 작다는 의미입니다.
[4] (옮긴이) ln 2로 나누면 전체 손실을 밑이 2인 로그로 바꾸는 효과를 냅니다. 이렇게 하면 손실 값을 비트 단위의 정보량으로 해석할 수 있습니다.

노란색 특성은 물론 x_{99}와 x_{100} 같이 수작업으로 만든 특성도 포함됩니다. 훈련된 DAE 모델을 사용해 손상되지 않은 입력을 재구성합니다. 그다음 모델 출력에서 가장 높은 점수를 가진 영화를 사용자에게 추천합니다.

효과적인 또 다른 협업 필터링 모델은 두 개의 입력과 하나의 출력을 가진 FFNN입니다. 8장에서 신경망은 여러 개의 입력을 동시에 다룰 수 있다고 소개했습니다. 이 경우 훈련 샘플은 삼중항 $(\mathbf{u}, \mathbf{m}, r)$입니다. 첫 번째 입력 $\mathbf{u}$는 원핫 인코딩된 사용자입니다. 두 번째 입력 $\mathbf{m}$은 원핫 인코딩된 영화입니다. 레이블 r이 $[0, 1]$ 중 하나이면 출력 층에 시그모이드 함수를 사용하고, r이 $[1, 5]$와 같은 범위인 경우 ReLU를 사용합니다.

10.4 자기 지도 학습: 단어 임베딩

7장에서 **단어 임베딩**(word embedding)에 대해 소개했습니다. 단어 임베딩은 단어를 표현하는 벡터입니다. 비슷한 단어는 비슷한 벡터로 표현됩니다. 임베딩이 어떻게 만들어지는지 궁금할 수 있습니다. 정답을 말하면 (역시) 임베딩도 데이터에서 학습됩니다.

단어 임베딩을 학습할 수 있는 알고리즘이 많습니다. 이 책에서는 **word2vec**과 실전에서 잘 동작하는 word2vec의 한 버전인 **스킵 그램**(skip-gram)만 다룹니다. 여러 언어에서 사전 훈련된 word2vec 임베딩을 온라인에서 구할 수 있습니다.

단어 임베딩 학습의 목적은 단어의 원핫 인코딩을 단어 임베딩으로 변환할 수 있는 모델을 훈련하는 것입니다. 어휘 사전에 10,000개의 단어가 있다고 가정해 보죠. 각 단어의 원핫 벡터는 10,000차원 벡터이며, 1을 담고 있는 한 차원을 제외하면 모두 0입니다. 단어가 다르면 이 벡터에 1이 들어가 있는 차원이 다릅니다.

'I almost finished reading the book on machine learning.'이란 문장을 생각해 보죠. 'book'이란 단어 하나를 삭제하면 'I almost finished reading the · on machine learning.'이 됩니다. 이제 · 이전과 이후에 세 단어씩만 남기면 "finished reading the · on machine learning."이 됩니다. · 주변의 이 일곱 단어를 보고 ·이 무엇인지 추측해 보면 'book', 'article', 'paper' 등이 가능할 것입니다. 이것이 문맥 단어(context word)를 사용해 중심 단어를 예측하는 방법입니다.[5] 또한 컴퓨터가 'book', 'article', 'paper'가 비슷한 의미를 가진다는 것을 학습하는 방법입니다. 이런 단어들은 여러 텍스트에서 비슷한 문맥에 등장하기 때문입니다.

이는 반대로도 동작한다는 것이 밝혀졌습니다. 단어를 사용해 주변의 문맥을 예측할 수 있습니다. 'finished reading the · on machine learning'을 윈도 크기가 7(3 + 1+ 3)인 스킵 그램이라 합니다. 웹 문서를 사용하면 수억 개의 스킵 그램을 손쉽게 만들 수 있습니다.

스킵 그램을 $[\mathbf{x}_{-3}, \mathbf{x}_{-2}, \mathbf{x}_{-1}, \mathbf{x}, \mathbf{x}_{+1}, \mathbf{x}_{+2}, \mathbf{x}_{+3}]$라 표시해 보죠. 이 문장에서 $\mathbf{x}_{-3}$는 'finished'의 원핫 벡터입니다. $\mathbf{x}_{-2}$는 'reading'에 해당됩니다. $\mathbf{x}$는 스킵 단어 (·)이고, $\mathbf{x}_{+1}$는 'on'이 되는 식입니다. 윈도 크기가 5인 스킵 그램은 $[\mathbf{x}_{-2}, \mathbf{x}_{-1}, \mathbf{x}, \mathbf{x}_{+1}, \mathbf{x}_{+2}]$가 됩니다.

윈도 크기가 5인 스킵 그램 모델이 그림 10.2에 나와 있습니다. 이 모델은 퍼셉트론과 같은 완전 연결 신경망입니다. 입력 단어는 스킵 그램에서 ·로 표시됩니다. 중심 단어가 주어지면 스킵 그램의 문맥 단어를 예측하도록 이 신경망을 훈련합니다.

왜 이런 종류의 학습을 **자기 지도**(self-supervised)라 부르는지 이해할 수 있을 것입니다. 레이블을 가진 샘플을 텍스트와 같이 레이블이 없는 데이터로부터 추출하기 때문입니다.

출력 층의 활성화 함수는 소프트맥스입니다. 비용 함수는 **음의 로그 가능도**(negative log-likelihood)입니다. 한 단어에 대한 임베딩은 임베딩 층의 파라미터로 결정됩니다. 모델의 입력으로 제공되는 단어의 원핫 인코딩에 이 임베딩 층이 적용됩니다.

word2vec에는 많은 수의 파라미터가 있어 두 가지 기법, 즉 (소프트맥스 출

---

5 (옮긴이) word2vec에서 이런 방식으로 단어 임베딩을 학습하는 방법을 CBOW(Continuous Bag of Words)라고 합니다.

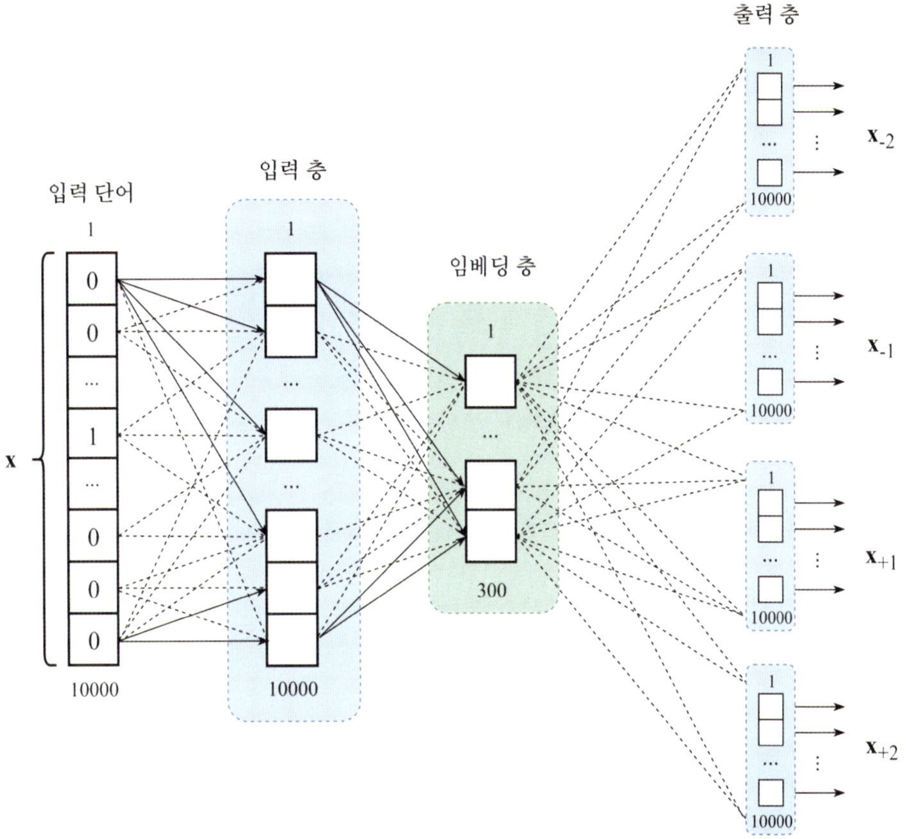

그림 10.2 윈도 크기가 5이고 300개의 유닛을 가진 임베딩 층으로 구성된 스킵 그램 모델

력을 이진 트리의 리프(leaf) 노드로 나타내어 효율적으로 계산하는) 계층적 소프트맥스(hierarchical softmax)와 (경사 하강법 반복마다 전체 출력 중에서 랜덤하게 샘플을 선택하여 업데이트하는) 네거티브 샘플링(negative sampling)을 사용하면 훈련을 효율적으로 수행할 수 있습니다. 이에 대해서는 추가 자료를 참고하세요.[6]

---

[6] (옮긴이) 단어 임베딩과 word2vec에 대한 자세한 내용은 《대규모 언어 모델, 핵심만 빠르게!》(인사이트, 2025)를 참고하세요.

10.5 이상치 탐지

이상치 탐지(outlier detection)는 데이터셋에 있는 전형적인 샘플과 매우 다르게 보이는 샘플을 탐지하는 문제입니다. 이 문제를 풀 수 있는 몇 가지 모델을 이미 살펴보았습니다. 바로 오토인코더와 단일 클래스 분류기입니다. 오토인코더를 사용한다면 먼저 데이터셋에서 모델을 훈련합니다. 그다음 샘플이 이상치인지를 예측하기 위해 오토인코더로 병목 층을 통해 샘플을 재구성합니다. 모델은 이상치인 경우 재구성을 제대로 하지 못할 가능성이 큽니다.

단일 클래스 분류에서 모델은 입력 샘플이 해당 클래스에 속하는지를 예측합니다. 만약 어떤 임계값보다 작다면 이상치입니다.

11장

The Hundred-Page Machine Learning Book

결론

 와, 벌써 마지막 장입니다! 이 책의 내용을 대부분 이해했다면 정말 대단한 일을 해낸 겁니다.

 쪽번호를 보면 책 제목과 다르게 종이를 너무 많이 사용한 것 같군요. 제목에 마케팅 전략이 조금 담겨져 있다는 것을 이해해 주기 바랍니다. 이 책을 정확히 100쪽으로 만들기 위해 폰트 크기, 여백, 줄 간격을 줄이거나 UMAP 섹션을 삭제하고 논문을 참고하라고 할 수도 있었습니다. 하지만 장담하건대 UMAP 논문을 혼자 읽기는 쉽지 않을 겁니다(농담입니다)!

 하지만 여러분은 현재 훌륭한 데이터 분석가와 머신러닝 엔지니어가 되는데 필요한 모든 것을 갖추었다고 확신합니다. 그렇다고 제가 모든 핵심 개념을 다루었다는 의미는 아닙니다. 하지만 100여 쪽에서 다룬 이 책의 내용은 1000여 쪽 두께의 책 여러 권에 해당하는 내용들입니다. 게다가 제가 다룬 내용 중 상당 부분은 그런 책에서는 다루지 않는 실용적인 개념들입니다. 전형적인 머신러닝 책들은 보수적이고 학술적입니다. 하지만 저는 실제 업무에서 유용하게 사용할 수 있는 알고리즘과 방법을 주로 다루었습니다.

 1000여 쪽 두께의 머신러닝 책이었다면 어떤 것이 포함되었을까요?

11.1 이 책에서 다루지 않은 것들

11.1.1 토픽 모델링

텍스트 분석에서 토픽 모델링(topic modeling)은 자주 등장하는 비지도 학습 문제입니다. 이 문제는 텍스트 문서 집합이 주어졌을 때 각 문서의 토픽을 찾는 것을 목표로 합니다. **잠재 디리클레 할당**(Latent Dirichlet Allocation, LDA)은 매우 효율적인 토픽 검색 알고리즘입니다. 문서 집합에 얼마나 많은 토픽이 있는지 지정하면 이 알고리즘이 집합에 있는 각 단어에 토픽을 할당합니다. 그다음에 문서에서 토픽을 추출하려면 간단히 문서에 토픽 단어가 얼마나 많은지 헤아리면 됩니다.[1]

11.1.2 가우시안 과정

가우시안 과정(Gaussian process, GP)은 커널 회귀와 경쟁 관계에 있는 지도 학습 방법입니다. 이 방법은 커널 회귀에 비해 몇 가지 장점이 있습니다. 예를 들어, 각 포인트에서 회귀 직선에 대한 신뢰 구간을 제공합니다. 간단히 설명할 방법을 찾을 수 없어 GP를 제외시켰습니다. 하지만 시간을 내어 GP를 배운다면 분명 가치 있는 투자가 될 것입니다.

11.1.3 일반화 선형 모델

일반화 선형 모델(Generalized Linear Model, GLM)은 입력 특성 벡터와 타깃 사이에 있는 다양한 형태의 의존성을 모델링하기 위해 선형 회귀를 일반화한 것입니다. 예를 들어, 로지스틱 회귀가 GLM의 한 형태입니다. 회귀에 관심이 있고 간단하고 설명 가능한 모델을 찾고 있다면 GLM에 대해 더 자세히 알아보세요.[2]

11.1.4 확률 그래프 모델

7장에서 **확률 그래프 모델**(probabilistic graphical model, PGM)의 한 예로 조건부

---

[1] (옮긴이) 잠재 디리클레 할당을 사용한 토픽 모델링은 《머신 러닝 교과서: 파이토치 편》(길벗, 2023)을, 대규모 언어 모델을 활용한 토픽 모델링은 《핸즈온 LLM》(한빛미디어, 2025)을 참고하세요.
[2] (옮긴이) 일반화 선형 모델에 대해서는 《기초부터 다지는 통계학 교과서 with 파이썬》(인사이트, 2025)을 참고하세요.

무작위장(conditional random field, CRF)을 소개했습니다. CRF를 사용하면 단어 입력 시퀀스에 있는 특성과 레이블 간의 관계를 순차 의존성 그래프(sequential dependency graph)로 모델링할 수 있습니다. 더 일반적으로 PGM은 어떤 그래프도 될 수 있습니다. 그래프(graph)는 노드와 노드의 쌍을 연결하는 엣지(edge)의 집합으로 구성됩니다. PGM의 각 노드는 어떤 확률 변수(관찰되거나 관찰되지 않을 수 있는 값)를 나타냅니다. 엣지는 다른 확률 변수에 대한 어떤 확률 변수의 조건부 의존성(conditional dependence)을 나타냅니다. 예를 들어, 확률 변수 "노면 젖음"은 확률 변수 "날씨 조건"에 따라 달라집니다. 확률 변수 값을 관찰하여 최적화 알고리즘이 데이터로부터 관측된 변수와 관측되지 않은 변수 사이의 의존성을 학습할 수 있습니다.

PGM은 베이즈 네트워크(Bayesian network), 빌리프 네트워크(belief network), 확률 독립 네트워크(probabilistic independence network)라고도 부릅니다.

11.1.5 마르코프 연쇄 몬테카를로

그래프 모델을 다룰 때 의존성 그래프로 정의된 매우 복잡한 분포에서 데이터 포인트를 샘플링하면 마르코프 연쇄 몬테카를로(Markov Chain Monte Carlo, MCMC) 알고리즘을 사용할 수 있습니다. MCMC는 수학적으로 정의된 모든 확률 분포에서 샘플링하기 위한 알고리즘입니다. 잡음 제거 오토인코더에서는 정규 분포에서 잡음을 샘플링합니다. 정규 분포나 균등 분포와 같은 표준 분포에서 샘플링하는 것은 그 속성이 잘 알려져 있기 때문에 쉽습니다. 하지만 확률 분포가 복잡한 공식으로 정의되어 임의의 형태를 가지는 경우 샘플링 작업은 훨씬 복잡해집니다.

11.1.6 생성적 적대 신경망

생성적 적대 신경망(generative adversarial network, GAN)은 비지도 학습에 사용되는 신경망입니다. 제로섬 게임(zero-sum game) 설정에서 경쟁하는 두 개의 신경망으로 구성됩니다. 가장 인기 있는 GAN 애플리케이션은 사람 눈에 진짜처럼 보이는 사진을 만드는 것입니다. 두 신경망 중 하나는 랜덤한 입력(일반적으로 가우스 잡음)을 받아 픽셀 행렬 형태로 이미지를 생성합니다. 두 번째 네트워크는 두 개의 이미지를 입력으로 받습니다. 하나는 데이터셋에 있는 진짜 이미지와 첫 번째 신경망이 생성한 이미지입니다. 두 번째 네트워크는 두 이미지 중에서 첫 번째 신경망이 생성한 이미지를 탐지하는 법을 학습해야 합니다. 두 번째 신경망이 가짜 이미지를 식별하면 첫 번째 신경망은 음의 손실을 받습니다. 반대로 두 번째 신경망은 두 이미지 중 어느 것이 가짜인지 판별하지 못하면 불이익을 받습니다.[3]

11.1.7 유전 알고리즘

유전 알고리즘(genetic algorithm, GA)은 미분 가능하지 않은 목적 함수를 최적화하기 위한 수치 최적화 기법입니다. 진화 생물학의 개념을 사용하며, 진화 생물학 과정을 모사하여 최적화 문제의 전역 최적값(최솟값 또는 최댓값)을 찾습니다.

GA는 먼저 초기 후보 솔루션을 생성합니다. 최적의 모델 파라미터 값을 찾는다면 먼저 여러 개의 파라미터 값 조합을 랜덤하게 생성합니다. 그런 다음 파라미터 값의 조합마다 목적 함수로 테스트합니다. 파라미터 값의 조합을 다차원 공간의 한 포인트로 생각해 보세요. 그다음 '선택', '교차', '돌연변이'와 같은 개념을 적용하여 이전 세대로부터 후속 세대의 포인트를 생성합니다.

요약하면, 목적 함수에서 최상의 성능을 낸 이전 세대 포인트와 비슷한 포인트가 새로운 세대에 더 많이 유지됩니다. 새로운 세대에서는 이전 세대에서 최악의 성능을 낸 포인트가 최상의 성능을 낸 포인트의 '돌연변이'와 '교차'로 대체됩니다. 돌연변이 포인트는 원본 포인트의 일부 속성에 무작위한 변형을 가해서 생성합니다. 교차 포인트는 여러 포인트를 조합(예를 들면, 평균)하여 만듭니다.

유전 알고리즘을 사용하면 측정 가능한 어떤 최적화 목적 함수에 대한 해도 찾을 수 있습니다. 예를 들어, GA를 사용해 학습 알고리즘의 하이퍼파라미터

---

[3] (옮긴이) 첫 번째 신경망을 생성자(generator), 두 번째 신경망을 판별자(discriminator)라고 부릅니다. 다양한 GAN 알고리즘에 대한 자세한 소개는 《만들면서 배우는 생성 AI, 2판》(한빛미디어, 2023)을 참고하세요.

를 최적화할 수 있습니다. 일반적으로 GA가 그레이디언트 기반 최적화보다 훨씬 느립니다.

11.1.8 강화 학습

이미 언급했듯이, **강화 학습**(reinforcement learning, RL)은 순차적인 의사 결정이 필요한 문제를 해결하는 데 사용됩니다. 일반적으로 에이전트(agent)는 알려지지 않은 환경에서 동작합니다. 에이전트의 행동(action)은 보상(reward)을 일으키고, 에이전트를 환경의 다른 상태로 이동시킵니다(일반적으로 속성을 모르는 무작위한 과정의 결과입니다). 에이전트의 목표는 장기 보상을 최적화하는 것입니다.

Q-학습(Q-learning)과 같은 강화 학습 알고리즘과 신경망 기반의 알고리즘은 비디오 게임 플레이 학습, 로봇 내비게이션과 협업, 재고와 공급망 관리, 복잡한 전력 시스템(전력망) 최적화, 금융 거래 전략 학습에 사용됩니다.[4]

* * *

이 책은 여기서 끝납니다. 하지만 이 책의 위키 사이트를 종종 방문하여 이 책에서 다룬 머신러닝 분야에 새롭게 등장한 기술을 확인하세요. '지은이의 글'에서 말했듯이 지속적으로 업데이트되는 위키 덕분에 이 책은 와인처럼 구매 후 시간이 갈수록 점점 더 가치가 높아질 것입니다.

11.2 감사의 글

이 책이 높은 품질을 가질 수 있었던 건 모두 자원하여 편집을 도와준 분들 덕분입니다. 특히 체계적으로 도움을 준 독자인 Bob DuCharme, Martijn van Attekum, Daniel Maraini, Ali Aziz, Rachel Mak, Kelvin Sundli, John Robinson에게 감사드립니다.

그 외에 감사드릴 분들은 다음과 같습니다: Michael Anuzis, Knut Sverdrup, Freddy Drennan, Carl W. Handlin, Abhijit Kumar, Lasse Vetter, Ricardo Reis,

---

[4] 강화 학습에 대한 개요는 《머신 러닝 교과서: 파이토치 편》(길벗, 2023)의 19장과 《핸즈온 머신러닝, 3판》(한빛미디어, 2023)을 참고하세요.

Daniel Gross, Johann Faouzi, Akash Agrawal, Nathanael Weill, Filip Jekic, Abhishek Babuji, Luan Vieira, Sayak Paul, Vaheid Wallets, Lorenzo Buffoni, Eli Friedman, Łukasz Mądry, Haolan Qin, Bibek Behera, Jennifer Cooper, Nishant Tyagi, Denis Akhiyarov, Aron Janarv, Alexander Ovcharenko, Ricardo Rios, Michael Mullen, Matthew Edwards, David Etlin, Manoj Balaji J, David Roy, Luan Vieira, Luiz Felix, Anand Mohan, Hadi Sotudeh, Charlie Newey, Zamir Akimbekov, Jesus Renero, Karan Gadiya, Mustafa Anıl Derbent, JQ Veenstra, Zsolt Kreisz, Ian Kelly, Lukasz Zawada, Robert Wareham, Thomas Bosman, Lv Steven, Ariel Rossanigo, Michael Lumpkins, Secil Sozuer, Boris Kouambo, Yi Jayeon, Tim Flocke, Mohamed Behery, Ana Fotina, Samin Ishtiaq, Aleksey Shmatov, Christian Jaensch, Pooja EA, Luciano Segura.

11.3 다음에 읽을 책

머신러닝과 예측 분석에 초점을 맞춘 데이터 분석가가 되는 것이 목표라면 이 책의 내용이 데이터 분석 작업을 효과적으로 수행할 수 있는 도구를 제공할 것입니다. 하지만 일부 독자에게는 파이썬을 실제 데이터에 적용해 보는 실습이 확실히 도움이 될 것입니다. 이런 실습에 적합한 책으로는 오렐리앙 제롱(Aurélien Géron)이 쓴 《Hands-On Machine Learning with Scikit-Learn, Keras, and TensorFlow》[5]와 세바스찬 라시카(Sebastian Raschka)와 바히드 미자리리(Vahid Mirjalili)가 쓴 《Python Machine Learning》[6]이 있습니다.

안정적이고 확장성 있는 머신러닝 솔루션을 설계하고 구현할 수 있는 숙련된 머신러닝 엔지니어가 되는 것이 목표라면 저의 두 번째 책 《Machine Learning Engineering》[7]을 추천합니다. 이 책은 머신러닝 엔지니어를 위한 완벽한 동반자입니다.

머신러닝 전문가로 향하는 여정에 행운이 가득하길 바랍니다!

---

5 (옮긴이) 이 책의 번역서는 《핸즈온 머신러닝 3판》(한빛미디어, 2023)입니다.
6 (옮긴이) 이 시리즈의 최신 번역서는 《머신 러닝 교과서: 파이토치 편》(길벗, 2023)입니다.
7 (옮긴이) 이 책의 번역서는 《머신러닝 엔지니어링》(제이펍, 2021)입니다.

찾아보기

A, B, C, D

Adagrad 51
Adam 51
ADASYN(adaptive synthetic sampling method) 128
arg max 16
arg min 16
AUC 73
BoW(bag of words) 4
BPTT(backpropagation through time) 95
C4.5 37
CNN 85
DAE(denoising autoencoders) 166
DBSCAN 146

G, H, I, K, L, M

GLM(Generalized Linear Model) 174
GRU(gated recurrent unit) 96
HDBSCAN 146
ID3 34
k-최근접 이웃 24, 42
k-평균 104, 144
LambdaMART 162
LDA 174
LOO 143
LSTM(long short-term memory) 96
MAP(maximum a posteriori) 162
max 16
MCMC(Markov Chain Monte Carlo) 175
min 16
MISE(mean integrated squared error) 142
MLP 80
MND(multivariate normal distribution) 102
Momentum 51

O, P, R, S,

OvR(one-versus-rest) 101, 168
PCA(principal component analysis) 154
pdf(probability density function) 19
PGM(probabilistic graphical model) 174
pmf(probability mass function) 18
RBF(radial basis function 41
RMSprop 51
RNN 96
ROC 곡선 아래 면적 73
SMOTE(synthetic minority oversampling technique) 128

T, U, W, Z

t-SNE 155
UMAP(uniform manifold approximation and projection) 154, 155
word2vec 169
z-점수 정규화 58

ㄱ

가능도 32
가우스 분포 21, 120
가우스 잡음 120
가우스 혼합 모델 150
가우시안 과정 174
가중 평균 153
개체명 추출 113
갭 통계량 150
거리
  유클리드 거리 42, 159
거짓 양성 71
거짓 음성 71
검증 세트 63
게이트 RNN 96

결정 경계 5
결정 트리 33
경사 하강법 29, 33, 46
경험적 위험 27
공동 소속 행렬 147
공역 15
과대적합 28, 66, 109
과소적합 65
교집합 13
교차 검증 77, 130
구간 16
　열린 구간 16
구간 분할 57
군집 2, 144
　계층적 군집 153
　밀도 기반 군집 146
　센트로이드 기반 군집 146
　스펙트럴 군집 153
　하드 군집 150
규제 67, 68
　L1 규제 68
　L2 규제 68
　라쏘 69
　릿지 69
　엘라스틱 넷 68
그래프 175
그레이디언트 17
그레이디언트 부스팅 62, 109
그레이디언트 소실 84
그레이디언트 클리핑 84
그레이디언트 폭주 84
그리드 서치 76
기댓값 19
기댓값 최대화 150

ㄷ

다변량 정규 분포 102
다수결 투표 129
다층 퍼셉트론 80
단어 임베딩 124, 130, 169
단일 클래스 kNN 102
단일 클래스 k-평균 102
단일 클래스 SVM 102
단일 클래스 가우스 102
대문자 O 표기법 136
대문자 시그마 기호 13

대문자 파이 기호 13
데이터 대체 60
데이터 증강 69, 132
데이터셋 1, 5, 20, 55
　불균형한 데이터셋 128
도함수 17
　편도함수 17
드롭아웃 69, 131
디코더 114

ㄹ

랜덤 서치 76
랜덤 포레스트 108
레이블 2, 23
로그 가능도 32

ㅁ

마르코프 연쇄 몬테카를로 175
마진 7
메타 모델 107
모델 2, 5, 6, 7, 24
　모수 모델 34, 141
　비모수 모델 34, 141
　회소한 모델 69
목적 27
미니배치 확률적 경사 하강법 51
미분 17
밀도 추정 141

ㅂ

배깅 107
버킷팅 57
베이스 모델 129
베이즈 정리 21, 151
베이지안 하이퍼파라미터 최적화 76
벡터 11
볼륨 89
부스팅 107
분류 23
　다중 레이블 분류 104
　다중 분류 23
　단일 클래스 분류 102
　단항 분류 102
　이진 분류 23
분산 19, 66, 109
　분산이 높은 66

불편 추정량 20
비용 함수 27

ㅅ

사전 확률 22
삼중항 손실 122, 161
상태 93
샘플 1, 20
    레이블이 없는 샘플 2, 23
    레이블이 있는 샘플 1, 25, 55
생성적 적대 신경망 175
샴 신경망 122
서포트 벡터 머신 5
세트 12
    검증 세트 63
    테스트 세트 63
    퍼지 집합 156
    홀드아웃 세트 63
    훈련 세트 63
센트로이드 144
소속 강도 156
수치 오버플로 22, 32, 58, 111
순위 학습 161
스칼라 11
스킵 그램 169
스킵 연결 85
스태킹 129
스트라이드 90
시퀀스 레이블링 122
신경망 24, 62, 79
    래더 네트워크 119
    바닐라 신경망 80
    샴 신경망 122, 161
    순환 신경망 93
    심층 신경망 24
    잔차 신경망 85
    재귀 신경망 97
    피드포워드 신경망 80
    합성곱 신경망 85

ㅇ

앙상블 모델 108
약한 학습기 107
어텐션 97
언더샘플링 128
에포크 48

엔트로피 36, 117
엘보우 방법 150
역전파 84
연속 확률 변수 18
연쇄 법칙 17
예측 강도 147
오버샘플링 128
오토인코더 119, 154
    잡음 제거 오토인코더 120, 166, 168, 175
완전 연결 82
완전 연결 층 82
원핫 인코딩 56, 130, 169, 170
유닛 80
유전 알고리즘 176
이동 윈도 86
이상치 8
이상치 탐지 3, 172
이진 손실 28
인코더 114
일반화 7, 70
일반화 선형 모델 174
임베딩 114

ㅈ

잔차 110
잠재 디리클레 할당 174
재현율 72
전치 15
점곱 14
정규 분포 21
정규화 57
    z-점수 정규화 58
    배치 정규화 69, 131
정밀도 72, 163
    MAP 162
    평균 정밀도 163
정의역 15
정확도 9, 73
    비용 민감도 기반 73
제곱 오차 손실 27
조건부 무작위장 113, 174
조건부 무작위장 113
조기 종료 69, 131
주성분 분석 154
중복을 허용한 샘플링 108
진짜 양성 71

진짜 양성 비율 74
진짜 음성 71

ㅊ
차원 11
차원 축소 2, 154
체크포인트 132
최대 가능도 32, 103, 150
최대 사후 확률 22
최소 게이트 유닛 96
최솟값 16
    전역 최솟값 16
    지역 최솟값 16
추천 학습 165
층 24, 79, 80
    병목 층 119, 154
    은닉 층 85

ㅋ
커널 8, 40, 41, 99
커널 트릭 39
코사인 유사도 159
콘텐츠 기반 필터링 165
크로스 엔트로피
    이진 크로스 엔트로피 105
    퍼지 집합 크로스 엔트로피 156
클래스 2, 23
클래스 모델링 102

ㅌ
타깃 23
통계량 19
통계적 모델 7
특성 2, 55
특성 공학 55
특성 벡터 1, 55
특성 선택 69

ㅍ
파라미터 6, 24
패딩 90
팩터 167
편향 65
    편향이 큰 65
편향-분산 트레이드오프 68
평균 19, 129

평균 모델 70
평균 실루엣 방법 150
평균 정밀도 163
평균 제곱 오차 31
표본 20
표본 통계량 20
표본 평균 21
표준 편차 19
풀링 92
피드포워드 신경망 80, 82

ㅎ
하이퍼파라미터 튜닝 76
학습
    seq2seq 114
    강화 학습 3, 177
    능동 학습 116
    딥러닝 24, 84
    리스트별 접근법 162
    메트릭 학습 159
    비지도 학습 2, 141
    시퀀스-투-시퀀스 학습 114
    쌍별 접근법 162
    앙상블 학습 107
    얕은 학습 24
    원샷 학습 121, 161
    자기 지도 170
    자기 학습 118
    전이 학습 135
    제로샷 학습 123
    준지도 학습 3, 118
    지도 학습 1
    포인트별 접근법 162
학습 알고리즘 5
    분류 학습 알고리즘 23
    비지도 학습 알고리즘 2
    점진적 학습 알고리즘 62
    준지도 학습 알고리즘 3
    지도 학습 알고리즘 2
    회귀 학습 알고리즘 23
학습률 48
함수 15
    ReLU 83
    TanH 83
    강한 증가 함수 33
    목적 함수 27

소프트맥스 함수　95, 101
　　손실 함수　27
　　시그모이드 함수　30
　　중첩 함수　79
　　커널 함수　40
　　표준 로지스틱 함수　30
　　확률 밀도 함수　19
　　확률 질량 함수　18
합성곱　87
합집합　13
행렬　12
행렬 분해 방법　166
협업 필터링　165
혼동 행렬　71
확률 변수　18
　　연속 확률 변수　18
　　이산 확률 변수　18
확률 분포　18
확률적 경사 하강법　46
활성화 함수　80
회귀　23
　　로지스틱 회귀　30
　　선형 회귀　25
　　커널 회귀　99
훈련　7
힌지 손실　38